河南省"十四五"普通高等教育规划教材

小学课程设计与评价

（第二版）

主　编　晋银峰
副主编　宋红霞　岳定权
编写者（以姓氏笔画为序）
　　　　王丹丹　王媛媛　刘亚楠

南京大学出版社

图书在版编目(CIP)数据

小学课程设计与评价 / 晋银峰主编. -- 2版. -- 南京：南京大学出版社，2025.8. -- ISBN 978-7-305-29234-7

Ⅰ.G622.3

中国国家版本馆 CIP 数据核字第 2025DN2959 号

出版发行	南京大学出版社		
社　　址	南京市汉口路 22 号	邮　编	210093
书　　名	小学课程设计与评价 XIAOXUE KECHENG SHEJI YU PINGJIA		
主　　编	晋银峰		
责任编辑	曹　森	编辑热线	025-83686756
照　　排	南京南琳图文制作有限公司		
印　　刷	南京新世纪联盟印务有限公司		
开　　本	787 mm×1092 mm　1/16 开　印张 13.5　字数 320 千		
版　　次	2025 年 8 月第 2 版　2025 年 8 月第 1 次印刷		
ISBN 978-7-305-29234-7			
定　　价	45.00 元		

网址：http://www.njupco.com
官方微博：http://weibo.com/njupco
销售咨询热线：(025) 83594756

* 版权所有，侵权必究
* 凡购买南大版图书，如有印装质量问题，请与所购图书销售部门联系调换

编 委 会

编委会主任 刘济良(郑州师范学院)

总 主 编 陈冬花(郑州师范学院) 李跃进(郑州师范学院)

刘会强(河南财政金融学院) 李社亮(河南师范大学)

副总主编 段宝霞(河南师范大学) 李文田(信阳师范大学)

晋银峰(洛阳师范学院) 郭翠菊(安阳师范学院)

井祥贵(商丘师范学院) 丁新胜(南阳师范学院)

田学岭(周口师范学院) 侯宏业(郑州师范学院)

聂慧丽(焦作师范高等专科学校)

编 委 (以姓氏笔画为序)

丁青山	马福全	王 立	王 娜	王铭礼
王德才	王 璟	田建伟	冯建瑞	权玉萍
刘雨燕	闫 冉	李文田	肖国刚	吴 宏
宋光辉	张杨阳	张厚萍	张浩正	张海芹
张鸿军	周硕林	房艳梅	孟宪乐	赵丹妮
赵文霞	赵玉青	荆怀福	袁洪哲	贾海婷
徐艳伟	郭利强	郭 玲	黄宝权	黄思记
董建春	薛微微			

前　言

作为高校小学教育专业全科教师培养的核心课程教材，《小学课程设计与评价》自2021年初版以来，始终以立足服务基础教育改革、促进学生全面发展为宗旨。在近5年的推广使用过程中，因其体系完整、内容简洁、贴近实际等优点，受到河南省乃至其他省份使用者的广泛好评。随着时代发展，我国基础教育领域经历了深刻的变革，呈现出前所未有的创新与突破。此次修订，我们立足于新时代教育发展的现实需求，充分吸纳教育改革的核心成果，力图使教材内容更具前瞻性、实践性和系统性。

一、修订背景：基础教育改革的深化与挑战

近五年来，基础教育领域出现了重大转向。一是从知识本位转向素养导向。以《义务教育课程方案和课程标准（2022年版）》为标志，教育目标从学科知识的传授转向核心素养的培育，强调"学科实践""综合学习"等新理念。二是从碎片化教学转向整体化设计。单元整体教学成为常态，课程设计不再局限于课时或知识点，而是围绕大概念构建"完整的学习故事"，推动深度学习。三是从单一评价转向多元协同。教学评一致性的理念深度落地，评价体系从结果性考试转向过程性与终结性评价的结合，注重对学生实践能力、创新能力的综合考察。这些变革对小学教师的课程设计与实施能力提出了更高要求，也推动了教材内容的迭代更新。

二、内容更新：回应教育变革的核心议题

教材内容修改的总体指导思想是：依据习近平新时代中国特色社会主义思想，联系课程特点挖掘思政元素，融入教育家精神和最新课标内容，强化教材的育人功能。具体内容更新如下：

1. 依据2022年版的《义务教育课程方案》和《义务教育学科课程标准》进行修改。在第四章的第二节和第三节增加了关于义务教育阶段培养目标的阐述，小学课程总目标和学段目标的内容，修改为义务教育语文等16个课程标准的新要求。在第五章调整了中小学课程内容选择遵循的原则、课程内容的选择程序及课程内容组织的原则与方式。

2. 立足深化基础教育课程教学改革实际修改相关内容。第一章依据学生学情，实时强化了第八次基础教育课程改革在文中的显性表达，体现课程改革的历史延续性。第七章增加了"小学课程评价的构成内容"。第八章针对小学课程评价的独特性，对"小学课程评价的方法""小学课程评价的模式"中的具体内容进行了删减，使小学课程评价更具实践性与操作性。

三、特色说明：理论创新与实践支持并重

本版教材延续初版"理论—设计—评价"三位一体的框架，较之前更注重以下特色。

内容浓缩：在每章开篇以"卷首语"和"学习目标"形式呈现本章的核心内容，使学习者开篇即知章节重点难点，以便于有针对地学习重点、突破难点。

问题导向：每章以案例导入的真实困惑开篇，用案例分析引出理论解读，使学习者在学习之初就置身真实的案例之中，激发了学习者用理论理解问题、解决问题的兴趣。

思维拓展：以思维导图的形式将复杂的思维和信息以图形方式展示，提高了学习者的思维清晰度，培养了学习者的创造性思维。

各章节修改分工为：洛阳师范学院晋银峰撰写前言与第一章，周口师范学院岳定权撰写第二章与第三章，洛阳师范学院宋红霞撰写第四章，洛阳师范学院王媛媛撰写第五章与第六章，洛阳师范学院刘亚楠撰写第七章与第八章，商丘师范学院王丹丹撰写第九章与第十章。

本书隶属于"小学全科教师培养系列教材"，是该系列的重要组成部分。此次再版不仅是对政策文件的呼应，更是对教育本质的深层追问——如何在变革中坚守育人初心，在创新中实现素养落地。期待新版教材能为高校师范生、小学教师及教育研究者提供切实助力，共同推动基础教育的高质量发展。

编　者
2025 年 4 月

目 录

第一章 概 论 ………………………………………………………… 1

  第一节 课程论概述 ……………………………………………… 3

  第二节 课程改革的发展历程 …………………………………… 9

  第三节 当代小学课程 …………………………………………… 16

第二章 小学课程设计的模式 ……………………………………… 27

  第一节 课程设计的目标模式 …………………………………… 30

  第二节 课程设计模式的发展 …………………………………… 37

第三章 小学课程设计的价值取向 ………………………………… 49

  第一节 学科中心价值取向 ……………………………………… 52

  第二节 学生中心价值取向 ……………………………………… 57

  第三节 社会中心价值取向 ……………………………………… 62

第四章 小学课程的目标设计 ……………………………………… 68

  第一节 课程目标的含义与功能 ………………………………… 70

  第二节 小学课程目标的来源与价值取向 ……………………… 73

  第三节 小学课程目标的设计 …………………………………… 78

第五章 小学课程的内容设计 ……………………………………… 83

  第一节 小学课程内容的选择 …………………………………… 85

  第二节 小学课程内容的组织 …………………………………… 93

第六章　小学课程实施方法及策略设计 ……………………………………… 99

第一节　课程实施方法的设计 …………………………………………… 101
第二节　课程实施策略的设计 …………………………………………… 107

第七章　小学课程评价(一) ………………………………………………… 118

第一节　小学课程评价概述 ……………………………………………… 122
第二节　小学课程评价的构成内容 ……………………………………… 129

第八章　小学课程评价(二) ………………………………………………… 133

第一节　小学课程评价的方法 …………………………………………… 136
第二节　小学课程评价的模式 …………………………………………… 139

第九章　小学校本课程的开发 ……………………………………………… 146

第一节　校本课程开发概述 ……………………………………………… 148
第二节　小学校本课程的设计 …………………………………………… 154
第三节　小学校本课程的评价 …………………………………………… 163

第十章　小学课程的设计与评价案例研究 ………………………………… 170

第一节　小学语文课程的设计与评价案例研究 ………………………… 172
第二节　小学数学课程的设计与评价案例研究 ………………………… 186

参考文献 ……………………………………………………………………… 206

第一章 概 论

扫码获取
本章资源

卷首语

　　本章是全书的基础,为后续内容的展开奠定了基础。相关内容包括课程的词源学、本质理解、多元定义、内涵发展,20世纪国外的三次课程改革和新中国成立后的八次基础教育课程改革,当代小学课程产生的背景和动因、目标定位、理论基础和结构设置。学习者要从课程的词源学视角,明晰当代课程的多元理解、内涵发展和改革历程。要能从当代小学课程的设置,追溯课程改革的背景和动因,理解小学课程的目标定位和结构设置。能够结合当前小学课程和教学中存在的各种现象和问题,从理论基础的高度剖析其背后的深层原因。

学习目标

1. 理解课程的本质并能够进行词源学解释。
2. 明确课程的多元定义及其原因。
3. 掌握课程的类型。
4. 理解课程改革的发展历程。
5. 熟悉小学课程产生的背景和动因。
6. 理解小学课程的理论基础,能够运用相关理论分析课程现象。
7. 掌握当代小学课程设置。

思维导图

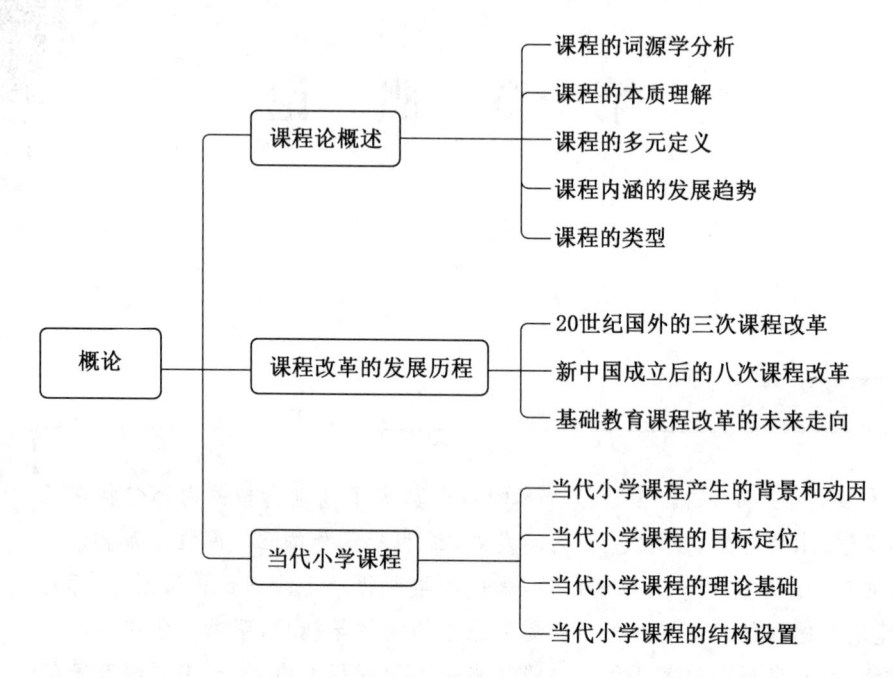

- 概论
  - 课程论概述
    - 课程的词源学分析
    - 课程的本质理解
    - 课程的多元定义
    - 课程内涵的发展趋势
    - 课程的类型
  - 课程改革的发展历程
    - 20世纪国外的三次课程改革
    - 新中国成立后的八次课程改革
    - 基础教育课程改革的未来走向
  - 当代小学课程
    - 当代小学课程产生的背景和动因
    - 当代小学课程的目标定位
    - 当代小学课程的理论基础
    - 当代小学课程的结构设置

导入案例

在大学课堂上，任课老师提出了"课程的定义是什么"的问题，请大家思考、讨论后回答。对于这样一个看似简单的问题，大家或分小组进行讨论，或独自低眉思索。2分钟后，大家便纷纷举手表达自己的理解。小张同学说："课程就是我们上课学习所用的书本。"小李同学说："课程就是老师在课前准备好的教案材料。"小刘同学说："课程是学生们在学习过程中所获得的学习内容。"面对同学们的争相发言，老师含笑点头，不停地鼓励大家继续说。小赵同学迟疑地站起来，不好意思地说："我觉得课程应包括学生学习的目标、学生学习的过程，还应当包括学习的结果。"小王同学站起来反驳说："如果按照赵同学所说，我认为课程应该是教师根据课本内容，对学生进行的教学，包括教学的目标、教学的过程和教学的结果。"……

面对大家纷繁多样的回答，老师从"桌子的具体样式和什么是桌子的定义"解释入手，分析了大家对课程具体表现的理解，引导同学们从课程词源学的视角出发，解析课程的本质，归纳课程的定义。在即将下课的时候，各位同学对课程有了深刻理解。

通过这个课例的学习，你认为什么是课程？什么又是小学课程呢？学完本章内容后，希望你能回答这个问题。

第一节 课程论概述

课程是教育领域最复杂、最有歧义的概念之一,要研究课程理论、理解课程实践,就需要对多元的课程含义进行梳理分析。

一、课程的词源学分析

从词源学上追溯课程的含义,就是从语言最初的意义上,了解人们早期对课程内涵的理解,从最为原初的状态来把握其本质。

根据有关资料,"课程"一词为我国固有,最早出现于唐朝。[①] 唐朝孔颖达在《五经正义》里为《诗经·小雅·巧言》中"奕奕寝庙,君子作之"一句注疏:"维护课程,必君子监之,乃依法制。"据考,这是"课程"一词在汉语文献中的最早出处。《诗经》里的"奕奕寝庙,君子作之",直解为"好大的殿堂,由君子主持建成"。"奕奕"形容宏伟状;"寝庙"指殿堂、庙宇,喻伟大的事业;"君子"指有德者。全句的喻义为"伟大的事业,乃有德者维持"。孔颖达用"课程"一词指"寝庙"及其喻义"伟业",其含义十分宽泛,远远超出学校教育的范围。宋朝朱熹在《朱子全书·论学》中多次提及"课程",如"宽着期限,紧着课程""小立课程,大作功夫"等。朱熹的"课程"主要指"功课及其进程",与今天日常语言中学校课程的意义极为相近。

在英语国家,著名哲学家、教育家斯宾塞在1859年发表的一篇著名文章《什么知识最有价值》中,最早提出了课程的名词称谓"curriculum",原意为"跑道"(race-course),意指"教学内容的系统组织"。"curriculum"源于拉丁语"currere","currere"是意为"跑"的动词。根据这个词源,西方最常见的课程定义是"学习的进程"(course of study),简称"学程"。由于斯宾塞使用的"curriculum"一词原意是静态的跑道,故教育中过多地强调了课程作为外在于学习者"组织起来的教育内容"的"静态课程",相对忽略了学习者与教育者动态的经验和体验的层面。在当代的课程理论文献中,许多课程学者倾心于"跑的过程与经历"的"currere","currere"表征为学生与教师在教育过程中经验和体验的"过程课程"。

二、课程的本质理解

"课程本质"的理论探讨始于19世纪末。人们对课程本质的理解,大致经历了三个阶段:第一阶段,课程的本质是学科的知识与技能;第二阶段,课程的本质是学习者经验的获得;第三阶段,各执一端,没有定论。[②]

---

① 陈侠.课程研究引论[A]//瞿葆奎.课程与教材(上册)[C].北京:人民教育出版社,1988:15.
② 季银泉.小学课程设计与评价[M].北京:高等教育出版社,2015:4.

1. 课程即教学科目

这种观点历史悠久,我国古代的"六艺"——礼、乐、射、御、书、数,古希腊人的"三艺"——文法、修辞和辩证法,在此基础上发展而来的欧洲中世纪的"七艺"——文法、修辞、辩证法、算术、几何、音乐、天文学等,则是具体体现。西方学校现代课程体系就是在"七艺"的基础上增加其他学科发展而来的。

把课程视为科目,强调了学科知识的系统化以及教育进程的计划性和可控制性。它突出了人类长期积累的知识的重要地位,强调教育的主要任务就是学习和继承前人的知识经验。不足之处是只关注教学科目,忽视了学生心智发展、情感陶冶以及创造思维的养成,学生的个性发展必然会受到学科知识的压抑。

2. 课程即经验

这种观点是在反对过于重视教师向学生传递人类长期积累的系统学科知识基础上提出来的,代表人物当属美国教育家杜威。这一观点重视学生的个性化心理特征,把课程视为学生在教师指导下所获得的经验或体验,以及学生自发获得的经验或体验。

这种观点将学生在学习过程中的体验置于课程的中心地位,关注学生的学习兴趣和需求,消除了课程即教学科目"见物不见人"的弊端。不足之处是难以依据学生获得的经验制定课程标准,难以对学生的发展进行价值评判。

3. 课程即活动

"课程是活动"是与"课程即教学科目"相对的一种课程理论,其思想源头可以追溯到杜威的"做中学"理论,该理论认为"学校科目相互联系的真正中心,不是科学,不是文学,不是历史,不是地理,而是儿童本身的社会活动"。

此种观点突破将课程局限于书本知识的狭隘领域,关注儿童身心发展的规律,注重课程同社会生活的联系,提高儿童解决问题的能力。但此种观点容易形成将所有的活动都理解成课程的情况,造成课程的泛化,降低人才培养的效率。

4. 课程即结果

"课程即结果"这种观点认为,课程是学生达到的预期结果。持此种观点的主要代表人物有博比特、泰勒、约翰逊等。

此观点把课程不再看作内容,而是看作学生发展预期的结果,是可以测量的行为目标,便于观察、测量和评价。该观点过于强调教育的目的性、可操作性,课程目标与过程易割裂,容易忽视学生非预期的学习结果、现实经验和个性差异,同时也忽视了环境及课程中的变化因素,从而导致教育活动缺乏灵活性和弹性。

5. 课程即计划

"课程即计划"这种观点认为,课程就是教育计划或学习计划。这里的"计划"包括教育教学的目标、内容、设计、活动和评价等。持这种观点的主要代表人物有麦克唐纳、比彻姆、斯坦毫斯等。

"课程即计划"强调了课程的目的性和计划性,便于教学活动与教学内容的有效安排和组织,有利于教育目标的实现,在一定程度上能够提高教学工作的效率。不足之处是片面强调静态知识的学习,容易造成课程内容脱离学生的生活、经验、兴趣,形成学生机械学习、被动接受的学习状态,不利于学生学习积极性、主动性的发挥。

6. 课程即社会改造

"课程即社会改造"这种观点认为,课程是帮助学生摆脱社会制度束缚,关心当代社会的主要问题和重要弊端,促进学生学会制订社会规划。这种观点以弗莱雷等为代表的一些激进教育家提出的。

此种课程观点高度重视课程的社会批判功能,另辟蹊径地提出了课程的功能,可以增强学生认识问题的理性能力和批判意识,有助于独立个性的养成。但是值得注意的是,社会问题是社会发展过程中本身所固有的,并与政治、经济、文化有着错综复杂的联系,仅靠学校课程关注社会问题,难以有效变革。因此,此种课程观点认为课程可以对社会变革起决定作用,显得过于理想。

三、课程的多元定义

在理解课程本质的基础上,人们对课程进行了多元化的定义阐释。

《辞海》中的课程定义:教学的科目,可以指一个教学科目,也可以指学校的或一个专业的全部教学科目,或指一组教学科目。

《中国大百科全书·教育》中的课程定义:课程有广义、狭义两种定义。广义的课程指所有学科(教学科目)的总和,或指学生在教师指导下各种活动的总和。狭义的课程指一门学科。

《简明国际教育百科全书·课程》中9种典型的课程定义:

(1)是在学校建立一系列具有潜力的经验,目的是训练儿童和青年以群体方式思考和行动。这类经验被称为课程。(史密斯,1957)

(2)学习者在学校的指导下所学得的全部经验。(福谢伊,1969)

(3)学校传授给学生的,意在使他们取得毕业、获得证书或进入职业领域的资格的教学内容和具体教材的总计划。(古德,1959)

(4)我们坚持课程是一种对教师、学生、学科和环境等教材组成部分的范围和方法论的探究。(韦斯特伯里和斯泰默,1971)

(5)课程是学校的生活和计划,一种指导生活的事业,是构成一代又一代人生活的生机勃勃的活动流。(鲁格,1947)

(6)课程是一种学习计划。(塔巴,1962)

(7)通过有组织地重建知识和经验而得到系统阐述的有计划、有指导的学习经验和预期的学习结果,在学校的帮助下推动学习者个人的社会能力不断地、有目的地向前发展。(坦纳,1975)

(8)课程必须基本上由5种大范围的学科学习组成,它们是:掌握母语;系统的学习语法、文学与写作;数学;科学;历史;外国语。(贝斯特,1955)

(9)课程被看作有关人类经验的范畴,而不是结论的可能思维模式的不断扩大的范

畴。但这种可以从中得出结论的模式,在那些结论和所谓真理的背景中是站得住脚的和有依据的。(贝尔思,1965)

上述不同的定义表述说明人们对课程的认识存在差异,这种差异符合理论探究的客观现实,能够促进对课程的深度理解。我们倾向于将课程定义为:课程是指为促进学生发展,实现学校培养目标而制订并实行的各种计划、活动和进程。

四、课程内涵的发展趋势

进入 20 世纪 70 年代以来,课程的内涵发生了重要变化,呈现六个发展趋势。这些趋势既意味着课程意识的深层变革,也预示着课程变革实践的发展方向。

(1) 课程从强调教师的教程发展到更强调教师指导下学生的学程,从单纯强调学科内容到强调学习者的经验和体验,从强调目标、计划到强调过程本身的价值。

(2) 课程从只关注有计划的课程到自觉地将计划外的教育影响也纳入课程之中,从只注重显性课程到同样关注潜在课程。

(3) 课程从强调实际课程到强调实际课程和"虚无课程"(在课程变革中被学校和社会有意或无意排除于学校课程体系之外的课程)并重。

(4) 课程从只强调学校课程到强调学校课程与校外课程的整合。

(5) 课程从注重影响课程的个别因素到全面研究影响课程的社会政治经济、科学文化知识、教育对象的身心特点和课程工作者以及社区环境等诸多的因素,并注重其整合。

(6) 课程从单纯的国家课程开发到国家课程、地方课程、校本课程的全面开发和拓展。[①]

五、课程的类型

根据课程目标、课程内容和学习方式等构成课程结构的基本成分,可以将课程类型分为学科课程与活动课程,单科课程与综合课程,国家课程、地方课程与校本课程,必修课程与选修课程,显性课程与隐性课程等几种类型。

1. 学科课程与活动课程

学科课程,又称正规课程、正式课程、传统课程,是以特定学科的系统而严格的知识传授、技能训练为基本内容的课程。中国古代的"六艺"和西方古代的"七艺"等,是最早的学科课程。在我国当代小学课程体系中,语文、数学、英语、科学、品德与生活、品德与社会、艺术等,都是学科课程。

活动课程,又称"儿童中心课程""经验课程""生活课程",是以儿童经验或活动为中心组织起来的课程。活动课程是与学科课程相对而言的,它打破学科知能的组织界限,以学生的兴趣、需要、态度和能力的发展为基本目标,其主要课程活动形式是学生的自主性活动。活动课程起源于 19 世纪末、20 世纪初欧美的"新教育运动"和"进步主义教育活动"。在此后的二三十年中,木工、金工、烹饪等活动作业都被认为是活动课程,风行一时。我国

---

① 丛立新.课程论问题[M].北京:教育科学出版社,2000:5.

当代小学的综合实践活动、班队活动、体育活动、文娱活动等,都属于活动课程。

学科课程与活动课程,是学校教育中两种最基本的课程类型。学科课程的优点是符合认识的规律,能够系统地传授最基本的学科基础知识、基本技能,为儿童身心发展打下基础。不足之处是容易脱离学生的生活实际,不利于调动学生的主动性、积极性,不能较好地发展学生的能力。活动课程的优点是符合学生的兴趣和需要,容易激发学生学习的积极性和主动性。不足之处是儿童掌握的知识缺乏系统性和连贯性,有较大的偶然性和随机性。

2. 分科课程与综合课程

分科课程,又称单科课程,指课程内容只涵盖一门学科的课程。分科课程强调各门课程独特的内在逻辑体系,不同学科门类之间的相对独立性。分科课程有利于学生简捷而有效地获取系统的知识、技能,在古今中外各级学校的课程体系中都占据核心地位。我国当代小学的绝大多数课程,都是分科课程。

综合课程,又称统整课程、统合课程,是把两个或两个以上相邻学科的课程要素,按照新的逻辑线索融合为一个整体的课程。也就是说综合课程至少涵盖两门传统学科。综合课程分为学科本位综合课程、社会本位综合课程、经验本位综合课程(或儿童本位综合课程)三种基本类型。我国小学的科学课程、艺术课程、综合实践活动课程,都属于综合课程。

在教育改革史上,综合课程是以克服学科课程分科过细而出现的,体现了我国基础教育课程改革的发展需要。综合课程的优点主要体现为:从生活、社会的实际出发,具有较强的实践性,激发了学生的学习兴趣,培养了学生的动手能力;打破了学科间的界限,发挥了学生的迁移能力,把某一学科领域内的概念、原理和方法运用到其他学科领域,有利于培养学生对事物的整体认识能力;减少了课程的门类,消除了重复内容,减轻学生的负担,提高了学生的学习效率。不足之处是:将系统化的学科知识简单、机械地混合,形成知识的"大杂烩";即便是考虑到了学科知识之间的横向联系,也很容易导致学生学习浅尝辄止。

3. 国家课程、地方课程与校本课程

国家课程,又称"国家统一课程",是由中央政府负责编制、实施和评价的课程。它旨在保证一个国家基础教育课程的统一性和规范性,从而保证整体国民的基本素质。国家课程一般具有权威性、强制性等特征,它要求地方和学校都应积极按照国家课程的要求,"开全课程,开足课时",保质保量加以实施。

地方课程是由省级的教育行政部门或其授权的教育部门依据当地的政治、经济、文化、民族等实际情况开发的具有地方特色的课程门类。它是地方本位的课程,立足于地方,服务于地方,归属于地方。地方课程作为国家基础教育宏观课程结构中的重要组成部分,既是国家课程的有机补充,又是学校课程的重要依据,具有地域性、民族性、文化性、灵活性、探究性、开放性等特征。

学校课程,又称校本课程,是由学校教师编制、实施和评价的课程。具体来说,是由某一类学校或某一级学校的个别教师、部分教师或全体教师,根据国家制定的教育目的,在分析本校外部环境和本校内部环境的基础上,针对本校、本年级或本班级特定的学生全体,编制、实施和评价的课程。① 它是学校本位的课程,为了学校,在学校中,基于学校。

实施国家课程、地方课程与学校课程管理模式的目的是简政放权,完善基础教育由地方负责、分级管理的体制。国家课程的主导价值在于通过课程体现国家的教育意志,地方课程的主导价值在于通过课程满足地方社会发展的现实需要,学校课程的主导价值在于通过课程展示学校的办学宗旨和特色。②

4. 必修课程与选修课程

必修课程是指为保证学生基本学力,要求学生必须学习的课程。"公平发展"是必修课程的直接价值支撑,所有人享有平等的受教育机会,通过实施必修课程使人接受公平的教育。

选修课程是指为体现学生个性差异和发展方向,容许学生选择的课程。选修制度的最初确立是在大学,充实或改善选修制度是20世纪各国课程政策的基石。各国选课制度的发展呈现出大致共同的趋势。就其内涵发展看,在初中阶段,有尽量扩大学生自选学科机会的趋势。在高中阶段,有扩充综合性的新学科,形成特色课程的势头。③ 目前我国一些小学设选修课程,是落实学生"个性发展"的重要体现。

必修课程与选修课程既是相对独立的,又是相互渗透、相互作用的。两者在根本的教育价值观上具有内在一致性和等价性,不存在主次关系。

5. 显性课程与隐性课程

显性课程,又称显在课程、正规课程、官方课程、公开课程,是在学校情境中以直接的、明显的方式呈现的课程。学科课程与活动课程,单科课程与综合课程,国家课程、地方课程与学校课程,必修课程与选修课程等各种课程,都属于显性课程。显性课程对于实施者和学习者来说都是有意识的。

隐性课程,又称潜在课程、隐蔽课程、无形课程,是学校政策及课程计划中未明确规定的、非正式和无意识的学校学习经验。隐性课程在学校情境中常常以间接的、内隐的方式呈现。学校建筑、教室布置等物质,师生间的交往、教师与家长的交往等行为,学校组织体制、班级管理制度等制度,校风、教风等观念都属于隐性课程。隐性课程对课程主体发挥着内隐的、无意识的潜在影响作用。

隐性课程与显性课程是相伴相随的,隐性课程是伴随显性课程而生的,没有显性课程就没有隐性课程。当隐性课程影响为更多的课程主体所关注时,隐性课程也可以转化为显性课程。

---

① 王斌华.校本课程论[M].上海:上海教育出版社,2000:1.
② 教育部基础教育司.走进新课程——与课程实施者对话[M].北京:北京师范大学出版社,2002:17.
③ 张华.课程与教学论[M].上海:上海教育出版社,2000:298.

第二节 课程改革的发展历程

一、20世纪国外的三次课程改革

在20世纪的发展历程中,世界政治、经济和科学技术发生了重大变化,取得了史无前例的大发展。社会需要和科技进步作为制约课程改革的重要因素,在百年的教育发展中发挥着淋漓尽致的作用。在20世纪的一百年历程中,教育共经历了三次大的变革,这些变革均是从课程改革开始的。

第一次课程改革:实用主义课程。在20世纪初,随着社会的发展和学科研究新成果的不断涌现,越来越多的教育工作者开始怀疑以往课程的价值,对传统课程进行激烈批判,时代呼吁新型课程体系的出炉。以杜威进步主义教育为代表的现代教育批判了传统教育的课堂中心、课本中心和教师中心,倡导活动中心、儿童中心和兴趣中心。他通过创办实验学校,进行课程改革,主张以"职业"作为人类社会活动的载体,认为儿童在学校中都应该参加诸如烹饪、手工、饲养、纺织等各项"职业"活动。在改革中,杜威主张"教育即生活""学校即社会"。他批评传统教育的"最大浪费是由于儿童在学校中不能完全、自由地运用他在校外所获得的经验,同时,又不能把学校里所学的东西应用于日常生活"。他提出"从做中学"的教学原则,并从这个原则出发,强调课程必须考虑到适应社会生活的需要,强调课程教材要与儿童生活经验相联系。杜威的经验主义课程,虽有严重的弊端,但他的"教材趣味说"的确是个巨大的贡献,因此1925年以后,这一理念成为编写教材的公认原则。[①] 他的教育思想影响美国乃至世界教育,并且在当今的教育改革中被屡屡提及。

第二次课程改革:精英主义课程。1957年,苏联人造卫星上天,美国全国震动。为了取得科技竞赛乃至综合国力领先地位,美国国会在1958年颁布了《国防教育法》,该法的中心内容是由联邦政府增拨大量教育经费以提高教育质量,培养科学技术高级人才。在课程方面提出加强数学、科学、现代外语三门基本课程,强化课程的理论性、系统性,重视掌握各学科的基本概念、基本原理,强调发现学习。1959年9月召开的伍兹霍尔会议,更强化了数理学科课程改革,造就足够的科学家和工程师来满足美国发展的需要。虽然这些以要素主义为指导思想的教材由于太深、太难不能为教师和学生所接受,到20世纪70年代初就被弃之不用,但它的影响是十分深远的,影响到了世界各国的教育改革。

第三次课程改革:大众教育课程。20世纪80年代初,国家间竞争激烈,由此引发了教育内部的相应变革。具体来说,国家间竞争源于科学技术的迅猛发展,并由此带来生产的不断变革和社会的深刻变化,国际局势趋于缓和而经济竞争日益激烈。此次改革,教育内部的因素是:一方面,中等教育的普及和终身教育思潮的兴起;另一方面,中小学教育

---

① 白月桥.课程变革概论[M].石家庄:河北教育出版社,1996:60.

质量的下降。1983年美国高质量教育委员会提出《国家处在危险中：教育改革势在必行》这一著名报告，就反映了这个问题。之后，美国政府提出了一系列改革方案，包括1991年的《美国2000年教育战略》和1993年的《2000年目标：美国教育法》。这一系列改革的核心是加强中小学的学术基础课程，切实提高中小学的学术质量，提高广大劳动者的素质，增强美国在当今国际社会中的竞争力。与此同时，日本、英国、法国也在进行教育改革。

为什么每次教育改革都是以课程改革为核心？道理很简单，任何教育目标都要依靠一套课程来实现。当然，每一次课程改革总是以某种教育思想、教育观念为指导，同时要求采用新的方法来保证，否则课程改革也难以实现。①

二、新中国成立后的八次课程改革

新中国成立以来，我国基础教育课程先后经历了多次重大改革。每次改革都在其不同的历史条件下，对课程计划、课程标准、教材进行改革，并在这三大方面取得了重大成就。

1. 第一次课程改革：1949—1952

新中国成立后，彻底改变了旧中国遗留下来的各类教育问题。1949年12月，教育部召开第一次全国教育工作会议，提出了"以老解放区新教育经验为基础，吸收旧教育有用经验，借助苏联经验，建设新民主主义教育"的教育改革基本方针。1950年9月，在全国出版会议上提出中小学教材必须全国统一供应，成立人民教育出版社编写国家统一教材。第一套中小学全国通用教材于次年出版。1951年10月，政务院颁发了《关于改革学制的决定》，规定小学实行五年一贯制，取消初高两级分段制。根据学制要求，1952年3月教育部颁发了小学和中学暂行规程，这是新中国成立后颁发的第一个全面规范中小学课程的政府文件。

本时期课程改革的特点是：初步确立了我国中小学新课程体系，形成了全国统一教学计划、统一教学大纲与统一教科书的"大一统"课程模式；课程结构单一，只设必修课，不设选修课；根据中小学培养目标来考虑学科设置；课程内容注意科学性和思想性的有机结合；模仿苏联的痕迹明显，某些课程在一定程度上脱离了中国实际。

2. 第二次课程改革：1953—1956

1953年1月召开的大区文教委员会主任会议和6月召开的第二次全国教育工作会议吹响了新一轮改革的号角，两次会议确立了今后教育工作的重点是整顿、巩固和发展中小学。

1953年12月，政务院颁布《关于整顿和改进小学教育的指示》提出：今后几年内小学教育应在整顿巩固的基础上，有计划、有重点地发展，小学工作和学习应由教育部门统一领导布置。1954年4月，政务院颁布了《关于改进和发展中学教育的指示》，明确指出：

---

① 顾明远.课程改革的世纪回顾与瞻望[J].教育研究，2001(7)：15-19.

"为提高教育质量,中央教育部应根据国家过渡时期的总任务和中学教育的目的,……修订教学大纲和教科书,并为教师编辑一套教学指导用书,这是目前提高学校教育质量的一项最基本的工作。"这两个文件为课程改革提供了指导和依据。根据教学计划,教育部于1956年颁发了新中国成立以来全国第一套比较齐全的教学大纲:中小学各科教学大纲(修订草案)。

本时期课程改革的特点是:初步形成了比较全面的中小学课程体系,模仿苏联的痕迹仍很深;课程变动过于频繁,教材又跟不上需要,致使教学工作不能完全按照教学计划执行;部分学科间的相互联系和配合不够紧密,课程设置不尽合理。

3. 第三次课程改革:1957—1963

1957年2月,毛泽东做了"关于正确处理人民内部矛盾的问题"的报告,提出:"我们的教育方针,应该使受教育者在德育、智育、体育几方面都得到发展,成为有社会主义觉悟的有文化的劳动者。"为了更好地贯彻这一教育方针,在教育部的周密部署下进行了课程改革。

从1958年到1960年,中小学校贯彻党的教育与生产劳动相结合的方针,实行勤工俭学,兴起课程和教学改革的群众运动,其中课程改革的主题是:缩短学制、精简课程。具体表现在:1960年,人教社按照中小学适当缩短学制年限的要求,赶编了第三套全国通用教材,把原来12年学完的内容压缩到10年完成,供试验10年制的学校选用;教育管理权限下放,各地开始自编教材;劳动时间大量增加,正常教学秩序受到冲击;设置甲乙类中学,甲类教学计划要求较高,设置最高限度的科目,乙类教学计划要求低,设置最低限度的科目。

面对1958年"教育大革命"给教育事业带来的危害,从1961年开始,以"调整、巩固、充实、提高"方针为指导,对中小学课程进行了改革:颁发了《全日制中学暂行工作条例(草案)》《全日制小学暂行工作条例(草案)》,对中小学课程的一些重大问题做了原则上的规定;制定了新的教学计划和教学大纲,对中小学课程做了必要的调整;编写了第四套全国通用教材,供12年制学校选用。但因种种原因,修改后的教材没有在学校正式使用过。

本时期课程改革的特点是:重视学科与育人的作用;首次提出设置选修课;实行了国定制与审定制相结合的教科书制度;重视地方教材、乡土教材的编写。

4. 第四次课程改革:1964—1976

1964年初,毛泽东发表了关于中小学教育的"春节讲话",提出学制、课程、教学方法都要改。针对当时学生学习压力过重的问题,特别批示"课程可以砍掉三分之一"。1964年7月,教育部发出《关于调整和精简中小学课程的通知》。1966年"文化大革命"爆发,全国没有了统一的教育方针,没有了统一的教学计划、教学大纲和教科书,有的只是各地自编的生活式教材,生活、社会、革命构成了全部的课程。

5. 第五次课程改革:1977—1980

1977年教育战线开始拨乱反正,召开了科学教育工作会议,对课程改革进行了充分的酝酿。以1978年1月教育部颁发《全日制十年制中小学教学计划试行草案》为起点,开始了课程领域内的拨乱反正。

《全日制十年制中小学教学计划试行草案》规定：中小学学制十年，小学五年，中学五年。为配合该草案，教育部颁布了全国统一的教学大纲。重建后的人民教育出版社组织召开了"中小学教材编写工作会议"，集中编写第五套全国通用的十年制中小学教材，并于1978年秋开始在全国推广使用。新教材清除了十年动乱时期出版的教材中的许多谬误内容，改正了政治与业务、理论与实践等问题上的一些不适当的处理方法；吸取了国际中小学课程改革的经验和教训，进行了教学内容的现代化改革，强化了基础知识的选择、智力的启迪和能力的培养。该教材的不足之处是存在"深、难、重"。

6. 第六次课程改革：1981—1985

20世纪80年代后，国内与国际形势发生了巨大变化，人才竞争加剧，教育日益受到重视。1981年，教育部根据邓小平"要办重点小学、重点中学、重点大学"的指示精神，颁发了《全日制六年制重点中学教学计划（试行草案）》，修订颁发了五年制小学和中学教学计划。根据新教学计划的要求，人民教育出版社组织编写了第六套教材。1984年教育部颁发了六年制城市小学和农村小学教学计划，对数学、外语、自然常识、劳动课程分别提出了不同的要求，同时对教学大纲也进行重新修订，于1986年颁发了小学、初中各科教学大纲。

7. 第七次课程改革：1986—1996

1985年5月，中共中央颁发的《中共中央关于教育体制改革的决定》和1986年4月全国人大通过的《中华人民共和国义务教育法》，拉开了第七次课程改革的序幕。

为配合义务教育法的实施，1988年国家教委颁发了《义务教育全日制小学、初级中学教学计划（试行草案）》，1992年颁布了《九年义务教育全日制小学、初级中学课程计划（试行）》，首次将"教学计划"更名"课程计划"，课程表分为"六三制"和"五四制"两种，课程分为学科类和活动类，留有空间给地方安排课程。与此同时，国家教委组织编订各学科教学大纲（初审稿），允许一些地区和单位按大纲初审稿编写教材、修订大纲，形成了24个学科义务教育教学大纲（试用），并于1992年颁布。

这一时期的课程改革最突出的表现是：打破了课程行政管理体制上的"集权制"，确立了"一纲多本"的课程改革方略；大胆借鉴国际上的先进经验，突破了以往课程改革中的诸多禁区，"个性发展""选修课程""活动课程"等内容在课程计划、课程标准中占有重要地位。

8. 第八次课程改革：2001年以后

面对世纪之交国际教育改革的潮流和我国教育实践中存在的教育问题，为贯彻《中共中央国务院关于深化教育改革全面推进素质教育的决定》（中发〔1999〕9号）和《国务院关于基础教育改革与发展的决定》（国发〔2001〕21号）要求，2001年教育部印发了《基础教育课程改革纲要（试行）》，调整和改革基础教育的课程体系、结构、内容，构建符合素质教育要求的新的基础教育课程体系，这是我国第八次基础教育课程改革，又称新课程改革。改革的宗旨是构建具有中国特色的、现代化的基础教育课程体系。改革的核心理念是为了中华民族的复兴，为了每位学生的发展。课程改革的基本理念是破除书本知识桎梏，构筑具有生活意义的课程内容；摆脱被知识奴役的处境，恢复个体在知识生成中的合法身份；

改变学校个性缺失的现实,创建富有个性的学校文化。① 实验采用"先立后破、先实验后推广"的方针,分层推进、滚动发展。通过改革力求实现我国中小学从学科本位、知识本位向关注每一个学生发展的历史性转变。② 第八次课程改革提出了六大改革目标:

第一,改变课程过于注重知识传授的倾向,强调形成积极主动的学习态度,使获得基础知识与基本技能的过程同时成为学会学习和形成正确价值观的过程。

第二,改变课程结构过于强调学科本位、科目过多和缺乏整合的现状,整体设置九年一贯的课程门类和课时比例,并设置综合课程,以适应不同地区和学生发展的需求,体现课程结构的均衡性、综合性和选择性。

第三,改变课程内容"繁、难、偏、旧"和过于注重书本知识的现状,加强课程内容与学生生活以及现代社会和科技发展的联系,关注学生的学习兴趣和经验,精选终身学习必备的基础知识和技能。

第四,改变课程实施过于强调接受学习、死记硬背、机械训练的现状,倡导学生主动参与、乐于探究、勤于动手,培养学生搜集和处理信息的能力、获取新知识的能力、分析和解决问题的能力以及交流与合作的能力。

第五,改变课程评价过分强调甄别与选拔的功能,发挥评价促进学生发展、教师提高和改进教学实践的功能。

第六,改变课程管理过于集中的状况,实行国家、地方、学校三级课程管理,增强课程对地方、学校及学生的适应性。

由此,从 2001 年教育部颁布《义务教育课程设置实验方案》和 2011 年颁布的各学科课程标准,到 2022 年教育部印发《义务教育课程方案和课程标准(2022 年版)》,完成了课程方案从实验到正式使用的转型以及课程标准的设计。③

三、基础教育课程改革的未来走向

深化基础教育课程教学改革事关"培养什么人、怎样培养人、为谁培养人"的教育根本问题。回顾基础教育课程改革发展历史,分析基础教育改革面临的国际和国内新形势,落实我国教育强国建设要求,新时代基础教育课程改革的未来走向将会面临如下命题。

(一)加强数字技术与课程整合,赋能课程开发设计

随着大数据、云计算、人工智能等技术在教育应用的不断深入,以数字技术为支撑的课程变革蓬勃发展。2012 年后,慕课、微课等以数字技术为支撑的新课程形态应运而生,2022 年以来,以 ChatGPT、DeepSeek 为代表的大模型被用于课程改革探索,数字技术与课程整合研究将实现深度创新融合,完成研究重心的重大转向:从强调技术应用的简单整合研究走向注重技术集成的深度创新融合研究。未来,注重技术集成的课程开发设计研

---

① 钟启泉,崔允漷.新课程的理念与创新[J].江西教育,2004(22):1.
② 教育部基础教育司.走进新课程与课程实施者对话[M].北京:北京师范大学出版社,2002:1.
③ 王鉴.论我国基础教育课程设计的理论逻辑[J].课程·教材·教法,2022(11):52.

究将主要聚焦下述领域:在线课程(数字课程、共享课程)的理论基础与原理研究、在线课程的管理机制与课程标准制定研究、在线课程的开发设计模式创新研究、在线课程的混合式教学创新研究、在线课程的实施模式与评价模型创新研究等。①

(二)聚焦学生核心素养,持续进行课程深度整合

对很多学校来说,开齐、开足课程只是一个底线要求,改革的重点是如何通过课程的深度整合对学校课程进行全面系统的规划与设计,充分体现学校办学理念和办学的特色。课程整合主要是要解决一个学校的课时空间过于狭窄的问题,以及课程整体规划和突出特色的问题。② 中国学生发展核心素养是党的教育方针的细化,体现了个人、社会和国家的发展要求,回答了"培养什么人"的根本问题。所以,未来的课程改革需要聚焦中国学生发展核心素养要求,持续整合正式课程与非正式课程、学科课程与活动课程、显性课程与隐性课程。在"整合、选择、开放、减法"的原则下,整体设计学科课程的分层分类,通过知识模块重组、内容合并增删、学科内拓外延、内容交叉整合,搭建基础类、拓展类、研究创新类有机学科群,体现基础教育阶段的基础性、选择性、时代性特征。

(三)调整课时占比,增加选修课程内容

针对我国每个学生统一必学的学科知识技能、统一必读的学科材料、统一必做的学科作业偏多的情况,应减少必修课程内容,增加选修课程内容。一是在减少必修课程内容的基础上,增加选修课时,给予学生更多选修机会,以强化学生的个性化学习;二是强化学生的实践动手能力,增加将所学知识加以综合运用的学科及跨学科实践的机会。

为了培养新时代德智体美劳全面发展、身心健康的人,需要保障体育运动时间,提高劳动教育课时占比。一是充分保障学生校内体育运动时间。《教育部办公厅关于进一步加强中小学生体质健康管理工作的通知》要求明确指出,中小学校要通过体育与健康课程、大课间、课外体育锻炼、体育竞赛、班团队活动、家校协同联动等多种形式加强教育引导,着力保障学生每天校内、校外各 1 小时体育活动时间;全面落实大课间体育活动制度,中小学校每天统一安排 30 分钟的大课间体育活动,课间应安排学生走出教室适量活动和放松。在此基础上,力争 2035 年前逐步达到保障小学生、中学生每天校内 2 小时和 1.5 小时的体育活动时间。二是进一步增加学生的劳动教育课时。《义务教育课程方案(2022年版)》规定学校开设每周不少于 1 课时的劳动课,但总体来看,一个月 4 课时的劳动课并不多,学生走出教室、校园,走进大自然、来到田间地头,走入真实场景的机会仍然太少。在此基础上,期待 2035 年前能够逐步达到平均每月 1 天(或每学期集中 4—5 天)安排学工学农学商学军生产劳动和社会实践。③

---

① 蔡宝来.信息技术与课程整合研究进展及未来走向[J].课程·教材·教法,2018(8):140.
② 田慧生.我国基础教育课程改革:回顾与前瞻[J].中国教育科学,2015(2):100.
③ 任长松.新世纪以来中国基础教育课程改革的反思与期待[J].中国基础教育,2024(9):71-75.

(四) 树立好课堂理念,打造"三线融合"立体课堂

教学改革是课程改革的一个有机组成部分,打造理想的课堂,是新时代培育优质人才的必然要求和艰巨任务。一方面,确立好课堂理念。理想的好课堂应当具备生命性、生长性、生活性、生成性等特性,具有这种"四生性"的课堂才是提高课堂教学效率、保证教学质量的好课堂。另一方面,打造"三线融合"新型课堂。未来课堂在大数据、云计算、人工智能的广泛应用推动下,将是室内室外、校内校外、线上线下的融合体,体现为多维时空的立体网状交叉叠加。线上线下课堂、校内校外课堂、学校社会课堂在一体化教学思维统领下已融合为一个有机的整体,三者不可分割,共同构成学校多场景全流程数据联动、全要素自适应协同优化的立体课堂。[1]

(五) 强化评价导向作用,系统推进评价改革

党的十八大以来,国家先后下发系列教育评价改革文件,提出要"系统推进教育评价改革"。未来除"强化过程评价""健全综合评价""探索增值评价""注重生成评价",还应注意以下几点:一是理论与实践相结合,既要创新评价理论,也要创新评价技术;二是宏观和微观相结合,重视微观评价,特别是对教师教、学生学、行政管的行为的评价;三是传统与现代相结合"创新评价工具",利用人工智能、大数据等现代信息技术,做到精准评价;四是纵向与横向相结合,积极探索开展学生各年级各学段各学科学习情况全过程纵向评价,重视加强德智体美劳全要素横向评价。[2]

(六) 践行教育家精神,铸造时代"大先生"

教师在基础教育课程改革中承载着主体作用,发挥教师的育人作用是立德树人的必然要求。具有教育家精神的师者就是"大先生"。[3] 大力传承与弘扬教育家精神,建设一支具有时代精神的"大先生",是建设教育强国的必然要求。一方面,厘清教育家精神的核心要义,明晰教育家精神是推动教师队伍持续健康发展的内生动力。教育家精神包含了个体与大局的理性统一、立身与育人的德性统一、实学与创新的知性统一、情感与情怀的感性统一。[4] 教育家精神为教师自我师德修养提供目标指引,为教师群体团结凝聚提供价值共识,为社会公众认同教师职业提供正面符号。[5] 另一方面,立足教育家精神承传与践行,建设一支具有时代精神的"大先生"。一是要有高质量教师教育体系的支撑。国家应持续实施"特岗计划""国培计划"、师范生公费教育、教师教育振兴计划、新时代基础教育强师计划等一系列重要举措。二是要做好教师教育和教师队伍建设。要严把师范生入

---

[1] 张传燧.基础教育课程改革十年:政策引领、重大创新与未来展望——基于《义务教育课程方案(2022年版)》的解读[J].课程·教材·教法,2024(1):20-21.
[2] 张传燧.基础教育课程改革十年:政策引领、重大创新与未来展望——基于《义务教育课程方案(2022年版)》的解读[J].课程·教材·教法,2024(1):21-22.
[3] 管培俊.弘扬教育家精神做新时代"大先生"[J].国家教育行政学院学报,2023(9):6.
[4] 刘海燕.教育家精神的时代意蕴与践行理路[J].教育研究,2023(12):121.
[5] 刘志.教育家精神:教师队伍高质量发展的价值理想[J].教育研究,2024(6):138-140.

学环节,要严格教师准入机制,修订完善新时代教师专业发展标准体系,制定卓越教师标准,实施卓越教师培养计划等。三是做好制度环境保障。推进落实和深化教师队伍建设改革,为教师队伍成长发展营造健康生态环境。要把握教育规律和教师队伍建设规律,减轻教师负担,保障教师安心从教。四是要打造尊师重教的浓厚社会氛围。全社会要弘扬尊师重教的社会风尚,努力提高教师政治地位、社会地位、职业地位。

第三节 当代小学课程

当代小学课程主要奠基于新中国成立后的第八次课程改革(又称新课程改革)。2001年,国务院《关于基础教育改革与发展的决定》以及教育部《基础教育课程改革纲要(试行)》(以下简称《纲要》)的颁布,标志着我国基础教育改革已经进入课程教材时代,育人为本的课程制度正在逐步确立。[①] 自此,在全国范围内启动了基础教育新一轮课程改革实验。2011年,教育部在前期各地课程改革实践的基础上,颁布了修改后的义务教育各科课程标准。

一、当代小学课程产生的背景和动因

1. 时代发展的机遇与挑战

时代发展主要表现在三个方面。一是知识经济的发展,改变了劳动者的素质和结构,知识劳动者取代了传统的产业工人。二是国际竞争空前激烈,改变了既往意识形态、军事实力主导的竞争,转变为综合国力特别是经济实力、国防实力和民族凝聚力的竞争。三是人类的生存和发展,面临着生态环境恶化、自然资源短缺、人口迅速膨胀等威胁人类自身生存和发展的一系列重大问题。这些方面的挑战,对我国科技文化水平偏低的人口大国而言,既是机遇又是压力,需要借此契机提升人口素质,把沉重的人口负担变成巨大的人力资源优势,教育理应承担此重任。

2. 基础教育存在的误区

我国基础教育在发展过程中,因片面关注基础知识和基本技能,导致学生发展偏离了发展方向,主要表现为:以灌输的方式要求学生死记硬背现成结论,造成学生思维定势,压抑了学生的创造性;将基础扎实简化为知识数量的堆砌,学生长时间超负荷强化训练,失去了学习兴趣;追求"基础"的深厚和扎实,缺乏与时代发展和学生生活经验的关联,漠视了学生身心发展规律。这些误区昭示着素质教育并没有得到实际落实,需要通过基础教育改革促进问题解决。

[①] 崔允漷,雷浩.中国基础教育课程改革的70年历程——从规范为先的教学体系到育人为本的课程制度[J].人民教育,2019(22):50.

3. 原有课程体系的滞后

20世纪90年代，我国推行素质教育之后，原有的课程体系难以适应基础教育的发展需求，主要表现为："知识至上"的课程观，导致教育发展目标难以适应社会发展需求；课程结构单一，学科之间缺乏以社会生活为基础的必要整合；课程内容陈旧，脱离社会现实实践与生活需求；课程实施以传统教育"三中心"为主，忽视学生的积极性、主动性、创新性；课程评价过分注重学业成绩，忽视基本素质的发展；课程管理权限过于集中，难以适应地域实际和学生发展的不同需求。

4. 发达国家教育改革的启示

世界各国政治、经济、社会虽存在差异，但发达国家进行的教育改革呈现出一些共同特征。一是政府参与并引领教育改革。20世纪80年代起，教育受到各国政府的关注。1990年，美国总统乔治·布什召集各州州长举行"教育首脑会议"，提出《美国2000年教育战略》。1998年，日本文部省颁布了相当于课程标准的《学习指导要领》。1996年，韩国教育部颁布了《韩国教育》。二是统筹国家利益与学生发展。改变20世纪以来片面强调国家利益至上的价值追求，在关注国家利益的同时注重学生的发展。三是整体推进课程改革。既重新厘定课程目标，还进行了课程结构、课程内容、课程实施、课程评价等方面的全面变革。

二、当代小学课程的目标定位

当代小学课程的目标定位紧密结合中国基础教育改革方向与核心素养培养要求，在"立德树人"根本任务指导下，课程目标已从"知识本位"转向"素养本位"，既服务于学生终身发展，也回应国家"人才强国"战略需求，体现了教育从"育分"到"育人"的深刻转型。

1. 学科基础能力的夯实与整合

在小学阶段，学科基础能力的培养是教育的核心任务之一。语文、数学、科学等学科不仅是知识传授的载体，更是学生形成基本认知能力和解决问题能力的关键。借助系统化的教学，学生将逐步掌握语言表达、逻辑推理、科学探究等基本技能，为后续学习奠定坚实的基础。语文教学不仅关注学生听说读写的能力，还将传统文化融入课程，如通过古代诗词、传统节日的学习，提升学生的文化素养。数学教学强调数学与日常生活的联系，如通过购物、测量等实际案例，培养学生的数学思维和应用能力。科学教学则通过实验、观察等方式，激发学生对自然现象的好奇心，培养其科学探究精神。

2. 基于核心素养导向的课程设计

基于《义务教育课程方案和课程标准（2022年版）》，小学课程设计以核心素养为导向，注重学生的全面发展。一方面，通过语文、道德与法治等课程，学生不仅能学习知识，还能在潜移默化中培养文化自信，增强对中华优秀传统文化的认同感。另一方面，小学课程还着重培养学生的关键能力，包括信息处理、批判性思维、合作沟通和创新实践等能力。在数学教学中，学生通过模型建构，学会用数学工具解决实际问题；在科学课堂中，学生通过探究性实验，培养科学思维和创新能力；在艺术课程中，学生通过审美表达，发展艺术感知和创造力。

3. 价值观培养与品格塑造

小学阶段是价值观和品格形成的关键时期。通过系统的教育,学生将逐步树立规则意识、诚信品质和生态观念。在道德与法治课程中,学生将学习社会规则和法律法规,培养遵守规则的意识;在生态教育中,学生将通过垃圾分类、低碳生活等实践活动,树立环保意识,践行可持续发展理念。劳动教育也是小学课程的重要组成部分。通过劳动课程,学生将亲身体验劳动的辛苦,学会尊重劳动成果,养成勤劳、节俭的习惯。

4. 适应未来社会的能力培养

随着科技的迅猛发展,小学课程也逐步引入科技素养教育。一方面,通过编程启蒙、人工智能通识教育等课程,学生将初步了解信息技术的基本原理,培养科技应用能力。这些课程不仅帮助学生掌握未来社会所需的技术技能,还能激发其创新思维和探索精神。另一方面,小学课程还注重培养学生的终身学习能力。通过项目式学习、探究式学习等教学方法,学生将在自主学习的过程中,逐步形成独立思考、自我管理的能力。这种学习方式不仅提高了学生的学习效率,还为其终身学习奠定了坚实的基础。

总之,当代小学课程的目标定位不仅关注学科知识的传授,更注重学生的全面发展、价值观塑造和未来适应能力的培养。科学合理的课程设计和有效实施,将为学生的终身发展奠定坚实的基础,培养出具备核心素养、适应未来社会需求的创新型人才。

三、当代小学课程的理论基础

理论蕴含着价值取向,制约着思维方式,规范着行为习惯。在课程改革与发展的过程中,我们不仅要关注人们各种课程改革的行为表现,更要分析行为表现背后的理论基础和价值取向。课程改革的理论基础,一般认为包括哲学基础、心理学基础、社会学基础等。本书结合我国第八次基础教育课程改革的内涵、本质、发展历程以及主要矛盾等,主要将理性主义、经验主义、建构主义和多元智能理论作为理论基础。

1. 理性主义的课程理论

理性主义的课程理论,也是一种知识主义的课程理论。重视人类文化的传递,重视知识的意义和价值,强调分科目进行教学和训练,在教育思想史上一直是经典性、永恒性的话题。

(1)"以知识为核心"的课程理念

理性主义的课程理论认为,知识是人类遗产中最宝贵的东西,体现了一种文化共同性,是文化的核心。强调以人类文明、人类文化中普遍的、稳固的、基本的人类知识为课程的中心,强调和重视人类社会中共同的、不变的"文化要素",如知识、技能、道德、宗教等在教育中的地位和作用。美国教育家、要素主义教育的杰出代表巴格莱认为,人类文化遗产里有永恒不变的、共同的要素,基础文化具有一种能够保证社会平衡的共同核心,这是一切人都应当学习的。所有学校的首要作用,或者说教育第一位的目的,就是认真对待这些核心要素,热情地、忠诚地传达它,以保存社会文明最优秀的传统。学生通过修习这些作为理智行为之根基的基础学科,促进个人智力的成长。巴格莱认为知识的价值有两种,一是工具价值,即能够满足学习者当前的需要,能够直接解决学习者当前面临的问题;二是背景价值,能够成为人的意识背景的重要组成部分,对人的生活形成潜在影响,满足学习者的长远需要。工具价值是一种功利主义、实用主义的知识观,背景价值则体现了西方文化理性主义的古典传统。

(2)"以学科为中心"的课程思想

理性主义的课程观始终坚持按照科目分门别类地设置课程,按照知识的逻辑顺序来设计和组织课程内容。这种观念和做法源远流长,从学校教育产生、发展到今天,仍然是一种主流。在我国,孔子的"删诗书、定礼乐"为自己的学生确定了"礼、乐、射、御、书、数"六门功课,这大概是分科课程的雏形。古希腊柏拉图将文法、修辞、辩证法、算术、几何、天文、音乐并称为"七艺",亚里士多德教给自己的学生"政治学、物理、天文、生物、历史"等课程,可算西方分科课程的原始形态。到了17世纪,建立近代教育学基本框架的夸美纽斯提出了"百科全书式"的分科课程,希望"把一切知识领域中精粹的总和"灌输进学生的头脑,并提出了关于科学、艺术、语文、道德、宗教等的各科教学法。

(3)"以教师为中心"的知识传授

以传递人类文化的共同要素和宝贵精华为学校教育的主要任务,以"知识为中心"的课程理念和"以学科为中心"的课程设计思路,必然要求一种以教师为中心的教学方法。教师是成人,是成人文化的代表,负载着传递人类文化的重任,承担着将学生培养和训练成成人社会所要求的人的职责。因此,教师是文化的传播者,是知识的传授者,是道德的训练者,在教育世界中应该具有一种"中心"或"核心"的地位,理所当然地成为教学的主宰者和控制者。相应地,学生在教育教学中则处于"边缘"状态,处于被动接受的地位,教师与学生呈现为"中心与边缘""教授与接受""主动与被动"关系。

2. 经验主义的课程理论

经验主义的课程理论是20世纪初在对传统课程理论进行批判的基础上建立的,它标志着课程理论从近代到现代的转变,代表人物是美国著名的哲学家、教育家杜威。

(1)"以经验为基础"的课程理念

在杜威看来,"经验"是人与自然、社会、环境之间的交互作用与相互影响,它既是经验的过程,也是经验的结果,更是经验的过程与结果的统一;它既指经验着的事物,也指经验着的感受,是经验着的事物与感受的统一;经验既是一种思维和反思,也是一种改变自然、社会、环境的"实验"。

以"经验"为基础,杜威提出了他的教育哲学与课程理念的基本命题:"教育即经验的不断改造","这种改造或改组,既能增加经验的意义,又能提高指导后来经验进程的能力";"教育即生长",生长是一个自然的过程,是一个持续不断的进程,是人的习惯、心智、才能的不断增长和完善;生长是在"真实而生气勃勃的生活"中发生的,是一种自然生活、学校生活、社会生活的完整统一,是经验与生活的融会贯通,表明"教育即生活";当以经验作为教育的基础时,"教育就是一种社会的过程",是社会进步和改革的基本方法,学校便成为一种社会组织和社会生活形式。

杜威强调以经验为基础,并不是反对知识,而是反对将学术性知识与实践性知识、理性知识与感性知识、书本知识与社会知识、知识过程与知识结果分割开来，人为地拔高此类知识或人为地贬低彼类知识。

以"经验"为基础的教育哲学与课程理念，是教育理论与课程理论的一场"哥白尼式的革命"。它使我们对教育和课程的认识不再局限于纯粹的、静态的、客观的、过去的知识与学科，而是扩展到整体的、动态的、主观的、将来的领域和世界，将间接经验与直接经验、群体经验与个体经验、文化传递与文化创造整合统一于学校教育的职能中。

（2）"以儿童为中心"的课程设计

经验中心主义的课程理论并不否认社会与知识的课程基点，但更关心儿童的生长和发展、儿童自身的经验、儿童自身的生活，并从儿童出发来把握儿童与社会、儿童与知识的关系，以儿童为中心将社会、知识统一在课程的开发与实践中。

课程设计与开发必须以儿童现实的经验为基本出发点，以儿童兴趣、冲动的本能为主要向度。杜威认为儿童有四个方面的本能：一是所谓的社会本能，指儿童交往与交际的兴趣与冲动，语言本能则是这种兴趣与冲动的最基本、最简单的形式；二是制作本能，指儿童在游戏、运动、制作过程和活动中所表现出来的"动手做"的兴趣，也是一种"建构性的冲动"；三是探究本能，指儿童发现与探究事物原因的兴趣和冲动；四是艺术本能，指儿童的表现兴趣与冲动。这四种本能既是儿童成长和发展的基础，也是儿童生长和发展必须开发的重要资源，更是儿童生长和发展的主要推动力量。课程的设计与开发必须建立在儿童"四类本能"的现有经验基础上，也只有建立在这样的基础上，才能有效地促进儿童的生长与发展。

针对学校课程没有建立在儿童经验基础上，由此导致课程与儿童之间的分离甚至对立问题，杜威提出了课程编制所要解决的四个主要问题：怎样才能使学校与家庭、社区的生活关系密切？怎样才能使历史、文学、科学的教材对儿童生活本身产生真正的作用？如何使读写算等正式的教学在儿童平时经验的基础上进行，与其他学科的内容有机联系起来，从而使学生产生兴趣？如何适当地注意个别儿童的需要与兴趣？显然，课程改造的思路是以儿童的兴趣、儿童的活动、儿童的生活、儿童的生长为中心，将课程设计和开发的"社会""知识"的向度和基点整合起来。

（3）"以实践活动为中心"的活动作业

经验主义的课程理论试图通过"活动性的作业"来实现儿童与社会、儿童与知识之间的联系与沟通。杜威认为学校科目相互联系的中心点，不是系统的科学知识，而是学生本身的社会活动。儿童的生活世界是一个有机的整体，他们在从事各种活动时，从未意识到转变和中断。儿童入学以后，多种多样的学科便割裂和肢解了他们的完整生活，他们不得不面对一个由事实与规律组成的符号世界。因此，应该抛弃"把教材当作某些固定的现成的东西"的观点，通过"活动性作业"使课程与儿童的经验结合起来。

活动性作业按照儿童的年龄阶段划分为不同水平的三个阶段：第一阶段（4—8岁），通过活动性作业让儿童在"做中学"。第二阶段（9—12岁），通过读、写、操作、算等知识和技能让儿童获得有关规律。第三阶段（12岁以后），通过掌握每门学科所使用的方法和工具，使儿童获得体系化的理论体系和科学的思维方法。

活动性作业有以下特点：第一，以与儿童获得最初经验相类似的方法扩大和增进儿童的经验。第二，通过活动或作业来组织教学，提供给学生在交谈、建造、实验、表现等方面的活动。第三，从儿童的注意力、兴趣和需要出发，逐步形成强烈而稳定的注意力、需要或兴趣。第四，对直接经验加以指导和引导，使儿童理智地求助于基本方法和间接知识的学习，渐进增加学科知识，提升思维能力。

活动性作业的设计从实际操作开始，逐步引导学生从"兴趣"进入"理智"，最终形成学生"独特的理智"，达到一种"具体和抽象两种思维能力的有效的平衡"的发展目标。

以杜威为代表的经验主义课程理论，强调儿童及其活动是课程的出发点，尊重儿童、发展儿童、解放儿童，充分发展儿童的天性与个性；强调课程与教学的统一性，教学活动与学习活动的整体性、实践性与活动性；强调"实践理性"，通过实践活动整合学校与社会、儿童与知识、间接知识与直接知识。

3. 建构主义的课程理论

建构主义的课程理论是从认知主义发展而来的，皮亚杰、维果茨基、布鲁纳等人的思想对建构主义的形成具有重要的推动作用。建构主义有多种流派，对教育产生重要影响的是认知建构主义与社会建构主义。

（1）以"知识建构"为基本理念的课程哲学

建构主义的课程哲学建立在一种非客观主义的认识论的基础上，这种认识论的基本假设主要体现在四个方面。第一，人总是以其特有的经验和方式，对客观存在进行选择、修正和加工并赋予其意义。因此，认识不是来源于客观现实本身，而是来源于认识过程中的主客体的相互作用。第二，知识不是纯客观的，而是"价值负载"甚至是"价值主导"的。知识是人创造的，并受创造者所处的时代、社会、历史、文化、价值观等影响。第三，个体认识世界的经验、方式、信念不同，对外部世界的理解不同，所赋予的意义也是不同的。第四，个体对世界的认识受文化情境的影响，个体认识的发展、精神世界的建构是在社会参与和社会互动中实现和完成的。

在这些基本假设下，建构主义形成了以"知识建构"为核心的教育与课程理念。第一，知识建构不能通过简单的知识传授获得，而必须通过作为认识主体的学生（包括个体和群体）已有的经验、方式和信念，与作为认识客体的知识之间的互动，以主动、积极的建构方式获得。第二，知识建构的过程，实际上是学生的认知结构与认识策略、经验方式与情感态度发生积极变化的过程，也就是一种发展和提高的过程。第三，知识建构的主体是学生，学生是主动的、积极的、能动的知识建构者，而非知识的被动接受者，理应处于教育教学过程中的中心地位。第四，教育教学是一个围绕着个体知识建构，以"知识建构"为核心，为"知识建构"创设良好环境与支撑的过程。

（2）以创设"学习环境"为主要任务的课程设计

建构主义认为，课程设计的主要任务是为学生的主动学习和知识建构，创设一种真实而复杂的学习环境。

在建构主义所指称的学习环境中，传统意义上的教学四要素——教师、学生、教材、媒体具有了完全不同的角色意义和相互关系：教师不再是知识的权威者、传授者和灌输者，而是学生学习活动的指导者、帮助者和促进者;学生不再是知识被动的接受者和外部刺激的简单反应者,而是主动学习和积极探索的知识建构者;教材不再是教师传授知识的主要依据和重要载体,而是学生知识建构的认识客体和学习活动的认识对象;媒体不仅是教师的教学工具、手段和方法,更是学生学习活动的认知、交往、协作的工具、手段和资源。

建构主义为自己所指称的"学习环境"增加了三种必不可少的新要素,即情境、协作与资源。情境特指一种真实而复杂的问题情境,并要求把所有的学习任务放置于这样的情境中;协作强调特定情境中学习活动的交往性、合作性、互助性,强调合作中的表现、交流、沟通、讨论等群体互动对知识建构的内在意义与价值,希望通过社会化的交往在更高的水平上促成个体经验、方式与信念的内化与提升;资源是以学生为中心的、支持学习活动的包括教师在内的各种事物的总和。

建构主义对资源的理解和阐述具有独特的多维视角:一是将传统意义上的教学资源如教科书、教材、媒体等,从教师手中解放出来,作为一种学习资源提供给学生共享;二是将指导和组织教学的教师与教师所提供的指导和帮助作为一种重要的学习资源;三是将学习环境中所形成的特定问题情境和合作性的学习作为一种重要的学习资源;四是将相对于个体学生的学生群体作为重要的学习资源;五是特别重视学习资源知识表征方式的多样性,由电子网络信息所提供的包括符号、图像、声音、场景等多维的、动态的、交互性的学习资源受到了高度关注和重视。可以说,凡是进入学习环境、对学习活动起支撑性作用的所有因素、事物、人物等,都在这种广义的学习资源的范围中。

4. 多元智能理论

"多元智能理论"又称多元智力理论。1983年,美国哈佛大学教授、当代世界著名心理学家和教育学家霍华德·加德纳在《心智的结构》一书中提出了他所理解的智力定义:智力是在某种社会和文化环境的价值标准下,个体用以解决自己遇到的真正难题或生产及创造出某种产品所需要的能力。他认为,一方面,智力不是一种能力而是一组能力;另一方面,智力不是以整合的方式存在的,而是以相互独立的方式存在的。在此基础上,他阐述了他的关于智力的种类及其基本性质的多元智力理论。

(1) 多样的智力种类

言语——语言智力。主要是指听说读写的能力,表现为个人能够顺利而高效地利用语言描述事件、表达理想并与人交流的能力。这种智力在记者、编辑、作家和政治家等人身上有比较突出的表现。

音乐——节奏智力。主要是指感受、辨别、记忆、改变和表达音乐的能力,表现为个人对音乐,包括节奏、音调、音色和旋律的敏感,以及通过作曲、演奏和歌唱等表达音乐的能力。这种智力在作曲家、指挥家、歌唱家、演奏家、乐器制造者和乐器调音师身上有比较突出的表现。

逻辑——数理智力。主要是指运用和推算的能力,表现在对事物间各种关系如类比、对比、因果和逻辑等关系的敏感,以及通过数理运算和逻辑推理进行思维的能力。这种智力在侦探、律师、工程师、科学家和数学家身上有比较突出的表现。

视觉——空间智力。主要是指感受、辨别、记忆、改变物体的空间关系并借以表达思想和情感的能力,表现为对线条、形状、结构、色彩和空间关系的敏感,以及通过平面图形和立体造型将它们表现出来的能力。这种智力在画家、雕刻家、建筑师、航海家、博物学家和军事战略家的身上有比较突出的表现。

身体——动觉智力。主要是指运用四肢和躯干的能力,表现为能够较好地控制自己的身体,对事件能够做出恰当的身体反应,以及善于利用身体语言表达自己的思想和情感的能力。这种能力在运动员、舞蹈家、外科医生、赛车手和发明家身上有比较突出的表现。

自知——自省智力。主要是指认识、洞察和反省自身的能力,表现为能够正确地意识和评价自身的情绪、动机、欲望、个性、意志,并在正确自我意识和自我评价的基础上形成自尊、自律和自制的能力。这种智力在哲学家、小说家、律师等人身上有比较突出的表现。

交往——交流智力。主要是指与人相处和交往的能力,表现为觉察、体验他人情绪、情感和意图并据此做出适宜反应的能力。这种智力在教师、律师、推销员、公关人员、谈话节目主持人、管理者和政治家等人身上有比较突出的表现。

后来,加德纳又提出了一种自然智力,即人们认识世界、适应世界的能力,是一种在自然世界里辨别差异的能力,如植物区系和动物区系,地质特征和气候。这种智力在旅行、航海家、猎人等身上有较高的发展。

（2）多元的评价观

由于受传统的以语言和逻辑—数理能力为核心的智力观念的影响,传统教育把学科分数和升学率作为评价教育质量的主要标准。学校教育教学活动错误地估计了学生的学习潜力,更多地倾向于训练和发展学生的语言和逻辑—数理能力,却忽视了学生其他多方面的能力的训练和培养。根据加德纳的多元智力理论,我们就应该摒弃以标准的智力测验和学科成绩考核为重点的评价观,树立多种多样的评价观。多元智力理论所主张的教育评价应该是通过多种渠道、采取多种形式、在多种不同的实际生活和学习情境下进行的,确实考查学生解决实际问题的能力和创造出初步的精神产品的能力的评价。教师应该从多方面观察、评价和分析学生的优点和弱点,并把这种由此得来的资料作为服务于学生的出发点,以此为依据来选择和设计适宜的教学内容和教学方法,使评价确实成为促进每一个学生智力充分发展的有效手段。

四、当代小学课程的结构设置

为了改变长期以来我国小学课程类型单一、学科比重失衡的局面,本次课程改革变革了课程结构,实行了课程的合并、分解、重组和增设。

小学低年级的课程门类出现了两个变化:一是将原来的"思想品德"改变为"品德与生活";二是将原来的"音乐"和"美术"两门课程合并重组为"艺术"课程（也可以按原方案开设"音乐"和"美术"）。

小学中、高年级的课程门类出现了四个变化:一是将原来的"思想品德"改为"品德与社会";二是将原来的"音乐"和"美术"两门课程合并重组为"艺术"课程;三是将原来弹性课程"外语"调整为全国性的必修课程;四是增设"综合实践活动"课程。小学课程设置表见表1-1。

表 1-1　小学课程设置表

课程门类	一年级	二年级	三年级	四年级	五年级	六年级
	品德与生活	品德与生活	品德与社会	品德与社会	品德与社会	品德与社会
			科学	科学	科学	科学
	语文	语文	语文	语文	语文	语文
	数学	数学	数学	数学	数学	数学
			外语	外语	外语	外语
	体育	体育	体育	体育	体育	体育
	艺术（或选择音乐、美术）					
	综合实践活动					
	地方与学校编制的课程					

延伸阅读

中国课程改革的当代历程

从教学话语到课程话语，是对课程改革当代史的总体刻画。这一历史线索可以简略为："双基"—三维目标—核心素养。其中，从"双基"到三维目标带有转折关系，从三维目标到核心素养则主要是递进关系。第五次到第七次课程改革，教学论勃兴，各种教学流派纷纷兴起，为新课程改革打下了基础。其间，"课程（论）"的意识也日趋深厚并渐有成果，及至新课程改革以来形成了大发展、大繁荣之势。新课程改革，更多从课程立场关注和实践教学和学习，从而超越学科中心主义，为课程改革打开了新的视界。教师正在成为课程的开发者、研究者，学生学习的主体性得到重视和加强。课程意识、课程能力、课程文化等成为新课程改革的理论视点和实践议题。

资料来源：杨九诠.1978—2018 年：中国课程改革当代史[J].课程·教材·教法，2018(10)：18.

本章小结

"课程"既是教育领域最复杂、最有歧义的概念之一，也是本书最基本的概念，需要从多元视角进行理解。词源学意义的课程，能够帮助我们明晰我国及西方国家课程含义的缘起与沿革，从最为原初的状态来把握其本质。课程本质的阶段和相应内容，说明课程本质体现着时代特征和发展需求。人们对课程本质的不同理解，表现为纷繁多样的课程定义。根据课程目标、课程内容和学习方式等构成课程结构的基本成分，课程分为学科课程与活动课程，单科课程与综合课程，国家课程、地方课程与学校课程，必修课程与选修课程,显性课程与隐性课程等类型。当代小学课程主要奠基于新中国成立后的第八次课程改革,强调学生的全面和谐发展,突出终身学习能力和可持续发展,注重创新精神、实践能力、科学和人文素养及环境意识的培养。课程改革的理论多样,理性主义、经验主义、建构主义和多元智能理论作为主导理论,发挥着重要作用。

思考训练

一、思考题

1. 从课程的词源学角度分析中外课程含义的异同。
2. 如何理解课程即教学科目？如何理解课程即活动？
3. 课程的类型有几种？请举例说明。
4. 说明当代小学课程的目标定位。
5. 阐释建构主义的课程理论。
6. 阐释经验主义的课程理论。

二、教育案例分析

阅读资料,通过了解小学课程整合的做法明晰当前小学课程设置的多元化。

2011年《国家中长期教育改革和发展规划纲要(2010—2020年)》《教育部关于印发义务教育语文等学科课程标准(2011年版)的通知》、2014年《关于全面深化课程改革 落实立德树人根本任务的意见》等文件的颁布和实施,标志着我国新一轮课程改革进入深化提升阶段,加快了小学课程整合的步伐。

1. 区域整体推进课程整合。上海和北京等教育发达省区,教育行政部门通过出台相关政策推广课程整合,使课程整合快速发展。2012年,北京市海淀区在《北京市教育委员会关于加强义务教育课程管理,推进课程整体建设的意见》的指导下,在14所小学开展了"课程整合、自主排课"实验。通过对三级课程内容进行重组和优化,构建了富有学校特点的课程结构体系,凸显了办学特色。比如,五一小学的幸福素养课程、首都师范大学附属小学的童心课程、中国人民大学附属小学的七彩课程、北京大学附属小学的生命发展课程等。为保障课程整合的顺利实施,这些学校还通过开设长短课、尝试大小课、增加选修课等,使课程时空更加灵动、教学更加灵活。

2. 优质学校领跑课程整合。以清华大学附属小学为代表的一批优质学校,示范带动更多小学提升课程整合。2013年,清华大学附属小学秉承超越教材、超越课堂、超越教师的办学理念,运用"主题教学"中"整合"的思维方式,在遵循国家教育方针,落实国家规定课程的基础上,立足"为智慧与高尚的人生奠基"的办学使命,把"健康""阳光""乐学"作为学生的成长样态,提出了"1+X课程"。"1"代表国家课程,"X"代表儿童成"志"教育的校本课程,实现了国家与校本课程的有机整合。

3. 立足实际推进课程整合。不同学校立足发展历程、学生发展需求、师资专业发展水平、物质资源条件等,进行了多元化的课程整合。其一,立足发展理念进行课程整合。例如,扬州市宝应县望直港镇中心小学以"烟花三月下扬州"为主题进行课程整合,使学生了解当地的人文景观和传统风俗。其二,通过培养学生特长进行课程整合。例如,杭州长江实验小学的"群落式课程",开设了与学生兴趣相关的48门广域课程。其三,依照学生年龄特点和心理发展水平进行课程整合。例如,北京市第二实验小学组织四年级的学生,围绕"大话四合院""眼睛""水"等规定主题进行课程整合。

资料来源:晋银峰.小学课程整合20年:历程、问题与策略[J].课程·教材·教法,2020(11):14-15.(有删减和修改)

拓展阅读

[1] 蔡宝来、晋银峰:《我国基础教育改革的现实境遇与未来抉择》,《上海师范大学学报(哲学社会科学版)》2010年第1期。

[2] 左璜:《基础教育课程改革的国际趋势:走向核心素养为本》,《课程·教材·教法》2016年第2期。

[3] 崔允漷:《新课程"新"在何处?——解读〈基础教育课程改革纲要(试行)〉》,《教育发展研究》2001年第9期。

[4] 马云鹏:《基础教育课程改革:实施进程、特征分析与推进策略》,《课程·教材·教法》2009年第4期。

[5] 钟启泉:《中国基础教育课程改革:问题与行动》,《全球教育展望》2004年第1期。

[6] 徐辉:《当代世界基础教育课程改革的发展趋势》,《西南大学学报(社会科学版)》2009年第3期。

第二章 小学课程设计的模式

扫码获取
本章资源

卷首语

自2001年《基础教育课程改革纲要（试行）》颁布以来，我国基础教育课程管理实行"国家、地方、学校三级课程管理"，能够体现学校特色的校本课程应运而生，如何开发适合学校实际的校本课程成为学校面临的关键问题。校本课程开发的本质是课程设计，要增强校本课程开发的科学性与合理性，则需要掌握课程设计的基本模式。课程设计模式是人们基于自己的课程思想与实践，对课程建构的思路、方法与程序的理论化表达。自现代课程理论形成以来，课程设计模式便成了课程领域研究的核心课题。在课程设计模式的发展历史中，源自博比特与查特斯，成熟于泰勒，完善于塔巴与惠勒的"目标模式"成为课程设计的经典模式。在反思和批判"目标模式"基础上，斯腾豪斯的"过程模式"、施瓦布的"实践模式"、劳顿与斯基尔贝克的"情境模式"等各自以不同教育理解、课程设计思想与基本程序成为自"目标模式"之后的新模式，不断推动着课程设计模式的发展与创新。

学习目标

1. 了解小学课程设计模式发展的历史脉络与基本逻辑。
2. 理解"目标模式"的基本思想、程序步骤与优缺点。
3. 理解"过程模式"的基本思想、程序步骤与优缺点。
4. 理解"实践模式"的基本思想、程序步骤与优缺点。
5. 理解"情境模式"的基本思想、程序步骤与优缺点。
6. 能够从某种课程设计模式出发，尝试性地为某小学的校本课程进行设计与开发。

思维导图

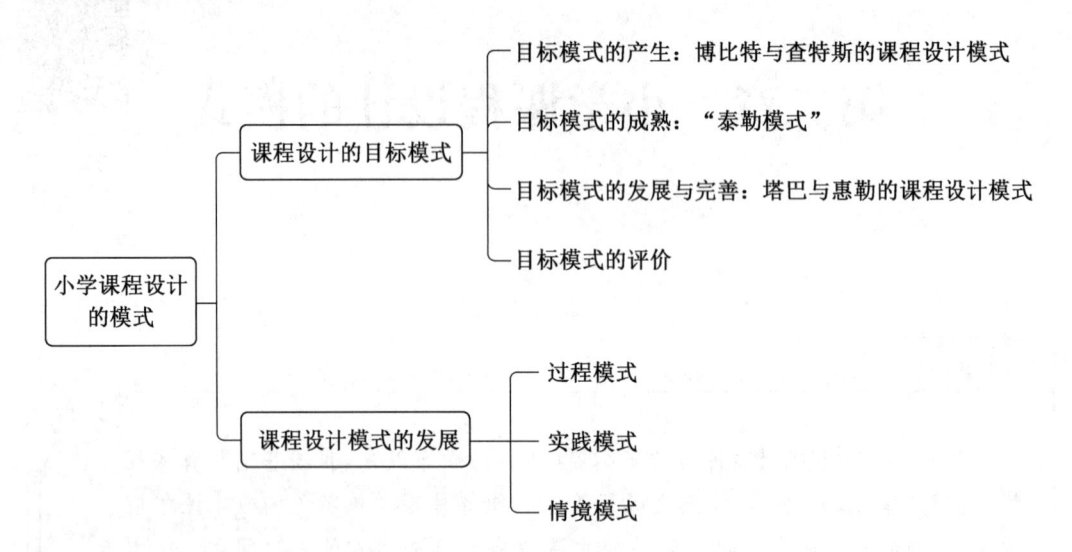

- 小学课程设计的模式
  - 课程设计的目标模式
    - 目标模式的产生：博比特与查特斯的课程设计模式
    - 目标模式的成熟："泰勒模式"
    - 目标模式的发展与完善：塔巴与惠勒的课程设计模式
    - 目标模式的评价
  - 课程设计模式的发展
    - 过程模式
    - 实践模式
    - 情境模式

导入案例

新课标背景下农村小学劳动教育校本课程开发

一、开发背景

2020年,《中共中央国务院关于全面加强新时代大中小学劳动教育的意见》对新时代中国特色社会主义劳动教育制度建设作出了系统设计和战略部署,规定中小学劳动教育课每周不得少于1课时,同时还要在课外、校外安排必要的劳动实践,促使学生养成良好的劳动习惯。此后,劳动课正式成为基础教育阶段的一门独立课程。

受城市化及学生父母外出务工等因素影响,家中长辈不愿意、不舍得让学生做力所能及的农业劳动,不重视学生参加农业劳动和实践锻炼的机会,这不利于学生劳动技能的提升和综合素质的培养,大大削弱了劳动教育的育人效果。

我校所在地永福县位于广西东北部、桂林市的西南部,为亚热带季风气候区。罗汉果是桂林的土特产,也是国家首批批准的药食两用材料之一。史料记载,永福县种植罗汉果已有300多年历史,1995年被农业部授予"中国罗汉果之乡"。近年来,永福县采取"公司＋合作社＋基地＋贫困户"的模式种植罗汉果,取得了明显成效。罗汉果已成为助力当地群众脱贫致富的"幸福果"。

以"罗汉果种植"为主题开展劳动教育,可以有目的、有计划地组织学生参加生产劳动,让学生树立正确的劳动观,使学生认识到劳动的意义和价值。

二、劳动教育校本课程内容体系

我校根据学生实际情况和劳动素养的四个核心价值,即劳动观念、劳动能力、劳动习惯和品质、劳动精神,构建了"主题班会、劳动周、学生社团、家校共育"四种课堂模式,并在"五育并举、学科融合"的理念下构建"罗汉果种植"课程内容体系(表2-1)。

表2-1 "罗汉果种植"课程内容体系

课程形式	课程内容	学习过程	项目劳动体验
主题班会	认知篇:认识罗汉果基本知识和劳动知识	了解罗汉果	制作罗汉果名片
劳动周	栽培篇:学生动手操作,从选苗、择土到种植,观察罗汉果生长并做好记录	罗汉果种植劳动体验	全程参与罗汉果栽培
学生社团	鉴赏篇:收获与加工,探究罗汉果的食用价值和保健作用	探究罗汉果价值与学科融合	罗汉果加工过程
家校共育	感悟篇:认识劳动光荣,热爱劳动,尊重劳动者、珍惜劳动果实	劳动成果分享	劳动创造美,热爱劳动,尊重劳动人民

三、劳动教育校本课程评价体系

第一,教师评价。教师以评价的形式对学生进行鼓励,也有助于学生劳动素养的形成和发展。一方面,教师对劳动的积极反馈能够让学生更直观地体会劳动的意义,更加尊重劳动者和劳动成果。另一方面,教师的正向反馈能够激发学生参与劳动的积极性,从而使学生树立正确的劳动观和"劳动光荣"的价值观。

第二,学生自评。将评价的主权交还给学生,让学生进行自我剖析和自我认知,有利于学生自主提高劳动素养。在这一过程中,教师应突出评价目标的导向化,注意引导学生正确认识评价标准,确保学生自评的有效展开,避免评价结果过于主观。

第三,生生互评。组内互评有利于营造宽松的学习氛围。让学生针对同学的学习成果提出自己的评价观点,能够拉近学生之间的距离,增加生生交流。此时,教师也要因势利导,及时组织学生进行劳动教育质量分析,有效激发学生参与劳动的热情。

第四,家长评价。邀请家长参与劳动素养评价是为了让家长更好地参与学生的成长。家长可以介绍自己在罗汉果种植方面的经验,与学生进行交流,在丰富劳动实践内容的同时增进家长与学生之间的感情。

为确保校本课程的有效实施,我校设计了课后多维评价表(表2-2)。

表2-2 "罗汉果种植"课后多维评价表

劳动素养	主要表现	评价方式
劳动观念	积极快乐地参加劳动	任务单式评价
劳动能力	有一定的创造性和选择性,选自己喜欢的任务来完成	表现性评价 档案袋评价
劳动习惯和品质	认真劳动,劳动过程中集中注意力,会正确使用劳动工具及其他工具,劳动结束后整理好工具和清理场地	总结性评价 表现性评价
劳动精神	遇到困难想办法解决,方法多样	表现性评价 档案袋评价

四、劳动教育校本课程活动项目

"罗汉果种植"课程设置了认知篇、栽培篇、鉴赏篇和感悟篇四个劳动项目。

一是认知篇。在主题班会中,我校开展了"罗汉果名片设计"的项目化学习。具体来说,教师在活动前发布任务、组建小组,学生以小组为单位搜集信息、初步制作。之后,小组按照前期讨论的结果设计样式名片。

二是栽培篇。在劳动周以劳作实践学习劳动技能。首先,学生咨询家庭长辈,了解罗汉果秧苗可以用种子、扦插、压蔓来完成,掌握种植的季节、需要的土壤以及罗汉果的成长环境。然后在种植实践中,在老师的带领下,学生们刨坑、下苗、浇水、施肥、插秧、盖苗……在山岭田地间,上万次的采收搬运过程能让学生体验劳动的艰辛与不易。

三是鉴赏篇。在制作名片时,学生了解了罗汉果的价值。利用社团课进行劳动与知识的融合,分享罗汉果的收藏、加工、制作等环节,了解罗汉果的作用和价值。

四是感悟篇。实践才有体悟,教师布置撰写习作。在罗汉果种植过程中,学生体会到了父母劳动的不易,懂得用实际行动感恩父母,懂得尊重劳动,珍惜劳动果实。

摘自:陈惠. 新课标背景下农村小学劳动教育校本课程开发与实践——以"罗汉果种植"主题劳动教育课程为例[J]. 教育观察,2023(17):83-86.

以上所提供的案例是在新课标背景下一所小学设计的劳动课程。那么,你知道该课程是如何设计出来的吗?学完本章内容后,希望你能回答这个问题。

课程设计是一个系统的过程,它既表现为人们在理解课程时所具有的基本观念与立场,也体现为在课程理解下对课程设计的思路、程序与步骤。从历史来看,自博比特(J. F. Bobbitt)开创现代课程论以来,课程设计便成为课程论领域的核心课题,不同的课程论专家在思考如何进行课程设计时遵循自己的课程观念与方法过程,形成了一系列课程设计的模式,以表达自己对课程设计的理解。在课程论历史上,最早出现的课程设计模式是目标模式,它诞生于博比特与查特斯(W. Charters),成熟于泰勒(R. Tyler),完善于塔巴(H. Taba)与惠勒(D. K. Wheeler),成为课程设计的经典模式。在目标模式基础上,人们通过反思、批判与建构,逐渐形成了过程模式、实践模式、情境模式等多种模式,共同构成了课程设计模式的历史过程。本章将对课程设计的经典模式——目标模式,以及其后发展过程中的主要模式进行概要性介绍。

第一节 课程设计的目标模式

20世纪初,随着生产力的发展,美国的工业与科技取得巨大进步,积累了大量的工业资源,而如何使这些工业资源发挥更大的效率成了阻碍美国社会发展的重要障碍。在思考如何组织、控制、管理这些工业资源,提高利用效率,促进工业发展的过程中,管理学家、经济学家泰罗(F. W. Taylor)提出了具有划时代意义的科学管理理论与方法。由此,欧洲与北美涌现了一股追求"效率"和"唯科学主义"的思潮,其所强调的"实效性""精确化""定量化"的唯科学理念很快影响到了教育领域,形成了"教育科学化运动",并对课程设计产生了重要影响,成为当时思考课程设计问题的重要思想基础。

在"教育科学化运动"推动下,课程设计的目标模式(the objective model)应运而生。目标模式也被称为"工艺学模式"或"目标—手段"模式等,是以实用主义哲学和行为主义心理学为基础,以"效率"为取向,以"目标"为核心,通过对课程目标的分析与确立来指导知识经验的选择、组织与评价的一种课程设计模式。

一、目标模式的产生:博比特与查特斯的课程设计模式

(一)博比特的课程设计模式

博比特在开创了现代课程理论的同时,也将"效率"视为课程设计的重要取向,并以此形成了他的课程设计模式。1924年,博比特出版了《怎样编制课程》一书,详细阐述了其课程设计的思想与过程。在该书中,博比特将成人社会活动作为课程设计的起点,通过"活动分析法"对社会活动进行系统分析,进而导出课程设计的目标,制订课程计划。博比特将课程设计过程分为五个基本步骤:第一步是对成人社会活动进行分析,将其划分为语言活动、健康活动、公民活动、社交活动、心智活动、休闲活动、宗教活动、职业活动、劳动活动、家庭活动等众多领域,并以不同领域为基点,获得各种不同类型的人类经验;第二步是在不同社会生活领域内进行职业划分,以形成不同的职业活动;第三步是以职业活动为基本分析单元,分析培养从事不同职业活动的人的教育目标;第四步是从所获得的各种教育目标中筛选出适合课程设计的目标;第五步是设计实现不同课程设计目标所需要的活动经验与机会,进而构成课程。博比特课程设计的五个步骤可以用图2-1表示。

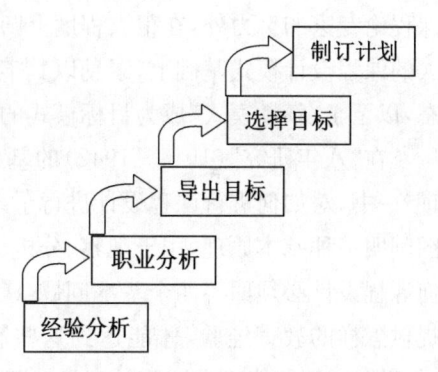

图2-1 博比特的课程设计模式

从图2-1可以看出,博比特的课程设计模式中的五个步骤层层相连、循序渐进,共同促进目标的产生。目标在课程设计中占据着核心地位,制约着课程内容的选择与组织。

(二)查特斯的课程设计模式

延续着博比特的方向与道路,查特斯运用"工作分析法"进一步完善了课程设计的目标模式。在查特斯看来,课程设计除了要重视成人社会活动以外,还应该重视实现教育目标的载体——知识,认为对人类知识的选择与组织应该构成课程设计的重要方面。按照查特斯的观点,课程设计过程可以分为七个步骤:第一是分析社会中的人类生活,获得教育目标;第二是将教育目标还原为各种具体的理想和活动;第三是将各种

理想和活动进一步分为施教单元；第四是依据重要程度对各个施教单元进行顺序排列，把对学生和谐发展具有较大价值的理想和活动提升到突出位置；第五是确定哪些理想和活动适合校内学习或校外学习；第六是研究、开发、寻找处理这些理想和活动的最佳做法；第七是依据学生心理特点和教材的组织特点，实践各种理想和活动。其基本过程如图2-2所示。

虽然同样遵循用科学方法来进行课程设计，但对于博比特而言，查特斯的课程设计模式不仅仅重视如何确立教育目标，而且更加重视对实现教育目标的设计，他对教育目标的活动化、知识化与心理化使课程设计显得更为具体，更加符合实践对课程设计的要求与需要。

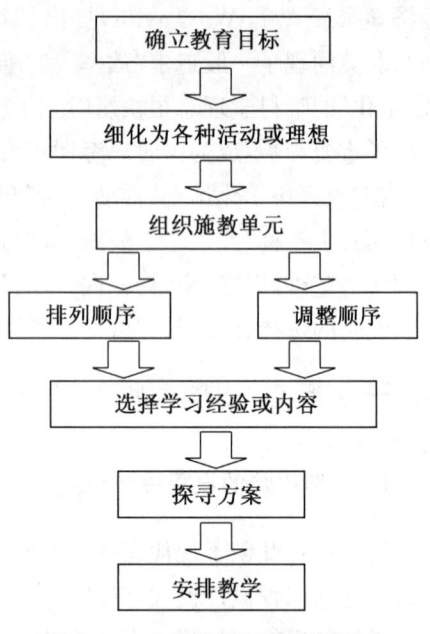

图2-2 查特斯的课程设计模式

二、目标模式的成熟："泰勒模式"

课程设计的目标模式之所以至今成为课程设计的经典模式，除了博比特与查特斯等课程论专家的努力外，在很大程度上归功于泰勒。正是在总结与反思博比特与查特斯等人的课程设计模式基础上，泰勒以其丰富的实践基础使目标模式成为课程设计的经典形态，以至于"泰勒模式"成为目标模式的代名词。

在"八年研究"（1934—1942）的基础上，1949年，泰勒出版了《课程与教学的基本原理》一书，对如何进行课程设计进行了系统论述。在导言中，泰勒明确提出："这本小书试图阐明一种基本原理，用于观察、分析、诠释教育机构的课程及教学计划。"[1]泰勒认为，任何课程设计必须回答四个基本问题：① 学校应该力求达到何种教育目标？② 要为学生提供怎样的教育经验，才能达到这些教育目标？③ 如何有效地组织好这些教育经验？④ 我们如何才能确定这些教育目标正在得以实现？进而将"确立教育目标""选择教育经验""组织教育经验""评价教育目标"视为进行课程设计的四个基本环节或要素，并对每一个环节或要素进行了系统分析。

对于"如何确立教育目标"，泰勒认为应该通过对学习者本身的研究，对当代校外生活的研究与学科专家的建议，并利用教育哲学与心理学进行筛选。这一教育目标的获得过程可以概括为"三个来源"与"两个过滤器"。"三个来源"指教育目标应该来源于学习者、社会生活与学科；"两个过滤器"指教育目标应该通过教育哲学与心理学的检视与筛选，才能最终成为课程设计的具体教育目标。

对于"如何选择教育经验"，泰勒提出了五项基本原则：① 实践性原则，即学生有机会去实践教育目标中所隐含的行为经验；② 满足性原则，即学习经验必须使学生在进行目

---

① [美]泰勒.课程与教学的基本原理(英汉对照版)[M].罗康,张阅译.北京:中国轻工业出版社,2008:1.

标所蕴含的相关活动时获得满足感;③ 量力性原则,即学习经验所期望的反应必须在学生能力所及的范围之内;④ 广泛性原则,即有许多特定的经验都能用来实现同样的教育目标;⑤ 开放性原则,即同样的学习经验常常会产生多种结果。

对于"如何组织教育经验",泰勒提出了两种组织方式与有效组织的三个基本标准。两种基本方式指横向组织与纵向组织,要求在不同阶段的学习经验之间以及不同领域的学习经验之间产生联系。三个基本标准指学习经验组织要体现连续性、顺序性和整合性。连续性指主要课程要素的直线式重复;顺序性指每一后续经验都要建立在先前经验的基础上;整合性指学习经验之间应该具有横向的联系。

对于"如何评价教育目标",泰勒在将评价定位于课程与教学计划实际实现教育目标的程度的基础上,给出了评价的基本程序,包括界定教育目标、确认评价环境和编制评价工具三个基本环节。

"泰勒模式"的课程设计过程如图 2-3 所示。

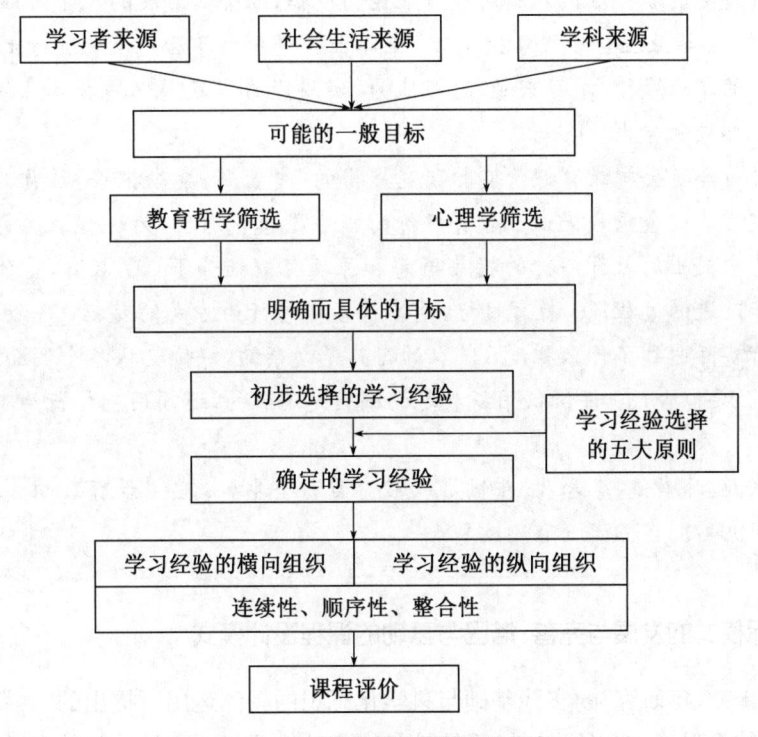

图 2-3 "泰勒模式"的课程设计

从图 2-3 可以看出,"泰勒模式"以教育目标为核心与中轴,通过产生教育目标、以教育目标选择学习经验,以及以教育目标为准绳对课程设计进行评价来实现其对课程设计的科学化思想。在这一过程中,目标成了课程设计的关键性因素,"目标既是选择、创造和组织学习经验的指南和关键因素,又是开发评价程序和评价工具的规范"[1]。

---

[1] 张华.课程与教学论[M].上海:上海教育出版社,2000:110.

> **小资料**
>
> **八年研究**
>
> "八年研究"是美国进步主义教育协会会长艾金(W. M. Aikin)领导的以改革中学课程和成绩考查方法为主要内容的实验研究。从1934年开始到1942年,历时8年,故称"八年研究"。
>
> 1929年西方世界发生空前的经济危机,使美国教育陷入资金匮乏的困境,大批失业青年无工可做,只能进入中学。而当时美国中学的课程是为升学服务的,不适应就业要求,这就使中学教育与社会需要发生了尖锐矛盾。为使中学教育摆脱困境,1933年,在进步主义教育协会会长艾金领导下,在7所大学与30所中学进行课程改革试验。为评估新课程的效果,设计了考查、测试、评价学生学业成绩的新方法,并成立了以泰勒为首的教育评价委员会。他们以新的教育理论为依据,以全面发展的人才为目标,把实验学校的1 475名毕业生与传统学校1 457名毕业生进入大学后的表现进行比较,表明实验学校学生的学业成绩、学习兴趣、思维能力、实践能力以及对环境和职业的适应能力都高于传统学校的学生。
>
> 教育评价委员会就教育评价实验研究提出的《史密斯-泰勒报告》被称为划时代的教育评价宣言。这个报告提出了教育评价的指导思想和原理,为现代教育评价奠定了基础。报告中提出的教育评价的指导思想和原理可概括如下:① 教育,是使人的行为方式变化和改进的过程;② 教育目标,是各种各样的行为方式的变化;③ 教育评价,是看教育目标实际达到了什么程度;④ 人的行为是复杂的,评价要从各个侧面进行,不仅要分析,而且要综合;⑤ 评价仅用纸和笔的测验是不够的,还须用包括行为观察在内的多种手段。
>
> 资料来源:林崇德,李春生.中国成人教育百科全书(心理·教育)[M].海口:南海出版公司,1994:354 - 355.(有删改)

三、目标模式的发展与完善:塔巴与惠勒的课程设计模式

泰勒基于"八年研究"的实践基础与科学化思想的具体运用所提出的"泰勒模式"是课程设计史上的里程碑,它以简约性、系统性与操作性体现了课程设计的基本过程。在泰勒的基础上,塔巴与惠勒进一步发展与完善了目标模式。

(一)塔巴的课程设计模式

作为泰勒的学生与助手,塔巴在坚持"泰勒模式"的直线式课程设计的基础上,将泰勒所提出的课程设计的四个基本问题进行拓展,延伸成了八个维度,形成了塔巴的课程设计模式。

在塔巴看来,课程设计应以如下方式进行:第一,要确定学生的需求,了解学生的不

足、缺陷以及背景差异；第二，在确定需求的基础上建立课程所要达成的目标；第三，依据所建立的目标与参考题材和主题的效度和重要性，选择学生应学习的题材和主题；第四，按照学生心理成熟度和学业水平安排题材和主题的学习顺序；第五，完成题材和主题的学习活动设计；第六，对选定的学习经验加以组织，合理安排其内涵和实施顺序；第七，设计恰当的方法和工具，评价学生的学习效果，确定教育目标的达成程度；第八，对所完成的课程设计进行反思和验证，进一步确定课程设计的平衡性和顺序性。塔巴的课程设计模式如图2-4所示。

从塔巴的课程设计模式可以看出，塔巴对"泰勒模式"中的四个基本问题进行了进一步细化，如将"确定教育目标"分为了"诊断需求"和"陈述目标"两个方面，在丰富了"泰勒模式"的同时，提高了操作化水平。

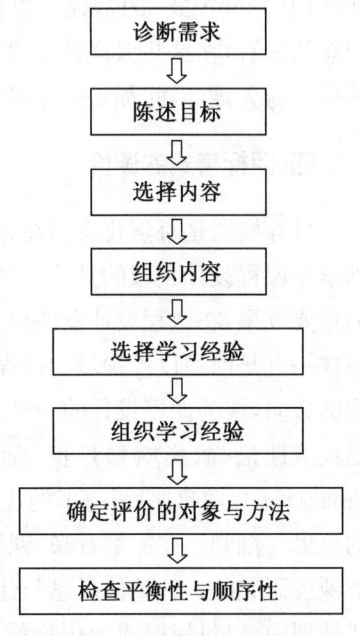

诊断需求
↓
陈述目标
↓
选择内容
↓
组织内容
↓
选择学习经验
↓
组织学习经验
↓
确定评价的对象与方法
↓
检查平衡性与顺序性

图2-4 塔巴的课程设计模式

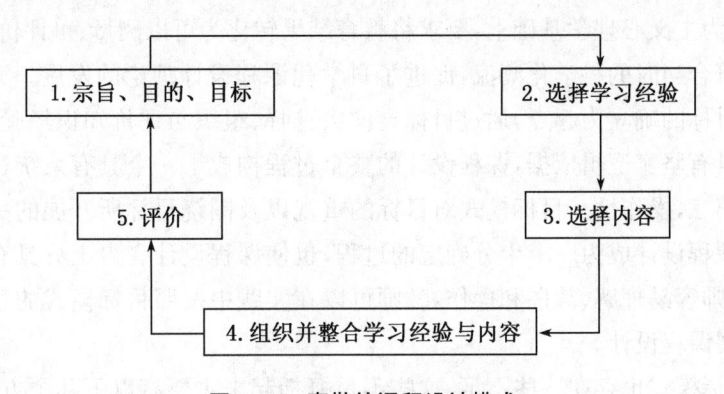

（二）惠勒的课程设计模式

惠勒看到了"泰勒模式"中直线式设计的不足，认为在"泰勒模式"实施过程中如果最后的评价结果不符合开始的预定目标，课程设计的整个过程将不能有效实现反馈与修正。因此，惠勒将"泰勒模式"的直线式转变成为圆圈式，以实现评价对课程设计的反馈与修正作用。具体如图2-5所示。

1.宗旨、目的、目标 → 2.选择学习经验
↑   ↓
5.评价   3.选择内容
↑   ↓
4.组织并整合学习经验与内容

图2-5 惠勒的课程设计模式

在惠勒的圆圈式课程设计中，评价不仅是对课程设计结果的判断，也承担了对课程设计整个过程的反馈功能，这使得"泰勒模式"从直线式转向了圆圈式，将整个课程设计过程视为一个以循环的方式进行不断修正与完善的过程，使得不同的设计环节构成了相互依赖的关系。这种课程设计思路的转变受到了众多课程论专家的认可，特别是坦纳夫妇（D. Tanner and L. N. Tanner），他们更是将"泰勒模式"中的各个环节视为一种相互联系、相互依赖、相互作用的"社会生态学的关系"，进而将"泰勒模式"修改为一种立体的模式。

除此以外，威斯特迈（P. Westmeyer）、塞勒（J. G. Saylor）、奥利沃（P. F. Oliva）等人

在认同"泰勒模式"的基础上也在不同的方面进行了改进,形成了各自的课程设计模式。但总的来看,在这些课程设计模式中,目标都占据着十分重要的作用,都被视为课程设计的核心与关键,因此都是属于课程设计的目标模式。

四、目标模式的评价

目标模式是科学化思想在课程设计领域的具体运用,是实用主义哲学和行为主义心理学在课程设计领域的具体反映,是众多课程论专家在探索课程设计的系统化、科学化时的重要成果,在课程设计发展史上具有重要的地位。作为一种经典的课程设计模式,目标模式一直是课程设计领域的一面旗帜,它在很长一段历史时期引领着课程设计研究与实践的方向,成为课程设计的一种基本范式。正如有学者评价的那样,"目标模式在理论上是权威性最强、影响最广泛、运用最普遍的课程设计理论之一"[①]。直到派纳(W. F. Pinar)等的《理解课程》一书的出版,以目标模式为代表的课程开发范式才受到较为彻底的反思与批判。在派纳看来,课程研究领域在经历了一段沉寂后迎来了爆发,这种爆发是对课程研究的一种整体反思与建构,是从一种范式转向另外一种范式。在课程研究的范式转型中,以目标模式为代表的课程开发范式时代已经过去,伴随而来的是课程理解范式,"课程开发:生于1918年,卒于1969年"[②]。从范式转型来看,目标模式作为课程开发范式的典范引领着课程论研究的"前半生",对课程理论发展与课程实践改革起着不可估量的作用。

目标模式所取得的成功在于其本身所具有的不可替代的优势,这些优势概括起来主要有以下几个方面。第一,科学性。目标模式主张将目标的获得与设计作为课程设计的核心,并在行为主义心理学基础上,要求将教育结果转化为可以测量、可评价的外显行为,使课程设计符合当时的科学化潮流,促进了科学化课程设计理论的发展。第二,逻辑性。目标模式以目标的确立为起点,通过目标导向去选择、组织与评价知识经验,使课程设计的各个环节具有坚实逻辑依据,课程设计的整个过程构成了一个具有系统过程与严格逻辑的活动。第三,操作性。目标模式对目标的重视以及围绕目标所开展的一系列课程设计工作使得课程设计成为一个十分确定的过程,也使课程设计变得十分具有条理性和简洁性,这让教师容易理解、掌握和操作,教师可以在实践中按照目标模式的过程与要求较为顺利地开展课程设计。

当然,目标模式也存在一些不足,这些不足概括起来主要有以下几个方面。第一,过于重视目标,忽视了过程。目标模式以目标作为课程设计的中心,以目标引领着课程设计的整个过程,容易导致在课程设计中对诸如学习过程等过程性因素的忽视,难以反映学生需要与兴趣、文化传承与革新、社会发展与变迁等方面的因素对课程设计的影响。第二,过于重视理论逻辑,忽视了课程情境。目标模式以目标的确定与实现作为课程设计的基本逻辑,使课程设计变得极为简练且富有逻辑性,但学校中的课程是情境性的,是复杂而

---

① 钟启泉.课程论[M].北京:教育科学出版社,2007:79.
② [美]派纳等.理解课程:历史与当代课程话语研究导论[M].张华,等译.北京:教育科学出版社,2003:6.

变化的，缺乏情境张力的目标模式难以适应学校的具体情境。第三，过于重视效率，忽视了课程文化涵养。目标模式以"效率原则"作为基本原则，主张高效达成目标，使课程设计成为一种以效率为基本价值取向的活动，容易忽视课程设计中的文化因素，导致难以让学生通过文化涵养获得全面发展。

第二节　课程设计模式的发展

目标模式虽然以其科学性、简洁性和操作性成为课程设计的经典模式，但伴随着教育理论的不断发展，目标模式的不足也逐渐被显现出来，成了人们反思和批判的对象。正是在反思与批判目标模式的基础上，众多课程论专家开始依据不同的理论基础对课程设计进行模式创新，形成了众多课程设计模式。其中，具有代表性的是斯腾豪斯（L. Stenhouse）的过程模式、施瓦布（J. J. Schwab）的实践模式，以及劳顿（D. Lawvton）和斯基尔贝克（M. Skilbeck）的情境模式。

一、过程模式

过程模式是由英国著名的课程论专家斯腾豪斯在反思和批判目标模式的基础上系统建构起来的。在1975年出版的《课程研究与开发导论》一书中，斯腾豪斯对"泰勒模式"进行了详细的分析、反思与批判，较为系统地指出了"泰勒模式"的贡献与不足，并在此基础上形成了过程模式的基本思想。

（一）对目标模式的批判

正如斯腾豪斯所言"我自己的研究和编制工作是针对我所认为的目标模式的缺陷而做出的"[1]，对目标模式的反思和批判正是斯腾豪斯建构自己的课程设计模式的起点。

在斯腾豪斯看来，虽然目标模式为课程研究提供了一种基本理解和典范，但如果将其作为一种普遍性的模式运用于课程领域，则存在两个基本误解。这两个基本误解是：① 目标模式误解了知识的本质；② 目标模式误解了改善课程实践的过程的本质。[2] 对于第一个误解，斯腾豪斯认为，对于学生进行知识学习而言，其并非为了获得一个确定性的结果，而是促进诸如创造性思维等的不确定性的生成。他认为"知识形式最重要的特点是，人们可以用它进行思维"[3]。因此，目标模式显然与知识的不确定本质背道而驰，它过

---

[1] 施良方. 课程理论——课程的基础、原理与问题[M]. 北京：教育科学出版社，1996：172.

[2] STENHOUSE, L. An Introduction to Curriculum Research and Development[M]. London: Heinemann, 1975:79.

[3] STENHOUSE, L. An Introduction to Curriculum Research and Development[M]. London: Heinemann, 1975:82.

于重视知识的确定性,把知识视为学习的目标,忽视了知识学习的价值,导致学生在知识学习过程中丧失了批判性精神与创造性思维。对于第二个误解,斯腾豪斯认为,目标模式企图通过目标的确立及其精确化和行为化来改变课程实践,使得课程实践具有十分明确的目标导向。虽然这种方式在逻辑上是十分合理,却忽视了课程实践的情境性特点。课程实践是一个复杂的情境,它受到各方面因素的影响,课程实践的改善需通过提升教师的批判、反思和建构的意识,并将其恰当地运用于情境之中才能获得真实的提升。

正是基于对目标模式的详细分析与批判,斯腾豪斯看到了目标模式因为过于重视目标而忽略过程的弊端,进而将"过程"作为课程设计的基本思想与逻辑,建立了过程模式。

(二) 过程模式的基本思想

过程模式的基本思想可以概括为:人们可以通过详细说明课程设计中内容与过程的各种原理与方法,来合乎理性与合乎实践地设计课程,而不必用目标预先指示所希望达到的结果。对于这一思想,我们可以从以下几个方面进行简要说明。

1. 课程设计的目的是发展学生理解自主能力

斯腾豪斯的过程模式的建构主要是基于他对教育价值与目的的判断。在进步主义知识观、皮亚杰(J. Piaget)与布鲁纳(J. S. Bruner)等发展心理学和结构主义方法论影响下,斯腾豪斯认为教育的目的在于使人获得理解自主能力,让人不再屈服于已有知识的权威,而是把已有知识作为思维的工具和材料,来发展理解、判断与反思的能力。在这种教育观下,课程设计不再是一个利用目标控制来获得知识的过程,而是在知识学习过程中充分体验和挖掘知识的价值,利用知识来进行思考和判断,促进学生创造性发展的过程。因此,过程模式反对目标模式对目标的重视及其系统化和行为化的设计,而只是确立一种一般性的、宽泛的教育目标作为课程设计的方法与指导思想,以引导课程设计的方向,而把课程设计的重心放在如何在知识学习过程与活动中去充分挖掘知识的内在价值。

2. 知识的内在价值是课程设计的核心

斯腾豪斯承认,目标模式对于技能训练具有非常好的适切性,但由于其对设计逻辑的过分重视而忽视了实践中课堂教学的复杂性,使得知识的内在价值难以挖掘出来。在斯腾豪斯看来,知识具有巨大的价值空间,学科概念、原理不仅阐述一种事实,更是蕴含着丰富的育人价值,它可以促进学生在思想品德、审美观念、价值信仰等方面的发展。而目标模式过于重视目标及其对目标的评价,造成了对知识内在价值的束缚,"经由分析目标过滤的知识给学校以一种凌驾于其学生之上的权威与力量,这一点是通过武断地规定思维界限及对知识中的未决问题武断地限定答案加以实现的"[①]。因此,要充分发挥知识的内在价值,使知识学习摆脱权威与价值定向的束缚,课程设计不能完全置于目标及其评价之下,而要转向重视过程,确立课程设计的"过程原则"。在彼得斯的"程序原则"基础上,斯腾豪斯将金·拉思(J. D. Rath)选择活动价值的 12 条标准作为课程设计的"过程原则",

---

① [英]宾特雷伊.课程研究与课程编制入门[M].诸平,等译.北京:春秋出版社,1989:106.

并将其作为课程设计的总要求,希望课程设计能够从目标模式的控制之中摆脱出来,最终课程设计将成为一种动态与开放的过程,以增强知识的育人价值在课程设计中的重要作用。

> **小资料**
>
> **金·拉思鉴别活动价值的12条标准**
>
> 1. 如果其他东西都相同,但某项活动允许学生在活动时做出选择并允许对自己选择的结果进行反思,那么这项活动就比其他活动更有价值。
>
> 2. 如果其他东西都相同,但某项活动让学生起积极的作用而不是起被动的作用,那么这项活动就比其他活动更有价值。
>
> 3. 如果其他东西都相同,但某项活动要求学生从事对观念的探究、理智过程的使用,或目前面临的问题(无论是个人的还是社会的问题),那么这项活动就比其他活动更有价值。
>
> 4. 如果其他东西都相同,但某项活动涉及实在的事物(如真实的客体、材料和人工制品),那么这项活动就比其他活动更有价值。
>
> 5. 如果其他东西都相同,但某项活动可以让处于各种不同能力水平上的学生成功地完成这种活动,那么这项活动就比其他活动更有价值。
>
> 6. 如果其他东西都相同,但某项活动要求学生在新的情境里考察某一观念、理智过程的使用,或以往已经研究过的当前面临的问题,那么这项活动就比其他活动更有价值。
>
> 7. 如果其他东西都相同,但某项活动要求学生考察社会上公民通常都没考察的——即通常被国内主要传播媒介所忽视的课题或议题,那么这项活动就比其他活动更有价值。
>
> 8. 如果其他东西都相同,但某项活动要学生和教师做出一些"冒险"——当然不是生命的冒险,而是成败的冒险,那么这项活动就比其他活动更有价值。
>
> 9. 如果其他东西都相同,但某项活动要求学生重写、详述并完善他们最初的努力,那么这项活动就比其他活动更有价值。
>
> 10. 如果其他东西都相同,但某项活动要求学生运用并掌握有意义的规则、标准或学问,那么这项活动就比其他活动更有价值。
>
> 11. 如果其他东西都相同,但某项活动使学生有机会与他人一起参与安排、实施计划并分享活动的结果,那么这项活动就比其他活动更有价值。
>
> 12. 如果其他东西都相同,但某项活动与学生表述的意图相联系,那么这项活动就比其他活动更有价值。
>
> 资料来源:施良方.课程理论——课程的基础、原理与问题[M].北京:教育科学出版社,1996:178-179.

3. 课程设计是一个动态、开放的过程

要摆脱目标模式对知识内在价值的束缚，课程设计必须削弱目标的控制力，进而使其成为一个动态而开放的过程。动态而开放的过程不是强调课程设计不需要一个细致的、严格遵循的设计步骤，而是按照"过程原则"，依据知识与活动的内在价值进行知识选择、活动创设与评价建构。在这一过程中，一方面重视发展学生的主体性与创造性，关注学生在知识学习活动中的价值判断与价值生成；另一方面重视教师的作用，赋予教师自主权，使教师在课程设计中发挥重要作用。正是对动态性与开发性的强调，过程模式在内容选择、活动组织和教学过程的指导等方面不再像目标模式那样依赖目标的分解，严格按照目标逻辑进行直线式设计，而是充满了研究性与实践性，成为一种致力于学生获得知识价值的有效设计模式。

> **小资料**
>
> **斯腾豪斯过程模式实施的五条基本原则**
>
> 1967年，英国学校委员会（Schools Council）和纳菲尔德基金会（Nuffield Foundation）发起制定新的"人文学科课程设计"，授权斯腾豪斯领导一个委员会从事这项工作。斯腾豪斯采用过程模式进行编制时，确定了五条必须遵循的基本原则。
>
> 1. 应该在课堂上与学生一起讨论研究有争议的问题。
> 2. 教师在教有争议的内容时，要提出中立的准则。例如，教师不把提出自己的观点作为教师责任的一部分。
> 3. 在有争议的领域进行探究的方式，主要方法应是讨论，而不是讲授。
> 4. 讨论时应保护参与者不同的观点，而不是试图达成一致意见。
> 5. 教师作为讨论的主持人，应对学习的质量和标准承担责任。
>
> 这些原则并没有告诉教师具体应该怎么做。换言之，它们也不是什么规则。对于如何把它们转化成课堂教学行动，可以有各种不同的做法。这为教师在实践中的思索和反思提供了广泛的余地。
>
> 资料来源：施良方.课程理论——课程的基础、原理与问题[M].北京：教育科学出版社，1996：182-183.（有删改）

（三）过程模式的评价

过程模式对目标模式的批判以及对知识内在价值的重视使得其在课程论历史上占据着重要地位。从当前对过程模式的评价来看，赞扬居多，批评见少，大多学者对过程模式都持一种认同的态度。

总的来看，过程模式的优点主要体现在以下方面：第一，重视知识的内在价值。与目标模式强调逻辑合理性，重视课程设计的技术性不同，过程模式强调过程性，重视知识的内在价值，追寻课程设计的教育意义，使课程设计的中心从"技术"转向了"学生发展"。第

二,对知识学习具有针对性与适切性。过程模式重视知识及其内在价值,把知识的内在价值的实现作为课程设计的基本原则,对知识学习给予充分的重视,对提升知识学习的有效性具有较强的针对性与适切性。第三,重视教师在课程设计中的作用。过程模式要求教师积极主动地参与到课程设计活动之中,赋予了教师进行课程设计的权力与空间,可以让教师在实践情境中灵活地进行课程设计,有利于教师的主动性与创造性的发挥。

当然,过程模式主要是针对知识学习提出来的,其对技能的训练则表现出针对性不足的局限。同时,由于加强了教师在课程设计中的主体性,这必然提高了对教师专业素养的要求,这在实践中增加了教师进行课程设计的困难度。

二、实践模式

在对目标模式的批评中,美国课程论专家施瓦布可以称得上是非常独特的一位,他建构了以实践为基本逻辑起点的课程设计模式——实践模式。

自 1969 年起,施瓦布相继发表了《实践 1:课程的语言》、《实践 2:折中的艺术》(1971年)、《实践 3:转化成课程》(1973 年)、《实践 4:课程教授要做的事情》(1983 年),系统阐述了其课程设计的实践模式。施瓦布认为,课程理论工作者总是建构课程设计的一般理论,而对课程实践中的具体课程问题视而不见,这导致了整个课程研究领域误入歧途。因此,要使课程研究恢复对教育改革的积极作用,需要使课程研究模式与方向发生根本性转向,即从对理论的追求转向对实践的追求。

(一) 理论与实践的区分

施瓦布的实践模式是以理论与实践的区分开始的,正是在这种区分基础上,施瓦布实现了从理论向实践的转向,进而创立了实践模式。

在《实践 1:课程的语言》中,施瓦布首先阐述了实践模式的三个基本观点[①]:首先,课程领域已经到了穷途末路之时,现有的理论和方法不能维持其研究,也难以对教育的发展做出重大贡献;其次,课程领域达到如此地步,其原因在于习惯性地、不假思索地、错误地依赖理论;最后,课程领域将出现复兴,仅仅当课程精神主要从追求理论转向另外三种操作范式时,这种复兴才是一种有助于提高美国教育质量的全新能力,它们可称为实践、准实践和折中。这三个基本观点构成了施瓦布创立实践模式的基本动力与思想前提。

在三个基本观点的基础上,施瓦布详细区分了理论与实践,以表明他所建立的模式是"实践的",而非"理论的"。施瓦布从目的、研究对象、问题来源与方法四个方面对"理论的"与"实践的"进行了区分。从目的上看,理论的目的是关于一般的和普遍的知识,而实践的目的则是对各种可能的行动做出选择;从研究对象来看,理论的研究对象是一般的、普遍的,是不会"过时的",而实践的对象则是具体的、特定的,总是受环境的

---

① [美]韦斯特伯里,威尔科夫.科学、课程与通识教育:施瓦布选集[M].郭元祥,乔翠兰,译.北京:中国轻工业出版社,2008:237-238.

影响；从问题来源来看，理论的问题来源于心态（states of mind），产生于确认的和抽象的理论体系，而实践的问题来源产生于事态（states of affairs），来自同我们相关的情境中的疑难；从方法来看，理论的方法受到了某些指导性思想或原理的支配，而实践的方法则主要是采用"审议"（deliberation）。正是以这种区分为前提与框架，施瓦布形成了他的实践模式。

> **小资料**
>
> **施瓦布论一般原理的危机征兆**
>
> 尽管一个领域实践者可能没有意识到本领域的原理和方法的失败及行将死亡，但意识中没有显现的东西却在实践者的行动中得到了证实，并作为危机开始的征兆出现在实践者的文献中和所从事的各项活动中。这些征兆表现为六种逃避。
>
> 第一种逃避：位移，即逃避自身的领域。例如，学术性生理学近年来毫无进展，其标志是，由医学研究者发表的对生物学问题的研究文章日益增多。
>
> 第二种逃避：上浮，从关于本领域研究对象的论述转向本领域论述的论述，从原理和方法的运用转向对原理和规则的述说，从得出有根据的结论转向对模式的构建，从理论转向元理论，又从元理论走向元元理论。
>
> 第三种逃避：下沉，即试图回到研究对象的原始状态。不仅剪除现行的原理，而且要剪除所有的原理，以便有一种不受任何影响的眼光来看待各种现象。
>
> 第四种逃避：旁观，使自己站到旁观者、评论者、史学者以及专门批评别人在本领域研究工作的批判者的位置上。
>
> 第五种逃避：老调重弹，用新的语言复述过去的知识，而且这些新语言没有比原来大家熟悉的语言所表征的意义增添任何新东西。
>
> 第六种逃避：为争论而争论，许多争论明显是为了辩论的胜利而不甘罢休，或者纯粹是从个人的偏见出发的。
>
> 资料来源：[美]韦斯特伯里，威尔科夫.科学、课程与通识教育：施瓦布选集[M].郭元祥，乔翠兰，译.北京：中国轻工业出版社，2008：247-248.（有删改）

（二）实践模式的基本思想

施瓦布在对理论与实践进行区分的基础上，以实践为逻辑起点和归宿，形成了课程设计实践模式的基本思想。

1. 基于实践的课程问题来源

施瓦布认为，课程探究的问题不能来源于研究者的抽象幻想，而应来源于实际情境中所发现的具体问题或障碍，即来源于课程领域的"事态"。因此，在进行课程研究时，应该以问题意识走进实践，在课程实践中通过观察和反思课程现象，形成研究问题，并以此作为课程设计的起点。

2. 追求情境化与个性化的研究结论

相对于基于理论研究致力于寻求广泛的、普遍的和一般化的原则、规律等结论,施瓦布认为课程设计不应该去追求具有客观性的一般结论,因为这种追求是徒劳的。因此,实践模式所期望获得的是探究主体对于课程情境的洞察与理解,是具有情境性和个性化的研究结论,而不是去追求犹如自然科学那样期望获得的普遍法则。

3. 采用理解的课程研究方法

以目标模式为代表的传统课程设计模式强调课程研究的演绎方法,期望以预设的目标为逻辑推理或判断的起点,通过演绎分析去获得课程设计的各个环节与内容。而实践模式的课程研究方法则强调理解,主张研究者把课堂视为课程研究的重要场所,在特定课程情境与问题中进行自我理解与反思。

4. 致力于合理行动的课程研究目的

对于课程研究的终极目的,以目标模式为代表的传统课程设计强调知识生产,追求客观化、普遍化与一般化的结论。而实践模式则强调课程研究的终极目的是获得解决课程情境中问题的有效行动能力,即在复杂的情境问题中能够进行合理的行为选择。

(三) 课程审议:课程设计的基本方法

课程审议是施瓦布实践模式的方法论,也是其理论中最让人津津乐道的地方。"审议"是一种讨论判断的过程,按照施瓦布的理解,"审议是实践的最终样本,它既非归纳,也非演绎"[1]。说审议不是演绎,是因为审议是处理具体的个案,具体个案不可能单凭运用某原理处理得好,差不多每个个案都要运用多种原理才能解决;说审议不是归纳,是因为审议的目的不是得出某种概括或解释,而是做出在特定情境中行动的决策。因此,审议是复杂而繁重的,它要同时考虑目的和手段,而且把它看作相互决定的。审议将形成一个新的公众(a new public),其成员之间形成一种新的交流方式。这样,采用课程审议可以打破教育心理学家和哲学家、社会学家和测试编制者、历史学家和行政人员之间的屏障,可以用新的渠道把教师、监督者、学校行政人员和研究专家结合起来,可以摒弃我们保持在学科课程中的虚假特权和霸权。正是通过审议的方法,课程设计才能从理论的、专家的单一理解中脱离出来,才能让教师、学校领导者等参与到课程设计中去,才能使所设计的课程不完全是基于理论的,而是指向实践的,是一种指向实践的备选方案。

具体而言,施瓦布对课程审议提出了相应的要求。

1. 课程审议的主体是多样的

参加审议的成员直接决定着课程设计的质量。正因为如此,在审议主体方面,施瓦布要求进行"集体审议",即认为审议主体应该由校长、社区代表、教师、教材专家、课程专家、心理学专家和社会学家等组成。只有通过这些主体的集体审议,才能够对教育情境进行

---

[1] [美]韦斯特伯里,威尔科夫. 科学、课程与通识教育:施瓦布选集[M]. 郭元祥,乔翠兰,译. 北京:中国轻工业出版社,2008:260.

全面理解和准确诊断。

2. 课程审议的艺术包括"实践的艺术""准实践的艺术"和"折中的艺术"

"实践的艺术"是通过感知情境细节，获得情境的意义，发现情境中的问题，并通过权衡进行表述和选择的过程，它包括感知的艺术、问题形成的艺术和问题解决的艺术。"准实践的艺术"是为了应对情境的复杂性。由于我们所面对的问题情境往往不是一种单一的、孤立的"纯"实践情境，而是由相互关联的、多样的个别情境所组成的准实践情境，因此需要采用"准实践艺术"来增加问题的多样性。"折中的艺术"是为了识别理论对于课程决策的有用性，思考作为决定依据的理论的某些缺陷，并为课程决策提供辩护。这种辩护包括两种方式：一是通过分析使人对一个既定理论的学科特性的片面性有清晰的认识；二是允许在实践问题上连续使用或结合两种以上的理论。正是通过课程审议的艺术，施瓦布建立了课程设计的基本方法程序。

3. 课程审议的内容主要是课程情境

施瓦布课程审议的对象主要是具体的课程情境，而课程情境由教师、学生、学科内容和环境四个要素构成，课程审议的目的就在于使这四个要素之间能够保持平衡，这四个要素也就构成了课程审议的具体内容和来源。

（四）实践模式的评价

施瓦布的实践模式强调课程设计的起点不应该是理论，而是实践，要求从课程情境中去发现问题，强调问题解决的多样性方案，主张通过与课程实践紧密相关的教师、校长、学生、社区代表等参与课程审议来设计与选择课程方案，避免单一理论对课程实践的干预，凸显了课程设计的实践性倾向。其强调在课程设计时对多种课程影响因素的整体性关照，将课程情境作为课程设计的基础，以及所采用的课程审议的设计方法，对当代课程设计理论与实践产生了重要影响。

当然，施瓦布轻视一般理论的可靠性，忽视理论对课程设计的指导性作用，将课程方案选择交于课程审议主体，这在一定程度上容易导致相对主义。并且，在实践中，通过课程审议的方法来进行课程设计，往往因为不同主体的价值取向和利益的差异与矛盾，使得这种方法难以实现。

三、情境模式

情境模式是以情境作为课程设计基础与核心的一种课程设计模式，又称之为环境模式或文化分析模式，主要以劳顿和斯基尔贝克为代表。

相对于以目标模式为代表的传统模式脱离教育情境的弊端，情境模式则认为，任何课程设计都不能仅仅以理论的思维与逻辑进行，都不应该在脱离情境的"真空"中进行，而需要以情境为基础与场域，重视情境中的文化因素，并将其作为课程设计的重要内容。因此，只有采取系统而全面的情境分析，才能恰当透析情境中的文化，才能做出全面的课程决策。相对于劳顿致力于宏观层面的课程设计原理、步骤与方法的一般性阐述，斯基尔贝克则更倾向于对具体学校情境中的课程设计进行微观分析。下面我们将以斯基尔贝克的课程设计模式来透视情境模式的基本思想。

(一) 斯基尔贝克情境模式的基本思想

澳大利亚学者斯基尔贝克是情境课开发的最初倡导者。在他看来,课程就是一种经验,是学校教师、学生与环境所组成的学校情境中通过相互作用所生成的一种经验系统。但这种经验系统不仅需要从心理学角度去理解,更需要从文化学角度去理解,因为这种经验系统置身于学校文化之中,是社会文化在学校中的体现。教师与学生在这种文化情境中,不仅获得了经验与知识,而且让学生领悟到了各种文化的价值,并通过文化价值的形成进一步修正和改造着学生的经验。正是因为学校情境的文化意涵,在学校进行课程设计时不可避免地要受到社会政治和社会文化的影响,而课程设计也必须置于这种影响之中,通过情境分析来揭示。

(二) 斯基尔贝克情境模式的基本步骤

由于学生的学习与成长总是在学校情境中进行,在进行课程设计时就必须了解学校情境中的文化脉络,以考量课程设计的可行性。因此,课程设计需要以学校情境分析作为起点,并在此基础上拟定课程目标以及设计课程方案等。具体而言,情境分析模式包含五个基本步骤,如图 2-6 所示。

```
学校情境分析
    ↓
拟定课程目标
    ↓
设计课程方案
    ↓
解释和实施课程方案
    ↓
进行评估
```

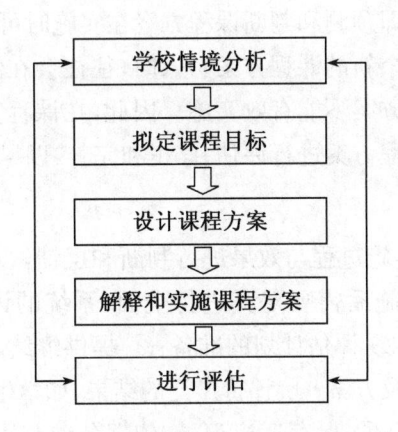

图 2-6 斯基尔贝克情境分析模式

1. 学校情境分析

情境分析主要是对学校情境中影响课程设计的因素进行分析,包括外在因素分析和内在因素分析两个基本方面。

外在因素分析主要内容包括:① 社会的变迁及其趋势;② 家长、雇主和工会的期望和要求;③ 社区假定的事项和价值标准;④ 学科或教材性质的改变;⑤ 教师支持制度的服务;⑥ 教育制度的要求和挑战;⑦ 流入学校的生活资源。内在因素分析的主要内容包括:① 学生的能力、动机、价值观念及其需要等;② 教师的价值观念、态度、技能、知识、经验等;③ 学校的属性和政治机构,共同假定的事项和期望;④ 物质资源和财源;⑤ 现行的课程问题和缺点。

通过系统的情境分析,可以详细了解课程设计的基本学校情境,并以此为依据,去寻找课程设计的基本目标。

2. 拟定课程目标

目标是情境分析的结果,正是在情境的详细分析基础上,判断学校情境中各种因素对课程设计的影响方式和状态,进而可以拟定课程目标。但斯基尔贝克认为,课程目标的设计和表述不能像目标模式那样是孤立的、单一的,而应该与情境和学习过程结合起来,包含课程活动方向的喜好、价值和判断,即一个课程目标不仅是学生进行课程学习的直接结果,还应该包含学生在进行课程学习过程中所获得的体验、成就感、审美、价值信念等方面的目标。

3. 设计课程方案

在拟定课程目标基础上,可以进一步设计课程方案。课程方案包括的内容主要有:① 教学活动,即确定教学的内容、结构、方法、范围和顺序等;② 教学工具和材料,如课本材料、工具清单等;③ 教学环境,如实验室、工厂等;④ 人员部署和角色界定;⑤ 功课表,如时间表和资源的供应。课程方案应该尽可能详细、系统,能够让教师和学生在进行教学活动时有充分的依据。

4. 解释和实施课程方案

解释和实施课程方案,即预测和判断课程方案在实施时可能遇到的各种问题,并妥善地进行解决。一般而言,一个新的课程方案引入时,往往会在情境中难以适应,可能会遇到各种不确定的情况,导致方案不能有效实施。因此,在课程方案实施之前,需要结合学校情境中的各种因素,对课程方案进行评估、修正和完善,以尽可能避免某些矛盾。

5. 进行评估

评估是对课程方案的实施过程与效果进行判断和反馈,以提升课程方案的合理性的过程。因此,在课程方案实施后需要对其进行全面、系统的评估。这些评估工作包括:① 设计检查及沟通的系统;② 评估计划的准备;③ 提供继续的评价,依据课程经验的观点,容许进一步改变的目标及方案;④ 评价广泛的结果,如学生态度、教师反应、课程改革对于整个学校组织的影响等;⑤ 保存适当记录,依据各参与人员的反应加以记录;⑥ 发展一套适于各种结果的评估程序。

小资料

劳顿的文化分析课程设计模式

劳顿(D. Lawvton)将课程设计建立在知识的本质、儿童的本性和社会情境三者之上,并且提出课程设计的精髓在于将文化中最重要的部分传授给学生。

劳顿将课程设计分为五个阶段:① 哲学层面离析。即通过人类文化共同特征的哲学分析,确定具有永久性的教育目的及知识的价值与结构。② 社会学层面俯瞰。即通过对特定社会文化的分析以及对社会现实情境的判断,确定教育现实的社会职责、目的和手段。③ 文化层面的筛选。即在对教育目的、职责,及知识价值、结构的哲学与社会学分析基础上进行文化要素的选择,确定课程的文化选择背景。④ 心理学理论的运用。当课程的文化选择总体框架确定后,则需要运用诸如发展、学习、教学、动机等方面的心理学理论对课程予以编排、组织,并考虑理想的解题方法。⑤ 课程计划的形成。即按顺序和阶段具体组织课程材料,安排课程进度。

劳顿的文化分析课程设计思想是考察各个学校所处的共同的文化背景,主要通过学校"文化分析"来确定公共文化形式,从而使"课程作为对文化的一种选择"得以实现,有助于使社会主流文化得以传递和促进亚文化的发展。

资料来源:罗生全,李本友.小学课程设计与评价[M].重庆:西南大学出版社,2017:69-70.(有删改)

(三) 情境模式的评价

情境模式重视社会文化中的学校情境,将学校情境作为课程设计的基础,对学校情境进行广泛分析、拟定课程目标、设计课程方案,解释和实施课程方案,以及对课程方案的实施效果进行评估。相对于目标模式专注于目标、过程模式重视过程,情境模式以情境作为课程设计的起点,在目标与过程之间取得了一定的平衡,在一定程度上避免了目标模式和过程模式的不足。同时,情境模式从学校情境分析开始,在全面、系统把握学校情境的基础上设计课程,所设计出来的课程对于学校具有良好的适应性,这是目标模式和过程模式所不能比拟的。

但情境模式在专注于文化层面的课程设计时,却忽视了心理学对课程设计的积极影响,并未将儿童心理作为课程目标的来源之一,而仅仅作为一种方法或策略,这不免成了一种遗憾。同时,情境模式以具体的学校作为课程设计的参照,所设计的课程虽然对具体学校有良好的适应性,却不可避免地忽视了课程理想,容易形成被动适应的不良局面。

当然,对我国而言,在提倡校本课程开发的新课程理念下,情境模式因具有良好的针对性、灵活性和操作性,不失为校本课程开发的一种有效模式。

本章小结

本章按照"目标模式"及其"新模式"的逻辑关系介绍了课程设计模式的基本发展历程、主要模式的基本思想、程序步骤和优缺点。可以看出,"目标模式"在课程设计模式发展过程中具有里程碑式作用,它以目标为核心,通过确定目标、选择内容、组织内容、进行评价,彰显了课程设计的科学性和效率性。但由于目标模式对过程性、生成性关注不足,在反思和批判的基础上,斯腾豪斯创立了"过程模式",强调了课程设计的动态性与开放性;施瓦布创立"实践模式",强调了课程设计的实践取向和审议过程;劳顿和斯基尔贝克创立了"情境模式",强调了课程设计的文化性与情境性。这些课程设计模式各自具有不同的教育理解与价值偏向,共同推进了课程设计理论与实践的发展。

思考训练

1. 分析课程设计的"目标模式""过程模式""实践模式"和"情境模式"之间的异同。
2. 你对课程设计的"目标模式"如何评价?
3. 你对课程设计的"过程模式"如何评价?
4. 我国当前的学校教育中提倡"国学教育",请选择一种课程设计模式尝试设计一门国学教育课程。

拓展阅读

[1] 泰勒:《课程与教学的基本原理(英汉对照版)》,罗康、张阅译,中国轻工业出版社,2008。

[2] 周广玲、胡勤楠、米守勇:《一叶知秋小学特色校本课程开发理论与实践》,上海大学出版社,2024。

[3] 陈海华、郑林、黄志远:《大概念统摄下跨学科课程的开发与实施——以"走近岭南园林"校本课程为例》,《基础教育课程》2024年第6期。

[4] 徐玉珍:《校本课程开发二十年:一项教师生活史研究》,《华东师范大学学报(教育科学版)》2024年第10期。

[5] 杨小微、夏海萍:《共创与融通:中小学校本课程开发的新路向》,《上海教育科研》2022年第8期。

第三章 小学课程设计的价值取向

扫码获取
本章资源

> **卷首语**
>
> 　　课程设计是一项价值性活动,以何种价值主导课程设计是人们在进行课程设计时首先需要确定的问题。从当前的课程研究来看,学科知识、学生心理与社会需要是影响课程设计的三个基本因素,也构成了课程设计的学科中心、学生中心和社会中心三种基本价值取向。学科中心强调以知识作为课程设计的核心,旨在让学生获得知识和促进智发展;学生中心强调以学生需要和兴趣作为课程设计的核心,旨在促进学生的自然生长;社会中心强调以社会问题作为课程设计的核心,旨在培养学生的批判精神。不同价值取向的课程设计具有不同的教育理解,适合于不同时代和课程类型,共同组成了多元化的课程设计理论与实践。

学习目标

1. 理解课程设计的价值取向的基本内涵。
2. 理解学科中心价值取向课程设计的基本观念与优缺点。
3. 理解学生中心价值取向课程设计的基本观念与优缺点。
4. 理解社会中心价值取向课程设计的基本观念与优缺点。
5. 能够依据实践需要,合理选择课程设计的价值取向,并尝试性地进行课程设计。

思维导图

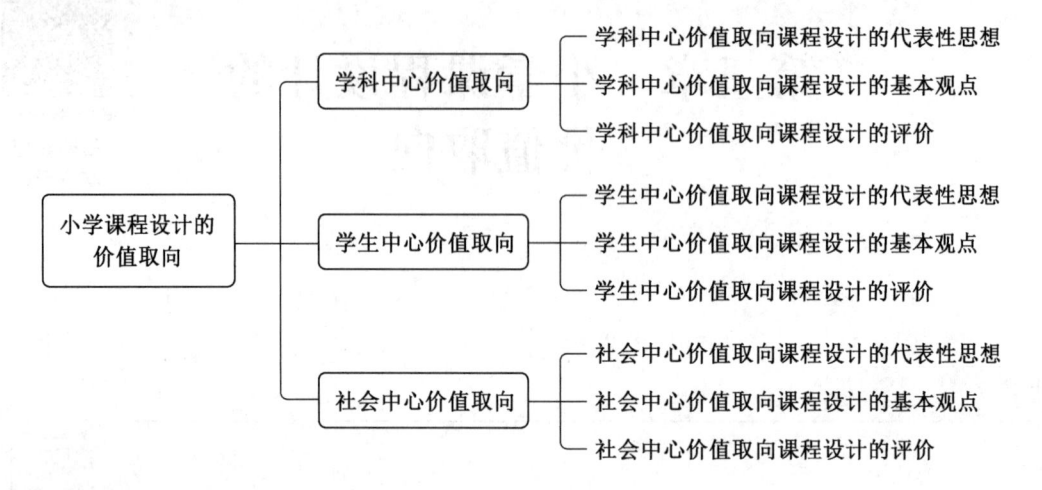

- 小学课程设计的价值取向
  - 学科中心价值取向
    - 学科中心价值取向课程设计的代表性思想
    - 学科中心价值取向课程设计的基本观点
    - 学科中心价值取向课程设计的评价
  - 学生中心价值取向
    - 学生中心价值取向课程设计的代表性思想
    - 学生中心价值取向课程设计的基本观点
    - 学生中心价值取向课程设计的评价
  - 社会中心价值取向
    - 社会中心价值取向课程设计的代表性思想
    - 社会中心价值取向课程设计的基本观点
    - 社会中心价值取向课程设计的评价

导入案例

教材作为国家事权的基本思想

1. 党对权责事项的统一领导是教材建设国家事权有效落实的根本保障

尺寸教材,悠悠国事。教材建设作为一种国家事权,反映国家集中统一进行教材建设的政治立场以及构建高质量教材体系的实践愿景,表明了党从国家大政方针层面发展教材事业的战略布局。不容忽视的是,教材建设国家事权本质上是一种充分体现国家意志的权力形态,旨在通过调节教材建设内外构成要素的联系及作用方式来创生新型的权责划分模式及其关系,从而满足当前人民群众对教材建设的真实诉求。因此,党对教材建设权责事项的领导机制的认识与实践,切实关乎中国教材建设权责运行的秩序、效率与质量。

2. "为党育人、为国育才"是教材建设国家事权始终坚守的价值立场

习近平总书记在全国教育大会上指出,教育是功在当代、利在千秋的德政工程,是国之大计、党之大计。从教材建设国家事权思想溯源来看,教材建设国家事权是一种兼具政治性与人民性的教材建设主张,要求教材建设全过程始终坚守"为党育人、为国育才"的初心使命。一方面,"为党育人"是教材建设国家事权矢志不渝的政治立场。"为党育人"的政治属性是教材建设国家事权的本质性规定,即教材所培育的人才要知道中国共产党为什么能、马克思主义为什么行、中国特色社会主义为什么好,要为学生打上中国底色、植入红色基因。另一方面,"为国育才"是教材建设国家事权不可回避的时代重任。培养堪当民族复兴重任的时代新人是教材建设"为国育才"的应然旨归。总的来

看,"为党育人,为国育才"作为教材建设国家事权思想生成与落实过程中始终坚守的价值立场,承载着党和国家对教材建设的具体要求。

3. 中国特色高质量教材体系建设是教材建设国家事权的现实目标

教材建设国家事权作为一种权力运作方式,其施行与完善建立在高质量教材体系建设的目的承诺之上。我国要加快建设高质量教育体系,既充分体现新时代、新发展阶段的新要求,又扎根中国大地、服务中国人民、彰显中国智慧、践行中国方案。作为中国高质量教育体系的重要内容,中国特色高质量教材体系建设不仅是时代发展赋予我国教材建设改革的重要任务,更是教材建设国家事权落实"为党育人、为国育才"初心使命必须依托的重要载体。教材建设国家事权生发于教育高质量发展的时代背景,不仅在理论上寻求教材建设作为国家事权的合法性、合目的性与合道德性,在实践中强调教材统一管理下的责权对称、公平有序与因地制宜。同时,基于教材是育人育才重要依托的根本性前提,于构筑人民群众满意的高质量教材体系进程中彰显教材建设国家事权的人民性与实践性。进言之,教材建设国家事权价值的显豁归根结底靠的是高质量的教材供给、高效率的教材治理与高品质的教材服务,从而为新时代中国特色社会主义人才的培育提供优质适切的教材内容经验。

4. 中国智慧的"世界性"教材建设方案是教材建设国家事权的经验贡献

面对近年来世界纷乱局势对中国意识形态安全带来的现实挑战,教材建设国家事权拟通过形成具有中国智慧的"世界性"教材建设方案彰显民族特色和接受世界检验。其中,"中国智慧"强调依循马克思主义中国化的理论成果,结合党统一领导下我国教材建设的百年经验,去创生顺应新时代中国教材建设规律与诉求的价值论、本体论、认识论与实践论经验;所谓"世界性教材建设方案"则意在说明中国教材建设智慧对世界其他国家开展教材建设实践的启迪,尤其是在有效发挥教材建设维系意识形态安全、推进教材治理现代化等方面的具体效用。其中,教材建设国家事权的法理逻辑与文化立场对形成中国智慧的"世界性"教材建设方案颇为重要,内在规定着中国特色高质量教材体系建设的价值依凭与行为框架。

摘选自:罗生全,张玉.教材建设国家事权的基本思想及品格特征[J].教育研究与实验,2023(04):61-72.

价值是客体属性与主体需要的一种满足关系。对于不同主体而言,由于其所处的时代、知识经验、理想信念等的差异,对客体属性的需求也呈现出多元化倾向,当主体依据自身主要需要对某一属性进行选择,便构成了主体对某种客体的价值取向。因此,价值取向就是主体将某种价值作为自己主导价值,并统领价值体系的一种选择过程。对于课程设计而言,在不同的历史发展阶段,由于人们对教育本质的理解,以及对于课程设计满足人们何种需求的判断的差异,促生了课程的不同价值取向。由此,所谓课程设计的价值取向,指的是课程设计人员依据自身对教育的理解、社会发展状况与学生发展需要而对课程主导价值的判断与选择过程,即以何种价值作为课程设计主导价值的过程。

课程设计价值取向的差异主要来自影响课程设计的基本因素。课程深植于教育以及社会的复杂系统之中,受到来自各个方面、各个层次因素的影响,并以价值取向的形式作用于课程设计。在众多的影响因素之中,学科知识、学生心理与社会需要是影响课程设计的三大基本因素,进而也就构成了课程设计的三种基本价值取向,即学科中心、学生中心和社会中心。下面,我们将对这三种课程设计的价值取向进行概要性介绍。

第一节 学科中心价值取向

课程设计的学科中心价值取向也被称为知识中心价值取向,它是以学科知识的分类为基础,以掌握学科的基本知识和基本技能为目标,关注学科知识本身,探讨学校教育应该选择何种知识、如何组织和评价知识等问题的一种课程设计的价值取向,所设计出来的课程主要是学科课程。

一、学科中心价值取向课程设计的代表性思想

学科中心价值取向的课程设计具有悠久的历史。我国古代孔子编撰"六经"、西方古希腊建构的"七艺"课程是教育史上最早以学科中心价值取向编撰的课程体系。到了近代,随着自然科学凸显,以知识为中心进行课程设计更是成为人们的普遍认识,其中具有代表性的有夸美纽斯(J. A. Comenius)的"百科全书式"课程、赫尔巴特(J. F. Herbart)的"兴趣论"课程,以及斯宾塞(H. Spencer)以科学知识为导向的课程体系。在当代课程理论中,布鲁纳(J. S. Bruner)强调学科结构的课程设计、奥苏伯尔(D. P. Ausubel)主张学习材料与学习者已有知识之间关联的"有意义学习"、苏联凯洛夫(N. A. Kaiipob)强调知识的系统性与科学性的教育学说,以及我国新课改以前的"双基论",都主张基于学科知识来进行课程设计,成为学科中心价值取向课程设计的典型代表。

从教育流派来看,历史上的要素主义教育和永恒主义教育是学科中心价值取向课程设计的代表性流派,对二者的简单梳理可以揭示学科中心价值取向课程设计的基本思想。

(一)要素主义课程思想

要素主义教育产生于20世纪30年代,渗透于20世纪50年代和20世纪70年代美国的教育改革中,其代表人物主要有科南特(J. B. Conant)、里科弗(A. G. Rickover)和巴格莱(W. Bagley)等。要素主义以唯实论和观念论作为其哲学基础,强调客观实在,主张人们必须服从于客观世界的秩序与规律,要求人们继承和保持传统。

遵循唯识论与观念论,要素主义把教育的根本价值设定为为了社会进步,这种进步主要是通过传递人类文化遗产的要素或核心,认为"教育是传递人类积累的知识中具有永久不朽价值的那部分的过程"[①],并通过这种传递来实现人的理智与道德的训练,进而实现

---

① 巴格莱.教育与新人[M].袁桂林,译.北京:人民教育出版社,2005:37.

社会进步的目的。因此,在课程设计上,要素主义围绕人类文化的"共同要素"展开,认为课程设置的基本原则是:① 要考虑国家和民族的利益,要求课程改革认识到国家或民族对于学校教学的内容有着一种利害关系;② 要具有长期的目标,要重视"种族经验",不能过分强调儿童眼前兴趣和利益的重要性;③ 要包含价值标准,要求课程包含社会上传统阶级的社会文化价值标准、本国政治领导人和思想界领导人的价值标准,以及西方文明的"伟大"著作家的价值标准。按照这种课程原则,要素主义教育强调课程内容需要以"文化要素"为逻辑展开,强调不同学科知识的要素及其结构性关系。如巴格莱认为:"小学阶段学习的'要素'主要是阅读、说话、写作、拼音和算术,以及以后的历史、地理、自然科学与生物科学、外语。中学阶段要把小学的各门要素加以扩大,使之更专门、更艰深。此外要素主义还要求,各门学科的讲授要有一定的次序,要组织成一个体系,并且要有一定的难度,对学生的智力发展要有挑战作用。"①

(二)永恒主义课程思想

永恒主义产生于美国20世纪30年代,是对美国进步主义教育批判的产物,其主要代表人物有罗伯特·M. 赫钦斯(R. M. Hutchins)、艾德勒(M. J. Adler)等。在美国经济危机背景下,赫钦斯等人认为,尽管世界混乱不堪,但世界具有隐藏在自身结构后面的秩序性与规律,它支配着整个世界的运行,而人则是抽象和理性的,人正是运用理性才能认识永恒世界中的绝对的、普遍的知识。

基于这样的哲学基础,永恒主义认为教育就是要发展人的永恒的、不变的理性,"教育的一个目的是要引出我们人类天性中共同的要素。这些要素在任何时间或任何地方都是相同的"②。追求"永恒"是教育的基本原则。为了培养有理性的人,永恒主义认为需要通过"永恒学科"来实现,"永恒学科"构成了课程的核心。"永恒学科"具有三种类型:第一,理智训练的内容类学科,如哲学、文学、历史;第二,理智训练的方法类学科,如数学、科学、艺术;第三,理智训练的工具类学科,如英语、拉丁语、希腊语。通过"永恒学科"的学习,学生获得理智训练,成长为具有理性的人。永恒主义教育重视人的理智能力的培养,重视"永恒学科",因此普通教育是教育的核心,而职业性教育与专门性教育则放到了次要的地位。同时,在课程实施上,强调学校和教师支配课程体系,反对儿童自己支配课程。

从要素主义教育与永恒主义教育可以看出,学科中心价值取向课程设计的理论基础是理性主义,它强调客观知识在教育中的价值,把知识视为课程设计的核心,强调课程设计要依据知识的来源、分类与逻辑结构,重视课程设计的理性、逻辑性、整体性和系统性。

---

① 陈晓端,郝斌. 西方教育哲学课程与教学思想[M]. 北京:中国轻工业出版社,2008:145.
② 王承绪,赵祥麟. 现代西方教育论著选[M]. 北京:人民教育出版社,2001:203.

> **小资料**
>
> ### 罗伯特·M.赫钦斯的"芝加哥计划"
>
> 罗伯特·M.赫钦斯(R. M. Hutchins, 1899—1977)是20世纪美国著名的教育改革家,永恒主义教育哲学的主要代表。赫钦斯被聘为芝加哥大学校长期间,推行了震惊美国教育界的"芝加哥计划"。这项计划针对侧重技术的职业教育,要求课程设置体现"自由化"和"人才化"。尤其对那些"概论性"课程表示强烈不满,对原存的课程重新进行组合,将整个课程合并为四大部,即人文科学部、社会科学部、自然科学部和生物科学部,然后再按这四个部的布局设置相应系科,给以相应的课程设置,要求每位学生至少要通晓一个部门的教材,并且具有表达能力。
>
> 赫钦斯认为,"高等教育的首要目的是发展理智能力,其他的任何目的都是次要的"。主张所有课程都要建立在基本而且具有永恒价值的研究上,把他所选出的经典名著作为全体学生的必修课程,并称之为共同的核心课程。到1952年止,该委员会共编辑54本名著,名著不仅包括文学作品,还有历史、哲学、经济、政治、数学、物理、音乐等方面。
>
> 资料来源:冯克诚.西方现代教育改革思想与论著选读[M].北京:人民武警出版社,2010:6.(有删改)

二、学科中心价值取向课程设计的基本观点

学科中心价值取向的课程设计以理性主义为基础,强调学科知识在课程设计中的核心作用,主张围绕知识的来源与分类来进行课程设计,有以下基本观点。

(一)课程目标强调学生理智能力的发展

学科中心价值取向的课程设计主张通过获得人类文化中核心的、永恒的知识来发展人的理性,有理智的人是教育的基本价值与目的。相应地,在课程目标设计上,主要强调人的理智能力的核心作用,把理智能力发展作为课程的基本目标。

不管是永恒主义还是要素主义,如何适应多变的社会与生活是他们所共同面对的问题。在解决这一问题过程中,他们强调在变动的社会背后,一定存在着永恒不变的一面,并且这一面是社会与生活的本质,它支配着作为现象的、变动的一面。而对于教育而言,只有通过共同的"文化要素"或"永恒学科"的学习,发展学生的理智能力才能把握社会与生活中不变的一面,进而才能够把握、适应并创造社会与生活。因此,学校应该强调人类文化中的永恒不变的主题,强调学生处理变动不居的社会与生活的理智能力,并把它作为课程设计的核心目标。具体而言,学科中心价值取向的课程目标强调:第一,使学生在心智、道德和精神方面获得成长;第二,为履行公民的义务和责任进行足够的准备;第三,为学生将来的职业生涯做好准备。史密斯在《基础教育委员会的纲领》中指出,学校的主要

目标有四个：① 教授如何读、写、算；② 传授关于民族遗产和民族文化事实；③ 在前两个目标进行的过程中，培养智力并激发思考的乐趣；④ 提供道德判断的环境，如果缺乏这种环境，教育则仅仅是一种动物式的训练。①

（二）课程内容强调系统的学科知识

基于理智训练的目标，学科中心价值取向课程设计在内容选择上强调系统的学科知识，认为获得系统学科知识是对学生进行理智训练的最有效的途径。

要素主义教育一直认为，在应对多变的社会与生活中，课程内容要以共同不变的文化要素为标准，强调以学科为中心，强调知识学习的系统性。在要素主义代表人物巴格莱看来，最宝贵的人类文化要素包括：① 最早出现在有组织的教育中的内容是记录、计算和度量，每个文明社会都建立在这些内容的基础之上，一旦丧失这些基本要素，文明将不可避免地崩溃；② 人们直接经验之外的关于世界的知识是公认的普及教育的要素之一，这是学校教育中很早就有的关于人类的课程内容；③ 我们遗产中还有调查研究、发明和创造力方面的内容；④ 在初等学校中健康教育是基本的工作，自然科学也有它的地位，既不应忽视人文艺术课程，也不应忽视工艺劳作的教育。② 永恒主义代表人物赫钦斯则在"永恒课程"中强调诸如柏拉图的《理想国》之类的名著，认为古典名著汇集了历代名人的思想之精华，不仅蕴藏着人类的"共同要素"，还能帮助学生形成"共同观念"，可以为学生进一步学习高深知识以及认识世界奠定基础。除了名著以外，"永恒课程"还包括3R（Reading，Writing，Arithmetic）和语言、文法、修辞、逻辑、数学等科目，认为这些科目不仅可以帮助学生阅读和理解古典名著，而且对于学生的理智训练也极为重要。

（三）课程组织强调学科逻辑

对于课程内容的逻辑组织与心理组织两种组织形式，学科中心价值取向课程设计反对课程内容的心理组织，而主张按照学科知识逻辑进行课程组织。

针对进步主义要求打破学科之间的界限，打破每门学科自身的知识逻辑，让学生在活动中掌握自身的经验，主张从儿童学习心理角度对课程内容进行组织，要素主义者坚决反对，认为为达到传授共同文化要素的目的，课程内容应该按照学科在教育中的地位，以及学科知识之间固有的逻辑关系进行组织。1935年，巴格莱发表《教材过时了吗？》一文，坚持教材的逻辑组织，要求为学生提供分化了的、有组织的学习内容，并且主张："一般说来，大家认可的要素是应当通过教师所应负责实施的各门学科和各种活动的系统的教学计划来讲授的。"③ 因此，在课程组织原则上，巴格莱等要素主义者认为应该遵循：① 以学科为

---

① 史密斯.基础教育改革委员会纲领[M]//瞿葆奎，马骥雄.教育学文集·美国教育改革.北京：人民教育出版社，1990：167.

② 巴格莱.要素主义者的纲领[M]//华东师范大学教育系.现代西方资产阶级教育思想流派论著选.北京：人民教育出版社，1980：158.

③ 巴格莱.要素主义者的纲领[M]//华东师范大学教育系.现代西方资产阶级教育思想流派论著选.北京：人民教育出版社，1980：159.

中心而不是以儿童为中心，这是要素主义种族经验第一、个体经验第二原则的体现；② 以自然科学为核心，这是国际竞争与自然科学的密切关系的反映；③ 建立统一的严格的学科标准，这是对欧洲及苏联的权威主义的仿效。

> **小资料**
>
> **斯宾塞以科学知识为中心的课程体系**
>
> 英国哲学家、社会学家、教育家斯宾塞（H. Spencer, 1820—1903）认为，教育应该为完满生活做准备。而人的完满生活可以分为以下几种活动：① 直接保全自己的活动；② 为获得生活必需品而间接保全自己的活动；③ 目的为抚养教育子女的活动；④ 与维持正常社会政治关系有关的活动；⑤ 在生活中的闲暇时间满足爱好和感情的各种活动。与上述五方面人类活动相一致，教育也应包括这五个方面的教育，即：准备直接保全自己的教育；准备间接保全自己的教育；准备做父母的教育；准备做公民的教育；准备生活中各项文化活动的教育。
>
> 在学校教育中，斯宾塞坚决主张将科学知识作为主要内容，具体而言，课程内容可分为五个方面，与"为完满生活做准备"的五个方面教育完全一致。一是生理学、解剖学课程；二是读、写、算的知识和技能，还有逻辑学、几何学、力学、物理学、化学、天文学、地质学、生物学、社会学等；三是开设心理学、教育学课程；四是开设历史课程；五是开设文学、艺术、音乐、绘画、雕刻方面的课程。
>
> 这就是斯宾塞为学校设计的一整套科学知识课程体系。在这套课程中没有古典传统科目的任何容身之地，把科学知识课程提到了前所未有的重要地位，适应了19世纪后半叶资本主义发展对科学知识和科学技术的渴求。
>
> 资料来源：袁桂林. 外国教育史[M]. 长春：东北师范大学出版社，1995:232-233.（有删改）

三、学科中心价值取向课程设计的评价

学科中心价值取向课程设计有着广泛的影响力，可以说在教育历史上，学科中心价值取向课程设计一直占据着重要的地位，它是课程设计的最初形态，到了现在仍然具有旺盛的生命力。

学科中心价值取向课程设计的优点包括：第一，具有明确而具体的目标导向。学科中心价值取向课程设计强调学生对知识的获得，并期望在知识获得中发展学生的理智能力，这种具体而明确的目标可以有效地引导和统摄课程设计的整个过程，使课程设计变得具有逻辑性和系统性。第二，重视人类知识，有利于人类文化传承。学科中心价值取向课程设计以知识为核心，要求在获得系统知识过程中理解知识所蕴含的人类文化传统，对于人类文化传承具有重要的推动作用。第三，分科设计课程有利于学生对知识的系统掌握。学科中心价值取向课程设计强调按照知识分类进行分科设计，形成不同类型的学科课程，使同一类知识能够按照知识之间的结构与逻辑整合在一起，有利于学生对学科知识的系统掌握。

当然，在现代教育理念下，学科中心价值取向课程设计也暴露了其局限性，主要体现在：第一，过于强调结果性目标，忽视了学生的学习过程。学科中心价值取向课程设计以学生是否获得知识和发展理智为基本目标，在一定程度上将学生的学习过程游离在课程之外，容易造成只追求结果，而忽视学习过程的弊端。第二，过于重视学科知识，忽视了学生经验。学科中心价值取向课程强调知识的系统性、结构性和逻辑性，按照知识的内在标准要求学生，使学生的生活经验往往难以帮助学生进行知识学习，容易造成知识与经验的脱节。这些弊端在我国新课程改革以前体现得非常明显，"知识为上""分数第一""片面追求升学率"在一定程度上是学科中心价值取向课程设计弊端的表现。

第二节　学生中心价值取向

课程设计的另一重要价值取向是学生中心。在课程设计过程中，知识与儿童往往构成了其价值取向的两极，在有学者提倡学科中心价值取向的同时，也有学者提倡以儿童为根本价值取向来设计课程。学科中心与学生中心两种价值取向的对立与交织构成了课程设计的历史线索与特征。

一、学生中心价值取向课程设计的代表性思想

学生是教育的对象，也构成了课程教学中的一个基本的影响因素，对学生及其成长与发展的理解历来是思考课程与教学问题的重要维度。在教育史上，重视儿童、研究儿童，并将儿童置于中心地位，将其作为课程设计的基本价值取向的教育思想家众多，其中具有代表性的有法国启蒙主义思想家卢梭、瑞士心理学家皮亚杰、美国教育家杜威、美国人本主义心理学家罗杰斯，以及我国教育家陶行知等。

卢梭通过《爱弥儿》表达了对自然教育的坚持，强调对儿童的教育必须遵循儿童的自然本性，重视儿童对事物的体验、观察与探究，要求让儿童在自然环境中去获得知识。皮亚杰对儿童认识的发生学研究所建构的发生认识论，通过同化、顺应与平衡揭示了儿童心智发展的基本过程，成为儿童中心主义教育思想的重要理论基础。罗杰斯在追求完整的人的形成过程中，对儿童的情感、价值和精神的关注，以及对非指导性教学的研究是对儿童中心主义思想的重要补充。我国教育家陶行知的"生活教育"提出的"生活即教育""社会即学校""教学做合一"等基本思想不仅是对杜威教育思想的宣传与具体化，而且将儿童中心主义思想引入我国，并实现了本土化改造。当然，在所有教育家之中，杜威是儿童中心主义教育思想最具有代表性的人物。

杜威是美国著名的哲学家、心理学家和教育学家，他对美国教育的改造以及所创立的教育学说对世界其他国家教育具有重大影响，被誉为现代教育最重要的代表人物。在"教育即经验的改造"这一基本教育思想指导下，杜威对课程教材的本质、设计与使用等进行了较为详细的论述，构成了其课程设计思想。

杜威的课程思想是在批判反思赫尔巴特课程思想与继承发展进步主义先驱帕克（F. W. Parker）等课程思想的基础上形成的。在杜威看来，传统教育与进步教育的对立可以看作内发论与外铄论的对立。传统教育的本质是以成年人的种种标准、教材和方法强加给未成熟的儿童，从而超出了儿童的经验与能力范围，而进步主义则走向了另一个极端，主张从儿童的视角去看待一切教育问题，反对所有外部的东西，如纪律、教科书、训练、目的等。要解决传统教育与进步教育之间的矛盾与对立，杜威认为关键在于经验，"在处理传统与新教育之间，有一种永久不变的东西可以为我们所借鉴，即教育与个人经验之间的有机联系"①。正因为如此，选择何种经验、如何组织这经验便构成了课程的基本问题。

对于选择何种经验的问题，杜威首先探讨了经验的标准。在杜威看来，并非任何经验都能够促进儿童成长，只有在众多的经验中选择能够有效促进儿童经验不断生长的经验才能构成教育的经验。因此杜威提出了选择经验的两个基本原则，即连续性与交互作用原则。所谓连续性，指的是教育所选择的经验是在后来的经验中能够丰满而具有创造性的经验，以使不同经验之间能够相互采纳并能够改变未来经验的性质。所谓交互作用，指的是经验的客观条件和内部条件产生相互作用，并形成情境。在杜威看来，"连续性和交互作用彼此积极生动的结合是衡量经验的教育意义和教育价值的标准"②。通过这两个原则，所选择出来的经验具有教育意义，能够作为课程的基本内容。正是在这两条原则下，杜威划分了四类课程。第一类是旅行、烹调、缝纫、手工、园艺、木工、金工、纺织、油漆、唱歌、绘画等社会活动和主动作业；第二类是历史、地理等与社会生活背景相关的课程；第三类是阅读、书写等交际表达方面的课程；第四类是探究和发现方面的课程，如数学、自然科学。并要求在儿童不同的阶段施以不同的课程形式。

对于如何组织经验的问题，杜威主张课程教材心理化。面对课程论上课程组织的两种基本主张——强调课程教材的逻辑顺序和强调课程教材的心理顺序，杜威认为两种课程组织方式的主要区别在于：强调课程教材逻辑顺序的课程论注重经验的逻辑方面，而强调课程教材心理顺序的课程论则注重经验的心理方面。但这两种主张并不是完全对立，经验的逻辑方面和经验的心理方面可以是相互依存的。要实现这种依存关系，杜威认为需要把各门学科的教材或知识恢复到原来的经验，即把抽象出来的经验变为直接的和个体的经验，并在此基础上对经验进行搜集与补充。从杜威对两种课程组织的认识来看，杜威是想以课程教材心理化来调和二者之间的矛盾。所谓课程教材心理化，指的是要在课程教材和儿童心理之间建立密切联系，让课程教材的经验能够在儿童生活范围内进行吸收、内化并发展它。课程教材心理化的过程要求：首先，要站在儿童的立场上来组织课程教材，让课程教材与儿童的活动关联起来，并适合于儿童成长的每一个阶段。其次，课程教材必须与儿童现在的生活经验联系起来，要在儿童的当前直接经验中找到生长点，以使儿童能够利用自己已有的经验去学习和发展新的经验。最后，要把各门学科的教材或知识恢复成原来的经验，而不是以成人加工过的经验呈现出来，使之成为能够建立在儿童生

---

① [美]约翰·杜威. 我们怎样思维·经验与教育[M]. 姜文闵，译. 北京：人民教育出版社，2005：248.
② [美]约翰·杜威. 我们怎样思维·经验与教育[M]. 姜文闵，译. 北京：人民教育出版社，2005：262.

活经验基础上的教材。

课程教材心理化，从儿童的直接经验出发去组织课程教材是杜威对课程设计的基本主张。按照这样的组织方式所形成的课程便是活动课程、探究课程、综合课程。

二、学生中心价值取向课程设计的基本观点

（一）课程目标强调学生的自然成长

在学生中心主义者看来，课程设计最重要的目标是要排除外界或成人对学生发展的干预，以学生自身的兴趣为出发点，依靠学生自己的学习活动，促进学生的自然成长。

学生中心主义者往往把学生视为具有善良本性的自然个体，认为遵循学生自然本性的成长才能使学生成为真正意义的社会个体。这一点在卢梭的教育思想中体现得最为明显。卢梭极力反对成人与混乱的社会按照传统或偏见对儿童造成的不良影响，干预儿童的自然成长，要求儿童的教育要脱离社会的影响，让儿童在大自然中得到自然生长。在卢梭的规划中，婴儿期（0—2岁）应该注重儿童的身体教育，在进行身体养护与锻炼的同时，避免沾染任何不良习气；童年期（2—12岁）则需要重视感官教育，应该让儿童在自然中自由地跑跳、游戏，用自己的感官去感受和认识世界；在前青春期（12—15岁）开始重视儿童的智力发展与劳动技能；青春期（15—20岁）才能回到城市进行道德教育。卢梭对儿童自然本性的重视，对自然教育的提倡一直影响着以后的学生中心主义者。

对学生自然成长的追求使得课程设计在具体目标上十分重视学生的需要与兴趣。杜威把儿童兴趣视为教育得以开展的天赋资源，认为谈话或交际方面的兴趣、探索或发现方面的兴趣、制造东西或建构方面的兴趣以及艺术表现方面的兴趣是儿童生动活泼地生长和发展的基石。在学生中心主义者看来，兴趣是获得经验与形成认识的最重要的手段，是学生成长的内在动力，发展和培养学生兴趣是进行学生教育的最重要的方面。因此，学生中心主义课程设计总是希望能够依据学生的需要、生活经验来进行课程设计，把知识获得、能力发展、价值观培养建立在学生兴趣需要与生活经验基础之上，通过游戏、活动课程、做中学等方式不断促进学生经验的获得、建构与发展，最终实现学生的自然生长。

（二）课程内容强调学生经验

在课程内容上，"课程即学习经验"可以说是学生中心主义者的一种共识，他们主张从学生生活经验出发，以经验的方式，将经验作为课程的核心内容，而反对以结构性、逻辑性与系统性学科知识作为课程内容。

课程内容强调学生经验包含三个层次。第一层次指的是所有的课程内容都需要以学生的生活经验为基础，任何脱离学生生活经验的课程内容都不是学生的课程。杜威认为，教育是在经验中、由于经验和为着经验的一种发展过程，任何知识、信息、成人经验都必须在儿童生活经验基础上进行选择与组织，都只有在儿童生活经验基础上才能获得其教育价值。"具有教育作用的或能够引导生长的，并不在于学科本身。如果不

考虑学习者所达到的生长阶段,任何学科内部都不具备固有的教育价值。"①第二个层次指的是课程内容的选择要实现学生经验的发展。在所有的经验之中,能够与学生生活经验产生联系,并能够促进学生经验的改造与发展,使其能够更好地面对未来的经验才能进入教育,才能成为课程内容。杜威选择经验的连续性与交互作用两条基本原则正是基于并引导儿童经验逐步发展的。第三个层次是课程内容应该按照学生经验的方式进行安排。这种安排一方面体现在课程内容要以学生生活为中心,而不是以学科为中心。如我国教育家陶行知的"生活教育"强调课程内容建构要在健康生活、劳动生活、科学生活、艺术生活和社会改造生活五个大类之下,编写类似于写诗文指导、说话指导、雕刻指导、弹琴指导、纺纱指导等生活用书,以作为学生学习的内容。另一方面,课程要以活动的方式呈现,形成诸如旅行、缝纫、园艺等各种活动课程,并按照学生生长的顺序形成课程体系。

(三)课程组织强调学生心理

以学科逻辑组织的课程是一种成人视角和标准,在很大程度上脱离了学生的理解能力与经验范围,使得学生学习变成了机械记忆,知识并不能真正地内化到学生之中。学生中心主义课程设计反对按照学科逻辑对课程内容进行组织,而是强调要按照学生的心理规律与学习特点对课程内容进行组织。

杜威在谈到儿童与课程关系时认为:首先,儿童生活在个人接触显得十分狭隘的世界里,除非这种生活密切地和明显地涉及他自己活着和他的家庭与朋友的幸福,其他各种事物很难进入他的经验里。而学校提供的学习材料要么无限地回溯过去,要么从外部无限地伸向空间,这导致儿童小小的记忆力和知识领域被全人类的长期的历史压得窒息了。其次,儿童的生活是一个整体,一个总体,他敏捷地和欣然地从一个主题过渡到另一个主题,正如他从一个场所到另一个场所一样,但是他没有意识到转变和中断,既没有意识到什么割裂,更没有意识到什么区分。而学科课程则将他的世界加以割裂和肢解,形成诸如数学、语文、地理等一个个相互分离的世界。最后,学校的各门学科的每一门都被归到某一类去,并把各种事实从它们在经验中原来的地位割裂出来,再依据一般原理进行重组。这些已经归了类的各门学科,是许多年代的科学的产物,而不是儿童经验的产物。正是这种课程内容的逻辑组织使得学生与课程之间呈现出了巨大的对立与矛盾,导致学生缺乏学习的兴趣和动机,难以将所学到的与自身的生活世界关联起来,学生只是在学习中获得了一系列的符号,难以真正地促进学生自身经验的改造与发展,使教材游离于学生学习。因此,课程内容的组织要以学生的心理为基础、为依据。②

---

① [美]约翰·杜威.我们怎样思维·经验与教育[M].姜文闵,译.北京:人民教育出版社,2005:263.
② 杜威.儿童与课程[M]//赵祥麟,王承绪.杜威教育名篇.北京:教育科学出版社,2006:66.

> **小资料**
>
> **经验课程的三种理论形态**
>
> 经验课程又称"活动课程""生活课程""儿童中心课程",是以儿童的主体性活动的经验为中心组织的课程。迄今为止,已出现三种典型的经验课程理论形态:浪漫自然主义经验课程论、经验自然主义经验课程论、当代人本主义经验课程论。
>
> 浪漫自然主义经验课程论是十八世纪和十九世纪流行于欧洲的一种经验课程思潮,其主要代表人物是法国教育思想家卢梭、瑞士教育家裴斯泰洛齐(J. H. Pestalozzi)、德国教育家福禄倍尔(F. W. A. Fröbel)。浪漫自然主义经验课程主张人性本善,每一个儿童都存在自我活动、自我发展的天赋能力,教育应当适应儿童的自然天性。
>
> 经验自然主义经验课程论由美国哲学家、教育家杜威于19世纪末20世纪初系统确立,它以经验自然主义哲学为基础,强调经验是人与环境的交互作用,是主动行动与对行动结果反思的结合,关注学生经验的"持续生长",主张问题解决学习。
>
> 当代人本主义经验课程论是20世纪70年代对现代课程中"科技理性"的膨胀及由此导致的课程的"非人性化"的反对。就目前看,出现了两种风格的人本主义经验课程论。第一种是马斯洛(A. Maslow)和罗杰斯(C. Rogers)等以心理学为基础的"自我实现课程",强调把认知教育与学生自己的生活联系起来。第二种是在人本主义哲学影响下,派纳(W. F. Pinar)、休伯纳(D. Heubner)、吉鲁(H. Giroux)等人所主张的经验课程论,它强调"经验"是"存在"体验或"反思"精神,重视课程对于"具体存在的个体"的个性自由、独立。
>
> 资料来源:张华.课程与教学论[M].上海:华东师范大学出版社,2000:244-253.(有删减)

三、学生中心价值取向课程设计的评价

学生中心价值取向课程设计是近代伴随着人的主体性发现与揭示,对学科中心价值取向课程设计反思与批判的结果,它强调课程设计的根本依据不是学科,而是学生。把学生的需要、兴趣、生活经验等作为课程设计的基本依据,提倡在课程设计时要遵循学生的学习过程与特点,极大地激发了学生学习的兴趣,使学习与学生的生活和成长密切关联起来。

学生中心价值取向课程设计的优点包括:第一,关注学生的自然成长,体现了学生在课程学习中的主体性。学生中心价值取向的课程设计反对外部因素对学生学习的影响,强调课程要建立在学生的自然本性的基础之上,在学生的生活与成长中获得课程目标,从根本上体现了学生在教育中的主体性地位。第二,以学生生活经验作为课程内容,使学生学习能够与生活关联。学生中心价值取向课程设计以学生的生活场域为基础,把学生生

活中具有教育意义的经验作为课程内容,使学生的学习与生活产生关联,让学生能够把生活经验作为学习的基础,极大地降低了学习的困难度,提升了学习效果。第三,以游戏、活动为课程组织的方式,激发了学生的学习兴趣。学生中心价值取向课程设计强调以游戏、活动来组织课程内容,让学生在游戏与活动中不断拓展经验,符合学生的天性与学习特点,使学生能够在学习中获得快乐。

然而,教育作为一种复杂的活动,如果仅仅从学生这单一角度来进行课程设计,必然也存在局限性。这些局限性包括:第一,过于重视学生的自然本性,忽视了社会对学生成长的要求。学生中心价值取向的课程设计在重视学生的同时,却忽视了社会对学生学习与成长的要求,使课程设计存在与社会脱节或不符合社会要求的风险。第二,过于重视经验,忽视了人类知识对学生发展的积极作用。学生中心价值取向课程设计在重视学生经验的同时,却忽视了人类知识对学生发展的巨大作用,使学生难以系统地获得学科知识,难以成长为某一领域的专家型人才。第三,过于重视游戏、活动,难以让学生体验学习的艰辛。学生中心价值取向课程设计遵循学生兴趣特点,提倡以游戏、活动作为课程的组织方式,忽视了学科结构,难以让学生体验到学习与成长的困难,在一定程度上不利于学生学习意志的培养。

第三节 社会中心价值取向

课程与社会政治、经济、文化、科技等的关系历来是教育所关注的重要内容。我国孔子整理的六经中《诗》《礼》《乐》《春秋》都重视道德教化或政治教化的功能,董仲舒推行"罢黜百家、独尊儒术",更是强化了儒家思想教材的政治功能,晚清救亡图存的代表人物张之洞以"中体西用"来阐述"中学"与"西学"关系。西方古希腊柏拉图(Plato)以哲学为核心培养的"哲学王"是城邦的最高统治者,英国洛克(J. Locke)的绅士教育反映了资产阶级的意识形态,凯兴斯坦纳(G. Kerschensteiner)所提出的"公民教育"则将课程的社会功能推向了极端,而涂尔干(E. Durkheim)更是要求从社会视角思考教育与课程问题,成为教育目的社会本位的代表人物。当然,虽然在中外教育史中,要求课程服务于社会或从社会角度思考课程问题的教育家、思想家比比皆是,但作为一种教育思潮让人振聋发聩的则是产生于20世纪30年代美国的社会改造主义教育,其主要代表人物是康茨(G. S. Counts)、布拉梅尔德(T. Brameld)、弗莱雷(P. Freire)等。社会改造主义者认为,教育的目的在于推动社会变化,教育是社会变革的工具,需要致力于理想社会的构建,而课程则是实现社会变革的载体,需要关注社会现实,以社会问题为主题,通过团结协作与问题解决培养社会公民,积极与社会产生关联。

一、社会中心价值取向课程设计的代表性思想

虽然社会中心取向课程设计均主张从社会发展与变化的角度来思考课程问题,并在

课程目标设计、内容选择与组织等方面取得了一定的共识,但从课程与社会关系来看,则可以将其分为两种不同的类型。一种强调课程对社会的适应,主张依据社会现实进行课程设计,以帮助学生更好地适应社会;另一种强调课程对社会的改造,主张以社会问题为核心进行课程设计,把学生培养成为社会改造的工具。前者以博比特的课程设计理论为代表,后者则以弗莱雷的课程设计思想为代表。博比特的课程设计理论可以参见第二章,在这里,我们主要介绍弗莱雷的社会批判课程设计思想。

弗莱雷是巴西著名的教育家,也是20世纪批判课程理论的主要代表人物。在长期所从事的扫盲教育实践中,弗莱雷深切地感受到传统教育对那些受统治者奴役的贫困、无权而又无知的"被压迫者"的文化压制,希望能够通过教育改变他们的生存现状,使他们从依赖与压迫中解放出来,形成具有主动、自由的品质和责任感的独立个体。

为达到这一目的,弗莱雷对传统教育进行了仔细分析与批判,认为传统教育是驯化式和压迫式的教育,它把学生视为应当顺从的"机器",并在思想和行为上进行牢牢控制,使之循规蹈矩,绝对服从统治阶级的文化权威,成为维护社会统治的工具。弗莱雷认为,学校教育不应该牺牲学生的创造力和批判意识,使他们变得愚昧和盲从,而应该培养学生的批判意识,让学生从这种压迫与顺从中解放出来。弗莱雷所提出的解放教育致力于培养学生的批判意识,通过安排符合民众需求与反映社会现实的课程内容,在师生平等的条件下,采用"情境对话"的教学方法,让学生学会学习与思考,使学生能够觉醒,从而改造现实世界,获得解放。驯化教育与解放教育的主要区别见表3-1:

表3-1 驯化教育与解放教育的主要区别[①]

	驯化教育	解放教育
教育目标	用统治者的意识驯化民众,维护和巩固现实世界	使民众觉醒,具有批判意识,改造和创造世界
教育内容	根据统治阶级的要求,学习远离学生现实的内容	根据民众的需求,联系现实问题,安排课程内容
教学方法	实施"银行储存式"教学法,教师往学生账户里储存知识	利用情境,提出问题,进行讨论,实施"情境对话"教学法
教育对象	主体:教师(主动) 客体:学生(被动)	主体:教师和学生 客体:社会、世界
教育交流	只有教师单向给学生传授知识	师生双向交流、对话、讨论
教育过程	不允许学生提出异议,按规定的内容记忆现成的知识,没有创造	鼓励提问、对话、讨论,培养批判意识和创造性
教育结果	掌握许多知识而丧失思考能力,被驯化成适应现实的人	学会学习、学会思考,具有批判意识,从而获得解放

在批判传统教育的基础上,弗莱雷强烈要求改变传统的教育课程,希望立足于文化人类学视野建构解放课程研制模式。弗莱雷认为解放教育课程的建构应该遵循四大基本原

---

① 黄志诚.弗莱雷解放教育课程建构论评述[J].全球教育展望,2003(2):58-61.

则:第一,参与为基础,共同建构新课程;第二,尊重各校的自主权,进行各种不同的实验;第三,在课程中要运用行动—反思—再行动的方法,加强理论联系实际;第四,加强教师培训,在实践中批判地分析课程。在这些原则的支配下,首先,课程内容的建构不应该单独由教育家和政治家决定,而应该与社会中的人们一起讨论决定。弗莱雷曾邀请了100多位心理学家、生物学家、社会学家、数学家、哲学家等来共同讨论课程内容的建构。其次,以"生成主题"(generative theme)作为课程的基本内容与组织形式。弗莱雷认为,课程的内容建构不能仅仅由教育工作者和政治家侃侃而谈,而需要通过调查在社会现实中去寻找。"要找到教育的项目内容,我们必须投身到作为人的中介的现实之中,必须了解教育工作者和人民对现实的理解。"[1]通过主题调查所获得的关于社会现实主题,即原生主题,不仅能够反映社会的现状,而且能够让学生关注社会现实,激发学生的反思、对话与交流。最后,课程需要理解与对话。弗莱雷主张以情境对话、讨论、交流等方式取代传统教育中的单向灌输,以促进师生对主题的理解。这种对话要求教师不只是知识的传播者,更重要的是通过对课程内容的理解,引发学生对问题的思考,并在讨论中发展批判意识与思维。

小资料

弗莱雷论银行储蓄式教育的典型特征

1. 教师执教,学生受教;
2. 教师无所不知,学生一无所知;
3. 教师思考,学生是被考虑;
4. 教师讲,学生听——温顺地听;
5. 教师制定纪律,学生遵守纪律;
6. 教师做出选择并将选择强加于学生,学生唯命是从;
7. 教师做出行动,学生则幻想通过教师的行动而行动;
8. 教师选择学习内容,学生(没有征求其意见)适应学习内容;
9. 教师把自己作为学生自由的对立面而建立起来的专业权威与知识权威混为一谈;
10. 教师是学习过程的主体,而学生只纯粹是客体。

资料来源:[巴西]弗莱雷.被压迫者教育学[M].顾建新,赵友华,何曙荣,译.上海:华东师范大学出版社,2001:25-26.

弗莱雷的社会批判课程设计理论在反思与批判传统课程基础上,以培养学生对社会的反思与批判意识和能力为目标,以学生的生活经验为基本课程内容,以"生成主题"作为课程的组织方式,课程实施强调理解与对话,极大地丰富了课程设计的思想,对其以后的课程理论产生了重要影响。

---

[1] [巴西]弗莱雷.被压迫者教育学[M].顾建新,赵友华,何曙荣,译.上海:华东师范大学出版社,2001:45.

二、社会中心价值取向课程设计的基本观点

(一) 课程目标强调社会来源

不管是社会适应还是社会批判,社会中心价值取向课程设计都强调课程目标与社会的关联性,要求从社会的角度去确定课程的基本目标。

在社会适应者看来,教育所培养的人必须适应社会现实,满足社会发展,因此当前或未来社会对社会成员所要求的知识、技能、情感、价值观等必然将成为课程目标设计的核心来源。社会批判者则认为教育不能完全适应社会,教育承担着对社会改造与重建的功能,教育所培养的人应当具有反思与批判的意识与精神,因此,课程目标设计应当强调学生对社会现实进行分析、反思与批判,并对理想社会进行建构的意识、能力与精神。不管是社会适应取向还是社会改造取向,都强调从课程与社会关系的角度思考课程目标,通过对社会进行分析,将社会公民应具备的素养作为课程目标。

(二) 课程内容强调社会问题

为培养社会公民,社会中心价值取向课程设计对于理论化、结构性的抽象知识较为漠视,认为这些学科知识脱离社会实际,不能反映社会现状、问题以及未来社会发展的趋势,不能引起学生关注社会的兴趣,因而强调社会问题,提倡以社会问题为课程内容,引发学生对社会的关注和思考,有利于使学生适应或改造社会。

在博比特看来,未来社会中理想的成人生活引导着课程内容的构建,只有通过对理想成人生活的各种活动的关注与分析,才能合理构建课程内容体系。因此,成人在社会中所面对的各种活动,以及在从事或应对这种活动所需要具备的各种知识与能力将成为课程内容建构的核心依据。在弗莱雷看来,学生生活在社会之中,社会中的各种现象、事实,以及隐藏在其背后的各种社会问题与学生生活具有天然亲近性,通过调查所获得的社会问题既能够引发学生学习的兴趣,还能够在讨论分析与批判反思中逐步形成学生批判意识,并以此为手段来促进社会的改造与发展。不管是博比特还是弗莱雷,社会问题是课程内容建构的最好素材,是学生进行学习、获得发展的重要载体。

(三) 课程组织采用主题式

社会问题的组织不能像学科那样采用学科逻辑,而需要以主题的方式组织起来构成课程,因此社会中心价值取向课程设计强调以主题来组织课程内容。

主题式组织是将一组材料按照一定属性或特征整合在一起,形成具有特定指向性的内容集合。博比特在课程组织时强调以特定的社会活动进行组织,并以社会活动之间的关联组成课程体系。在博比特的课程体系中,一方面,从理想成人生活所需要从事的活动中所划分出来的,如语言活动、健康活动等构成了基本的课程;另一方面,在基本活动中所具体化出来的亚活动,如语言活动具体化为发音、语法、表达活动,又构成了亚主题。通过这种主题与主题、主题与亚主题之间的关系的建构,形成了博比特

的课程体系。在弗莱雷的课程体系中,不同的主体通过对社会进行调查,所获得的生成主题组成了其课程体系。如① 工作与休闲:幸福之途;② 生活在无暴力的世界是可能的;③ 在占据空间中,学校与人的相互作用;④ 工作与生活:人们怎样处理这一关系;⑤ 公民:如何做一个公民;⑥ 社区:交往、意识、变革;⑦ 邻里关系;⑧ 人类接近、占据和适应环境。① 不管采用何种方式形成主题,以主题来组织和呈现课程内容是社会中心价值取向课程设计的基本认识。

三、社会中心价值取向课程设计的评价

教育与社会具有天然的联系,社会中心价值取向课程设计从社会角度来思考课程设计问题,把课程设计与社会现实和未来发展结合起来,切中了教育与社会的基本关系,满足了社会对教育的基本需求,成为课程设计理论与实践中不可忽视的一种设计取向。

社会中心价值取向课程设计的优点包括:第一,强调课程目标的社会来源,有利于培养合格的社会公民。社会中心价值取向强调通过成人的社会活动分析获得课程目标,把理想的未来的社会公民所具备的素养视为教育培养的方向,对于学生关注社会、进入社会,成为合格的社会公民具有积极意义。第二,把社会问题作为课程内容,有利于学生结合社会经验进行学习。社会中心价值取向课程设计强调依据社会现实,把社会问题作为课程内容,能够促使学生在已有的社会经验基础上展开学习,对于提升学生学习动机、建构社会经验具有重要作用。第三,以主题式、项目式组织课程内容,有利于激发学生的探究精神。社会中心价值取向课程设计强调以主题或项目组织与整合社会问题,使相同的或类似的社会问题构成了一个个探究项目,让儿童通过对话、讨论等形式对主题展开学习与探究,对于培养学生的探究精神起到了重要作用。

当然,正因为过于重视社会政治、经济、文化等对课程设计的影响,造成忽视学生心理或学科知识的局面,使得社会中心价值取向的课程设计具有了局限性。这包括:第一,过于强调成人的社会生活,脱离了儿童自己的生活世界。社会中心价值取向课程设计因过于强调理想的成人生活对儿童学习的主导作用,忽视了作为儿童自身所处的生活经验、生活方式,容易使课程脱离儿童的生活世界。第二,过于重视社会问题的学习,忽视了学科知识的积累和儿童生活经验的发展。社会中心价值取向的课程设计强调以社会问题的学习作为核心内容,忽视儿童在思考和探究社会问题中的学科知识基础和生活经验基础,容易造成社会问题学习的接受性与表面化。第三,过于重视主题式、项目式学习,不利于形成学生的系统的知识结构。社会中心价值取向课程设计在主张以主题式、项目式进行探究性学习的同时,难以将学科知识整合进去,不利于学生系统知识的获得,对于学生以后的发展存在一定的阻碍。

---

① 冯生尧.小学课程设计与评价[M].北京:教育科学出版社,2016:108.

本章小结

通过对影响课程设计三大基本因素的确立,形成了学科中心、学生中心和社会中心三种基本的课程设计价值取向。学科中心价值取向课程设计以知识为核心,以知识获得及其学生理智发展为课程基本目标,注重选择学科内的基本事实、概念、原理等作为课程内容,并通过学科逻辑进行组织。学生中心价值取向课程设计以学生的经验为核心,以学生的自然生长为课程的基本目标,注重选择与学生生活经验相关的经验体系作为课程内容,并以活动、作业的方式进行组织。社会中心价值取向课程设计以社会问题为核心,以学生从事社会活动的能力为基本课程目标,注重从社会现实中抽取各种社会问题作为课程内容,并以主题式、项目式进行组织。每一种课程设计价值取向的教育理念、设计思想等方面具有差异,都凸显了某种因素的影响,各具有优势与不足。

思考训练

1. 课程设计价值取向的本质与核心是什么?
2. 请对三种课程设计价值取向进行比较分析,并说出它们之间的异同。
3. 如何辩证看待课程设计的学科中心、学生中心和社会中心三种价值取向之间的关系?
4. 选择一门小学教材进行分析,探讨其中所遵循的价值取向。
5. 你认为在中国特色社会主义建设的征程中,小学教材编写应该尊重什么样的价值取向?

拓展阅读

[1] 阿普尔、史密斯:《教科书政治学》,侯定凯译,华东师范大学出版社,2005。

[2] 刘丽群:《教科书内容的选择与形成——知识准入课程中的国家介入》,湖南师范大学出版社,2013。

[3] 孙绵涛、何伟强、吴亭燕:《论国家事权的教材建设和管理》,《教育学报》2024年第6期。

[4] 罗生全、张玉:《教材建设国家事权的基本思想及品格特征》,《教育研究与实验》2023年第4期。

[5] 柯政:《改革开放40年教材制度改革的成就与挑战》,《中国教育学刊》2018年第6期。

第四章　小学课程的目标设计

卷首语

　　目标是导向,目标是激励,目标是标准。小学课程目标是指依据教育目的和小学培养目标,小学学校开设的课程期望小学生在德、智、体、美、劳等基本素养方面,在参与小学课程活动的主动发展中所要达到的规格、标准和状态。小学课程目标是小学课程理论与实践中必不可少的一个概念和专业范畴。本章阐述了课程目标的含义,介绍了课程目标的功能,分析了小学课程目标的来源与价值取向,探讨了小学课程目标设计的基本要求和一般步骤。科学设计小学课程目标,对小学课程的发展与完善具有举足轻重的指导意义,对实现小学教育(培养)目标,意义重大。

学习目标

1. 理解并掌握课程目标的含义和功能。
2. 尝试运用马克思主义的观点分析我国小学课程目标的价值取向。
3. 熟悉并能够灵活把握课程目标设计的一般步骤,遵循实事求是的原则。

思维导图

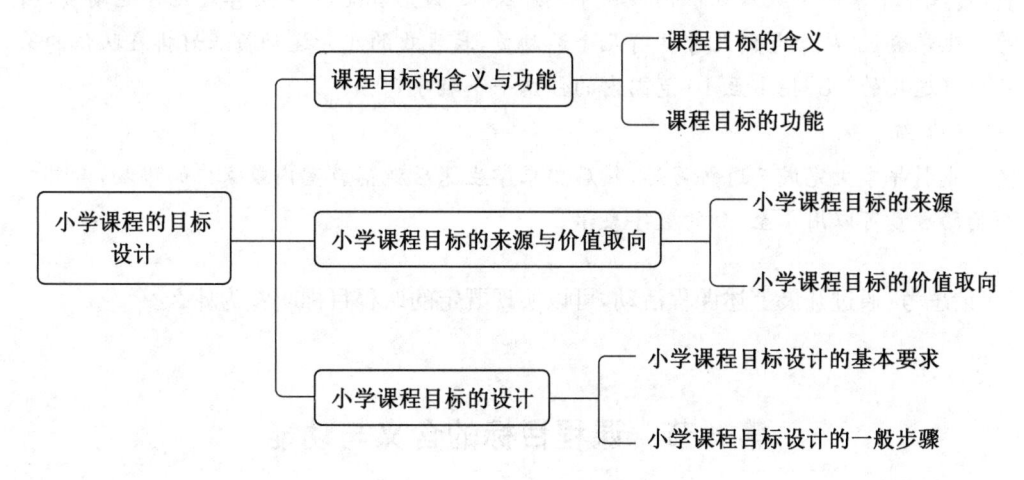

- 小学课程的目标设计
  - 课程目标的含义与功能
    - 课程目标的含义
    - 课程目标的功能
  - 小学课程目标的来源与价值取向
    - 小学课程目标的来源
    - 小学课程目标的价值取向
  - 小学课程目标的设计
    - 小学课程目标设计的基本要求
    - 小学课程目标设计的一般步骤

导入案例

一位数学老师为小学一年级数学"快乐的家园"专题课程设计了如下课程目标与课程活动[①]。

课程目标：

(1) 经历从日常生活中抽象出数这一概念的过程，认识 1—10 的数。

(2) 能正确数出数量是 1 的物体，能运用数字表示日常生活中的一些事物，并进行交流。

(3) 理解基数、序数的联系和区别。

课程活动：

(1) 猜一猜

教师告诉学生有一个小动物要参加我们今天的学习，并且告诉大家这个动物的特征是"两只长耳四条腿，爱吃萝卜和青菜，蹦蹦跳跳真可爱"，让学生猜这是什么动物（小白兔）。猜中谜底后，教师告诉大家今天小白兔给我们带来一幅美丽的图画，它描绘了小白兔向往的快乐家园。它就是书上第 4 页的第一幅图画《快乐的家园》。

(2) 说说"快乐的家园"

先引导学生说出图画上画了些什么，接着引导学生说出哪些东西的个数是"1"，再引导学生说出自己的身体和周围有哪些事物的数量能用"1"表示，然后在此基础上引导学生说出哪些事物的数量可以用"2"表示，最后要求学生与同桌交流"3能表示什么""4能表示什么"。

---

① 周日南.小学数学课程理念与实施[M].桂林：广西师范大学出版社,2003:172-176.

> （3）足球场上的数字
>
> 先引导学生说出足球场上运动员衣服上的数字表示什么，接着请 10 个学生当运动员（每人手中拿一个数），让他们按数字顺序排队，最后指名问学生喜欢几号运动员，引导学生学会说"从 1 号到几号共有几个运动员，我喜欢的几号运动员正好排在队伍的第几个"（这儿的"几"指 1 至 10 范围内的任意一个数字）。
>
> （4）练一练
>
> 先引导学生完成三道练习题，然后要求学生课后观察教室内或家中的事物，看哪些事物的数量可以用 1 至 10 的数字表示。

请思考：通过开展上述课程活动，可以实现既定的课程目标吗？为什么？

第一节　课程目标的含义与功能

中小学课程的核心是课程目标、课程设置、课程内容和要求[1]。正确把握课程目标的概念，对开展课程活动具有基础性作用。本节将对课程目标及其功能进行探讨。

一、课程目标的含义

（一）课程目标的概念

课程目标是课程研究发展到一定阶段的产物。早期，人们对课程的理解不同，对课程目标的解说也不尽相同。但大多是从教育目的、教育目标的层面来把握和处理"课程目标"。最先把课程目标分析作为课程开发的出发点和归宿的，当属美国著名课程论专家博比特和查特斯。泰勒对课程目标的研究做出了突出的贡献，不过依然没有对教育目的、教育目标、课程目标和教学目标做明确细致的区分。

伴随着课程研究的深入，课程目标被作为一种越来越具体、越来越明确的研究对象，并且被区分为不同层次。如 20 世纪 70 年代，美国著名课程论专家蔡斯（R. S. Zais）将课程目标分为三个层次：课程宗旨（curriculum aims）、课程目的（curriculum goals）、课程目标（curriculum objects）；奥利瓦在其著作《发展课程》（*Developing the Curriculum*）中对"课程目标"的界定是："课程目标就是用具体化的、可以测量的术语表述的取向或结果"，并把目标从宏观到微观分为五个层次：教育宗旨、课程目的、课程目标、教学目的和教学目标[2]。

---

[1] 课程教材研究所. 20 世纪中国中小学课程标准·教学大纲汇编：课程（教学）计划卷[M]. 北京：人民教育出版社，2001，前言.

[2] 钟启泉. 课程论[M]. 北京：教育科学出版社，2007：105 - 106.

我国学者也对课程目标进行了深入的探讨和研究,形成了多种定义。如黄政杰在《课程设计》中指出课程目标是"预见的教育结果,是学生经历教育方案的各种教育活动后必须达成的表现"[1];廖哲勋在《课程论》中提出课程目标是"一定教育阶段的学校课程力图促进这一阶段学生的基本素质在其主动发展中最终可能达到国家所期望的水准。简言之,课程目标是一定学段的学校课程力图最终达到的标准"[2];靳玉乐在其《现代课程论》中对课程目标的界定是"所谓课程目标,就是指一定阶段的学校课程力图促进该阶段学生的身心发展所要达到的预期结果。简言之,课程目标就是特定阶段的学校课程所要达到的预期结果"[3]。

《教育大辞典(增订合编本)》将课程目标的基本内容分为四类[4]:① 认知类。包括知识的基本概念、原理和规律,理解思维能力。② 技能类。包括行为、习惯、运动及交际能力。③ 情感类。包括思想、观念和信念,如价值观、审美观等。④ 应用类。包括应用前三类来解决社会和个人生活问题的能力。有学者认为课程目标应包含五个基本要素[5]:① 时限。即一定阶段或特定阶段。② 学生基本素质所能达到的发展水平,即其发展所达到的规格、标准和状态。③ 学校课程期望,这种期望应是国家期望、地方和社区期望、家庭期望等的综合。④ 目标的实现途径和方式是课程活动。⑤ 学生的主动发展。

中外学者对课程目标的探讨和阐释,为我们理解和把握课程目标的概念提供了不同的视角。进一步分析发现,这些阐释有一个共同之处,就是认为课程目标是指向学生学习所要达成的预期结果。本书对课程目标的界定为,依据教育目的和培养目标的要求,一定教育阶段的学校课程期望这一阶段的学生在德、智、体、美、劳等基本素养方面,在参与课程活动的主动发展中,所能达到的规格、标准和状态。小学课程目标是指依据教育目的和小学培养目标,小学学校开设的课程期望小学生在德、智、体、美、劳等基本素养方面,在参与小学课程活动的主动发展中所要达到的规格、标准和状态。不同的历史时期,由于教育目的和培养目标的变化,课程目标会随之发生变化。

(二)课程目标、教学目标与学习目标的关系

课程目标、教学目标和学习目标是课程活动中必然涉及的三个概念,同时又是关系非常密切的三个概念,它们之间既有区别,又有联系。

首先,课程目标、教学目标和学习目标,三者都是以教育目的为总目标,以培养目标为具体指导,是教育目的和培养目标在一定阶段的具体化、客观化,为课程、教学和学习的开展提供了方向、标准和评价依据。

其次,从课程目标到教学目标,再到学习目标,三者是一个从概括到具体,从抽象到具象,从宏观到微观的展开过程。课程目标是制定教学目标和学习目标的直接依据,课程目

---

[1] 黄政杰.课程设计[M].台北:东华书局,1991:186.
[2] 廖哲勋.课程学[M].武汉:华中师范大学出版社,1991:84.
[3] 靳玉乐.现代课程论[M].重庆:西南师范大学出版社,1995:155.
[4] 顾明远.教育大辞典(增订合编本)[M].上海:上海教育出版社,1998:898.
[5] 廖哲勋.课程学[M].武汉:华中师范大学出版社,1991:84.

标的实现要通过教学目标和学习目标的落实而实现。

再次,三者的制定主体往往不同。一般来说,课程目标由国家和课程专家制定,主要通过文本形式体现制度层面的课程立项和课程要求;教学目标和学习目标则属于实践层面,教学目标往往由教学工作者特别是教师来完成,在课程目标的指导之下,更要考虑一定阶段学生的身心发展规律和个性特点;学习目标主要由教师和学生通过协商完成,教师在充分了解学生学力水平基础上提出专业建议,与学生一起追求课程目标和教学目标的现实化。

二、课程目标的功能

课程目标在整个教育目标体系中起着承上启下的作用。一方面要贯彻教育目的、培养目标的精神,同时又对教学目标、学习目标等发挥着引领作用。这些作用的发挥,与课程目标自身的功能分不开。

课程目标具有不可忽视的功能,但在论述其具体功能时,中外学者的表述不尽相同[1]。美国学者麦克唐纳归纳了教育目标的五种功能:第一,明示教育进展的方向;第二,选择立项的学习经验;第三,界定教育计划的范围;第四,提示教育计划的要点;第五,作为评价的重要基础。我国有学者认为课程目标具有导向功能、调控功能、中介功能和评价功能。也有学者认为课程目标具有三大功能,即激发和维持动机的功能,规定、组织和协调师生行为的导向功能,检验、评估实际结果的标准功能。张华在其著作《课程与教学论》中指出,课程与教学目标的功能主要包括四个"依据":为课程内容与教学方法的选择提供依据;为课程与教学的组织提供依据;为课程实施提供依据;为课程与教学评价提供依据。

书中指出,课程目标,作为承上——教育目的和培养目标与启下——教学目标和学习目标的中间环节,其主要的功能包括:导向功能、激励功能和标准功能[2]。

一是导向功能。课程目标是教育目的和培养目标的进一步具体化,是教育目的和培养目标精神在课程活动中的反映,这种性质决定了其对教学目标和学习目标的方向性引领作用。

二是激励功能。目标总是指向未来的。课程目标的价值及可行性被教师、学生等相关成员所认可,就会内化为激励因素,转化为他们的行动,提高其在课程活动中的自觉性和主动性,有利于预期结果的实现。

三是标准功能。课程目标不仅为课程活动各个环节的具体工作提供依据,而且是评价这些工作是否合理有效、是否达到了预期目标的基本标准,并会对有关偏差和未达要求的情况适当加以控制。

---

[1] 钟启泉.课程论[M].北京:教育科学出版社,2007:111.
[2] 顾书明等.小学课程设计与评价研究[M].苏州:苏州大学出版社,2016:134.

第二节 小学课程目标的来源与价值取向

课程目标反映教育目的和培养目标的精神主旨,但并不只是教育目的和培养目标的简单推衍,而是一项具有创造性的工作。在课程目标的选择上,理解和正确把握课程目标的来源和课程目标的价值取向问题,课程目标的选择问题就会迎刃而解。

一、小学课程目标的来源

关于课程目标的依据或来源,在整个20世纪里有过许多争论。如杜威在1902年出版的《儿童与课程》一书中,论述教育过程的三个基本要素包括学生、社会和教材。1931年,波特(B. H. Bode)在《处在十字路口的教育》一文中,论及了课程目标的三个来源:教材专家的观点、实践工作者的观点和学生的兴趣。塔巴(H. Taba)于1945年在《课程设计的一般技术》中,也论述了课程目标的三个来源:对社会的研究、对学生的研究和对教材内容的研究。泰勒集各种研究之大成,将所有这些思想,归纳在其《课程与教学的基本原理》中,提出课程目标的三个来源分别是:对学生的研究、对当代社会生活的研究和学科专家的建议,得到后学者的一致认可[1]。总体而言,课程目标的来源主要有三方面:学生、社会和学科。

(一)学生发展的需要

课程作为教育关键要素之一,其基本价值就在于帮助并促进学生更好地成长与发展。从以学生为本的立场出发,课程目标的制定首先应该考虑学生的需要和兴趣。了解学生的需要、兴趣,比较科学的方法是以下三方面的有机结合。

第一,对学生现状进行调查研究。学生的身心发展具有阶段性等特征,对学生进行分阶段调查研究,就能发现该阶段学生在教育上的需要。比如,年龄小的儿童控制自己的注意过程的难度要大些,因为小学生区分相关刺激与无关刺激的能力有限,等等。

第二,对学生个体差异的研究。学生身心发展的需要不仅有年龄阶段的差异,还有个体间的差异,还具有不平衡性,包括区域性差异都会存在。研究学生的需要,必须尊重学生的个性,看到区域性差异的存在。学生个体间的差异,有些是学生本人能够客观、清晰地意识到,并能主动去适应或提出需求。还有一些需要,学生一时不能意识到或不能清晰地意识到,需要教师或其他成人的帮助和引导,才能上升为学生的自觉需要。作为课程目标的制定者,一定要深入调研,充分尊重学生个体差异带来的需求变化。

第三,用动态发展的观点来看待学生的需要。即使青少年儿童在身心发展上具有相对的阶段性等特征,但由于社会发展水平的不同,以及学生个体与社会的交往变化,学生

---

[1] 施良方.课程理论[M].北京:教育科学出版社,1996:98-99.

的需要会不断变化、不断生成。因此,在确定课程目标时,必须用动态发展的观点来分析和判断学生的需要。

(二) 当代社会生活的需要

学生总是生活在一定的社会中,与社会发展交织在一起。事实上,学校教育的文化功能、政治功能、经济功能等,都是以课程为中介而实现的。

对当代社会生活的研究包括时间和空间两个不同维度。时间维度是指向需求的现状与未来。空间维度是指当代社会生活的生活社区的扩展性。学生不仅是生活在当下,更要适应未来社会的发展,不仅生活在出生成长时的社区,更要开拓活动范围,走向更广阔的天地。

社会的复杂多样性,决定了对社会的研究必须进行划分,将社会生活划分为有意义、有代表性的不同方面,然后再分门别类展开研究,最后再搜集这些方面的资料以确定课程目标。泰勒对当代社会生活的分类对我们有借鉴意义。他提出当代社会生活的一个可行的分类是:① 健康;② 家庭;③ 娱乐;④ 职业;⑤ 宗教;⑥ 消费;⑦ 公民[1]。英国课程论专家丹尼斯·劳顿(D. Lawvton)采用"文化分析法"进行社会分析,认为应把注意力放在九种文化子系统,即"社会政治系统""经济系统""交流系统""理性系统""技术系统""道德系统""信仰系统""美学系统"和"成熟系统"等[2]。由此可见,社会生活的纷繁复杂性,对确定课程目标提出了挑战,要从当代社会生活的研究中确定课程目标,既要注意学校课程适应当下社会生活的需要,又要明确学校课程的相对独立性和前瞻性。当代著名课程论专家钟启泉认为至少需要坚持三条原则。

第一,公平与民主的原则。公平是当代社会发展的趋势,也是社会主义社会的应有之义。确定课程目标的时候,必须考虑社会各阶层的需要,不仅要考虑社会优势阶层的需求,也要考虑社会不利阶层的需求。

第二,共性与个性统整的原则。课程目标的制定必须有国际意识与国际视野。邓小平同志在1983年为景山学校题词:教育要面向现代化,面向世界,面向未来。在信息技术飞速发展、世界一体化的今天,我们已经深切地感受到了教育发展"三个面向"的必要性。课程目标亦如此,课程目标的确定要考虑本社区、本民族、本国家的需求与发展,同时也要考虑整个人类社会的需求与发展。2012年11月中国共产党第十八次全国人民代表大会明确提出要倡导"人类命运共同体"意识。一种以应对人类共同挑战为目的的全球价值观已开始形成,为制定共性与个性统整的课程目标提供了依据,具有重要的指导意义。

第三,适切与超越的原则。"我们今天对课程目标所做出的抉择,其结果将在二十年后同我们见面"[3]。教育的发展虽然有时会滞后于社会的发展,具有相对的独立性,但被动适应社会发展需要的观念已经不合时宜,教育目的、培养目标和课程目标等目标体系的

---

[1] R. W. Tyler. Basic principles of curriculum and instruction[M]. Chicago:The University of Chicago Press,1949:20.
[2] 张华,石伟平,马庆发.课程流派研究[M].济南:山东教育出版社,2000:445-448.
[3] 施良方.课程理论[M].北京:教育科学出版社,1996:101.

选择必须立足当下,指向未来,不仅仅反映当下社会的需求与特点,更主要的是反映社会的未来发展趋势。

(三) 学科专家的建议

教育的文化功能,主要体现在学校课程的学习上。换句话说,就是学校课程的一个重要功能是传承文化、传递知识,传递通过其他社会经验难以获得的知识。课程是对文化的传承,也是对文化的选择。而学科是文化知识的最主要的支柱,因而学科知识及其发展成为确定课程目标的一个基本来源。

作为课程来源的学科知识涵盖了知识的所有类型,包括自然科学知识、人文社会科学知识等。研究学科知识确定课程目标,首先需要分析学科知识的内涵。一般认为,学科知识即学科的逻辑体系,包括学科的基本概念和基本原理、学科的基本思想方法、学科的探究方式、学科的发展趋势、该学科与相关学科的关系等。其次,分析不同学科知识对人的全面发展的价值和独特意义。很显然,单单依赖课程目标的制定者来把握所有学科知识的这两个方面,是非常艰难的。

泰勒认为,利用学科专家的建议是确定课程目标的最主要的途径之一。因为学科专家熟谙自己领域的基本概念、逻辑结构、探究方式、发展趋势,以及该学科的一般功能及其与之相关学科的联系。然而,学科专家常常不是把该学科视作基础教育的一个组成部分,而常会把学生看作将来要在该领域从事高深研究的人。事实上,学科在学校课程设置中常常发挥的是满足个人生活和社会生活需要的一般教育功能,而非学科本身的专门化属性及特殊功能,因此,由学科专家提出的课程目标往往容易过于专业化。为此,泰勒认为,在利用学科专家的建议确定课程目标时,要解答这样的问题:"这门学科对那些以后不会成为这个领域专家的年轻人有什么功用?"或者说:"这门学科对一般公民有什么功用?"[①]从而尽量突出该学科一般的教育功能。

总之,课程目标主要来源于学生的需要、当代社会生活的需要和学科专家的建议三个方面。这三个方面是交互起作用的,它们的地位也是同等的,不可偏废。没有优先与否的考量,任何一个因素或两个因素的研究结果都不足以成为课程目标的唯一来源,课程史上出现过的学生中心课程、社会中心课程、学科中心课程等极端观点,基本上都是以失败而告终。所以,我们须运用系统全面的思想方法确定课程编制中的课程目标。

二、小学课程目标的价值取向

课程目标的价值主要探讨的是要不要制定课程目标,制定什么样的课程目标的问题。而由于课程目标承上启下的地位和自身在课程活动中的导向功能、激励功能和标准功能,课程目标的价值取向成为制定课程目标必须解决的首要问题。国内外学者已经做过大量研究,提出了不同的主张。如艾斯纳认为,课程设计和评价应考虑提供三种类型的课程目标:行为目标、解决问题的目标、表现性目标。美国课程论专家舒伯特(W. H. Schubert)

---

① 施良方.课程理论[M].北京:教育科学出版社,1996:102.

认为,课程目标主要有四种类型:普遍性目标取向、行为目标取向、生成性(或展开性)目标取向、表现性目标取向。我国《义务教育课程方案(2022年版)》指出,义务教育要在坚定理想信念、厚植爱国主义情怀、加强品德修养、增长知识见识、培养奋斗精神、增强综合素质上下功夫,使学生有理想、有本领、有担当,培养德智体美劳全面发展的社会主义建设者和接班人。课程目标一般是以这些目标构成的目标体系。

(一)普遍性目标取向

普遍性目标,顾名思义,是将一般教育宗旨、教育目的或原则,直接运用于课程领域,成为课程领域一般性、规范性的课程目标。普遍性目标取向由来已久,是一种古老并长期存在的课程目标取向。中国的先秦时期,西方古希腊、古罗马时期已经出现。如我国经典文献《大学》中提出:"大学之道,在明明德,在亲民,在止于至善。"古希腊柏拉图把"有德性的生活"视为教育的终极目的。这些理念的提出既是教育宗旨,也是课程目标。我国当代教育实践中的课程目标大多属于普遍性目标取向,2001年国务院《关于基础教育改革与发展的决定》中所提出的教育目标,就成为我国目前正在实施的新课程的总体课程目标。

普遍性目标具有普遍性、方向性、指令性特点。其优点在于适用范围广,灵活性强,教师可以根据具体实践来理解和设计课程目标。缺陷也一目了然:含义比较模糊,不够清晰。

(二)行为目标取向

行为目标是以外显的、具体的、可操作的形式来陈述的课程目标,是以设计课程行为结果的方式对课程进行规范与指导的目标,它指明了课程结束后学生自身所发生的行为变化。其产生和流行主要源于20世纪初科学主义思潮和行为主义心理学的影响。

在博比特看来,课程目标必须具体化、标准化。在其1924年出版的《怎样编制课程》一书中,具体列举了10个领域中的800多个目标。泰勒继承和发展了博比特和查特斯等的"行为目标"理念,在其著作《课程与教学的基本原理》中,在指出人们实践中易犯的错误的同时,提出每一个课程目标应包括行为和内容两个方面。而"由于'内容'是所有课程工作者最为关注的方面,而'行为'则往往是被忽视的方面,所以泰勒对课程目标的贡献,是强调以行为方式来陈述目标"[①]。

行为目标取向的优点是明确、具体、可观察和测量。其缺陷也非常明显:对于那些很难测评、不易转化为行为目标的内容或隐性价值,就会因被忽视而在课堂教学中被淡化或消失。同时,行为目标还破坏了学习的整体性,不利于从价值观、情感、态度、欣赏、审美情趣等整体层面全面发展儿童。此外,对课程活动的过程与方法也很少关注,容易导致目标实现过程中师生行为的异化。

---

① 施良方.课程理论[M].北京:教育科学出版社,1996:85.

（三）生成性目标取向

生成性目标也称为发展性目标、展开性目标、生长性目标、形成性目标，它是在实际的教育情境中随着教育过程、课程活动的展开而自然生成的课程目标。

生成性目标思想的渊源最早可追溯到杜威"教育即生长"的命题。杜威认为，课程目标存在于教育过程之中，而不是教育过程之外，课程的目标就是不断促进儿童经验的生长。

生成性目标强调课程目标的过程性、生成性和情境性，对目标的表述主张采用开放式的态度，重视课程活动及结果的个体性、差异性，在一定程度上消除了过程与结果、手段与目的之间的二元对立，有利于创设丰富的学习环境。但生成性目标取向也存在以下的缺陷：一是生成性目标的采纳或运用对教师的要求较高，要求教师拥有相当程度的专业训练经历和较高的专业水平，一般教师难以达到这些要求；二是对于学生而言，生成性目标取向在课程活动中没有任务驱动和目标导向，学生的活动虽然自由了，但很难预知什么知识对自己最有价值，导致学生的学习活动存在一定程度的盲目性和随意性。

（四）表现性目标取向

表现性目标，来自美国学者课程论专家艾斯纳（E. W. Eisner），是指每一个学生在具体的教育情境中的个性化表现，它追求的是学生反应的多元性，而不是反应的同质性。关注的是学生在活动中表现出来的某种程度上首创性的反应形式，而不是事先规定的结果。

艾斯纳区分了课程计划中存在的两种不同的教育目标："教学性目标"和"表现性目标"。"教学性目标"是在课程计划中预先规定好学生在完成一项或几项学习活动后所应习得的具体行为，旨在使学生掌握现成的文化。"表现性目标"主要描述儿童在教育中作业的情境、儿童将要处理的问题、儿童将要从事的活动任务等，它是唤起性的，而非规定性的，旨在培养儿童的创造性与个性。

表现性目标的优点在于强调学生的个性发展和创造性表现，尊重学生的个性差异，旨在通过主题活动，学生可以发展某些技能并加深理解，使其带上个人特点，与当代人本主义的教育价值观相一致。其缺点在于：第一，表现性目标过于模糊。它不指明学生从际遇、环境、问题或任务中学习了什么，因而往往在课程设计与实施中难以发挥课程指南的作用。第二，表现性目标与学科性质有着密切联系，在某些学科领域，它难以保证学生掌握必须掌握的内容。

综上所述，普遍性目标、行为目标、生成性目标和表现性目标各有各的优势和局限。普遍性目标属于纲领性目标，但比较模糊，教师可以根据自己的理解或者水平等进行不同的解读。行为目标具体、明确，便于操作和评价，然而学校教育中如思想品德的培养和个性的形成等，很难用外显行为的方式来表述。生成性目标重视学生兴趣的变化、能力的形成和个性的发展等，但在大班额授课的教学实践中很难实施。表现性目标能够体现学生的独特性和首创性，但很难保证所有学生都达到课程标准的基本要求。因此，在选择和制定课程目标时,不可能以某一种课程目标作为唯一取向,而是集中不同取向的课程目标相互补充,扬长避短,共同构成学校课程目标体系。

第三节 小学课程目标的设计

课程目标的科学合理设计,能有效地保证课程活动的顺利开展和目标的实现。对于普通教师而言,特定的课程总目标、学段目标一般体现在课程标准之中,不需要自己去设计。我国2022年正式印发的义务教育语文等16个学科课程标准,由教育部组织的专家在经历初稿、征求意见、执行实践和调整完善基础上,于2022年秋季学期开始执行。涵盖了课程总目标和学段目标的课程标准一经正式印发执行,一般不会轻易改变。小学各教研组和普通教师,通常需要以课程总目标和学段目标为依据,设计单元目标和专题目标。本节内容,我们主要探讨单元目标和专题目标的设计要求和一般步骤。

一、小学课程目标设计的基本要求

关于这方面的研究,有人提出要:"体现社会要求与学生个体需要的统一;体现学校的性质与任务的统一;体现学生原有的发展水平与其新的发展水平的统一。"有学者强调:"课程目标的统一性与多样性、灵活性的有机结合;课程目标的完整性;课程目标对社会变化的适应性"等观点。我们认为,基于单元目标和专题目标在课程活动中的直接导向作用,在遵循以上要求的基础上,还要强调以下三个方面的要求。

(一) 容纳性要求

这一要求体现国家课程目标对地方课程目标及校本课程目标,以及地方课程目标对校本课程目标等的容纳性和一致性要求。同时也彰显出各级各类课程目标对学生群体及个体的各不相同的发展目标的容纳性。这也说明了单元目标和专题目标对学生群体及个体各方面发展差异的包容性。

容纳性要求实际上体现的是所设计的目标,对个体差异的尊重,对不同学生群体的接纳,对学生全面发展的支持。

(二) 动态性要求

即课程目标既是课程研制主体所预设的,也是在课程实践活动中不断生成的,同时也是需要在课程实践活动中不断调整和修正完善的。我们要始终秉持动态发展的理念,既考虑学生的当下生活,又注意学生的未来发展。既强调目标的标准稳定性,又重视目标的灵活弹性化。

(三) 可操作性要求

即课程目标的表述应力求简明、具体,可操作性强,避免含糊不清、语焉不详。如果只提理论上的要求,如"注重培养学生的实践能力"等,没有操作要求,这样设计的单元目标和专题目标就会成为空谈。单元和专题的学习内容是学生学习时要直接接触和感知的内容,单元目标和专题目标的制定必须结合这些具体知识和内容,以及具体学生(群)的整体水平,形成可操作性强的目标体系,才能有力保障学生的全面发展,实现该阶段相应的培养目标。

二、小学课程目标设计的一般步骤

相对于课程总目标和学段目标,单元目标和专题目标的设计要更复杂。不仅要考虑学生、社会生活和学科的发展需要,还要考虑师生共同面对的实体媒介——教材。这种以文本为主要呈现方式的教材,规定了目标设计要更加微观、具体。一般说来,设计单元目标和专题目标包括四个基本步骤。

(一) 明确教育目的、培养目标,研读课程总目标与学段目标

教育目的是一切教育活动的出发点、归宿,是课程的终极目的,对课程的根本性质和方向起着决定性作用。培养目标是根据各级各类学校、各专业所担负的任务和学生年龄、文化水平而提出来的,对课程目标具有直接的决定作用。因此,在设计课程目标时,必须与教育目的、培养目标保持一致,体现教育目的、培养目标的基本要求。

同时,还要仔细研读课程总目标和学段目标,它既是教育目的和培养目标的精神体现,同时又直接指导着单元目标和专题目标的制定。课程总目标是特定课程所有教育活动的出发点。课程总目标和学段目标是对较长时间内全部课程行动方向的原则性规定,涵盖性较强。认真研读课程总目标和学段目标,有助于把握日常课程活动的方向。当然对于日常的具体课程而言,单元目标和专题目标的设计,要结合文本教材和具体学生(群体),有重点地贯彻总目标的内在精神。

(二) 分析教材的内在价值,确定目标的价值取向

这里所说的教材,是发到师生手中的文本教科书。对于基础教育阶段的日常课程而言,师生人手一册的教材是最基本的"标配"。所以,在设计单元目标和专题目标时,必须考虑文本教材的价值。特定单元或特定专题的教材,必然有其特定价值与功能。比如某些单元或专题的教材适合培养学生的科学精神、探究能力或创造能力,某些单元或专题的教材适合对学生某些方面的情感态度与价值观进行潜移默化的培养。在设计单元目标或专题目标时,必须仔细研读教材,挖掘教材的内在特定价值。

同时,还要确定目标的价值取向。当然,每一种课程目标取向都有其优缺点,我们前面已有论述。采用何种取向的课程目标,应依据课程所要解决的具体问题来分析。一般说来,若要传授基础知识和基本技能,"行为目标"较为合适;若要培养学生解决问题的能

力,"生成性目标"比较恰当;若要激励学生的创造精神,"表现性目标"较为有效。有些情况下,也可能是不同取向的组合。

(三) 了解学生的发展需要,清楚课程目标的基本来源

了解学生当前的身体心理、知识经验、基本能力等方面的发展需要,可以帮助我们增强单元目标和专题目标设计的可操作性。"需求评估"是一种有效的模式。该模式一般经历四个阶段:第一,系统阐述试验性的目标。全面系统地确定大多数人所觉察到的问题,并围绕这些问题来确定学生需要达到的课程目标。第二,确定优先的课程目标。根据对学生教育的重要性程度将课程目标加以排列,确定目标的主次。第三,判断学生达到每一种课程目标的可能性。对学生目前达到这些目标的可能性程度评出等级。第四,根据目标优先程度的顺序编制课程计划。

(四) 逐条设计单元目标和专题目标

特定单元与专题的课程往往有其特殊性与价值重点,撰写单元目标或专题目标时应重点突出,逐条设计。表述时也会因目标取向的不同而有所不同。比如针对行为目标,有人提出"A(audience)B(behaviour)C(conditions)D(degree)"表述法。[①] 针对表现性目标,则在于确立学生所经历的情境。而不同取向混合的目标,还可以采用内部过程与外显行为相结合的表述方法。但不论何种价值取向的目标,在表述时要注意以下三个问题。

1. 行为主体应是学生,而不应是教师

在目标的陈述中,行为的主体必须是学生,不能以教师为目标的行为主体。比如不能采用"教了多少字词""教给几条题目的解法"等类的表述方法,而应采用"学生能做什么"或"学生掌握什么方法"之类的以学生为主体的表述。

2. 语句应是可理解的,内容应是可评估的

单元目标和专题目标,属于微观具体层面的目标,在其目标内容的表述中必须微观具体、可理解、可评估。如"学会用什么词造句""会写多少个生字,能认多少个字词"等的表述,就是可理解并可评估的。

3. 应有具体的目标实现程度

对目标的实现程度的表述尽可能地量化。比如一道题目有三种解题方法,而作为面向全体学生的专题目标,不能要求全体学生都要掌握这三种解题方法,可以这样表述人物介绍:"至少掌握两种解题方法"或"80%的学生能掌握两种解题方法"。

人物介绍

布鲁姆(1913—1999)

生于1913年,是美国当代著名的心理学家、教育家,芝加哥大学教育系教育学教授,

[①] 廖哲勋,田慧生.课程新论[M].北京:教育科学出版社,2003:170.

曾担任美国教育研究协会会长,是国际教育评价协会评价和课程专家。

20世纪50年代,布鲁姆因教育目标分类的系统学说而闻名,1956年,布鲁姆发表文章《教育目标分类:认知领域》,认为思维有六种级别。识记:对具体事实的记忆;领会:把握知识材料的意义,对事实进行组织,从而搞清事物的意思。应用:应用信息和规则去解决问题或理解事物的本质。分析:把复杂的知识整体分解,并理解各部分之间联系,解释因果关系,理解事物的本质。综合:发现事物之间的相互关系和联系,从而创建新的思想和预测可能的结果。评价:根据标准评判或选择其他办法。自此之后,这六种思维级别被广泛接受和使用。他给出的认知技能列表,是按照从最简单到最复杂的顺序排列的。最简单的认知技能是对知识的回忆,最复杂的认知技能是对观点的价值做出判断。布鲁姆的研究认为,若人在17岁所达到的智力水平为100%,那么儿童在4岁时已具备了其中的50%,4—8岁期间获得30%,而8—17岁这一阶段只增加了20%。

布鲁姆的重要著作包括《教育目标分类学》《人类特性和学校学习》《我们的儿童都能学习》《掌握学习理论导言》。

本章小结

小学课程目标是指依据教育目的和小学培养目标,小学学校开设的课程期望小学生在德、智、体、美、劳等基本素养方面,在参与小学课程活动的主动发展中所要达到的规格、标准和状态。课程目标具有导向、激励和标准的功能。课程目标一般受到学生的需要、当下社会生活的需要和专家对学科的建议等三方面的影响,由于立场和哲学观不同,形成了行为目标取向、生成性目标取向和表现性目标取向等不同的价值取向。在设计课程目标时,注意考虑其容纳性、动态性和可操作性,遵循四个基本步骤:明确教育目的、培养目标,研读课程总目标与学段目标;分析教材的内在价值,确定目标的价值取向;了解学生的发展需要,清楚课程目标的基本来源;逐条设计单元目标和专题目标。

思考训练

一、名词解释

课程目标　生成性目标　表现性目标

二、简答题

1. 简述课程目标的来源。

2. 简述课程目标设计的一般步骤。

三、教育案例分析

下表是关于北京市三所小学教育戏剧活动课程的目标设计分析表,请根据本章相关理论展开讨论,并思考当前小学课程在目标设计过程中的价值取向。

表 4-1 三门戏剧课程的课程目标二维表①

		目标的内容方面							
		M校 戏剧社团 活动课程			G校 年级主题 戏剧活动课程			L校 科普主题 戏剧活动课程		
		认知	动作	情感态度价值观	认知	动作	情感态度价值观	认知	动作	情感态度价值观
目标的行为方面	1. 理解重要的事实和原理	※			※			※		
	2. 熟悉可靠的信息来源									
	3. 解释资料的能力								※	
	4. 运用原理的能力		※			※			※	
	5. 研究和报告研究结果的能力									
	6. 广泛和成熟的兴趣			※			※			
	7. 社会态度			※			※			

注：※号代表该戏剧课程目标中所涉及的内容。

拓展阅读

[1] 扈中平：《教育目的论（修订版）》，湖北教育出版社，2004。
[2] 王本陆：《课程与教学论》，高等教育出版社，2009。
[3] 蒋蓉、李金国：《小学课程与教学论》，北京师范大学出版社，2013。

---

① 卢立涛，王泓瑶，李新奇. 教育戏剧活动课程目标设计的质性分析[J]. 教育理论与实践，2019(26)：42-45.

第五章 小学课程的内容设计

卷首语

课程内容是指各门学科中特定的事实、观点、原理和问题以及处理它们的方式。本章介绍了课程内容选择和课程内容组织的概念,揭示了小学课程内容选择应遵循的原则以及课程内容选择的程序,阐释了小学课程内容组织的原则与方式。该章内容学习要重视理解,对于那些较陌生和较抽象的概念,需要从加大课外阅读、深入思考、展开联想、联系自身学习经历和经验几方面入手,以获得对概念的认识和理解。

学习目标

1. 懂得课程内容选择与组织的关系。
2. 初步了解课程内容选择应遵循的原则。
3. 理解课程内容选择与组织的原则与方式。
4. 理解课程内容选择的思路,并能举例说明。
5. 能阐释课程内容选择与组织的意义。

思维导图

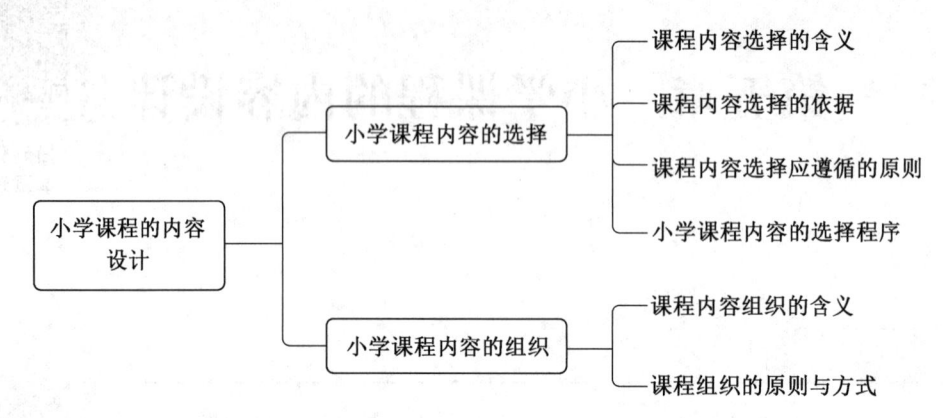

```
小学课程的内容设计
├── 小学课程内容的选择
│   ├── 课程内容选择的含义
│   ├── 课程内容选择的依据
│   ├── 课程内容选择应遵循的原则
│   └── 小学课程内容的选择程序
└── 小学课程内容的组织
    ├── 课程内容组织的含义
    └── 课程组织的原则与方式
```

导入案例

小学语文阅读资料"成人化"

一只母鸡因为会生蛋而常常对人们自耀自夸地叫着:"天下只有我会生蛋!"

一天,母鸡到母鸭家里,看见母鸭的窝里满是白里带红血丝的蛋,于是很诧异地问道:"你也会生蛋?什么时候生的?你有没有叫着告诉人们你生蛋了?"

母鸭笑眯眯地说:"我虽无声无息地半夜工作,生蛋了也没人知道,但只要我的蛋能给人类的身体补充营养,我就心满意足了。"母鸡听了,惭愧地羞红了脸,低着头走了。

同学们,请补充句子:

第二天,母鸡又生蛋了,＿＿＿＿＿＿＿＿＿＿＿＿＿＿＿＿＿＿＿＿＿＿＿

有一个学生的答案是:这回好玩了,她一声都不吭了,主人以为这只母鸡不会生蛋了,于是就把她给吃了。

该题标准答案只为突出"做好事不留名",满分3分,该生被扣1.5分。小学语文考试本应适合小学生,但是有些考试甚至许多教材都出现了"成人化"的偏差。

请结合以上实例学习材料,谈谈你对小学课程内容成人化的看法。

第一节 小学课程内容的选择

一、课程内容选择的含义

课程内容是指各门学科中特定的事实、观点、原理和问题,以及处理它们的方式。课程内容的选择简称课程选择(curriculum selection),是根据特定的教育价值观及相应的课程目标,从学科知识、当代社会生活经验或学习者的经验中选择课程要素的过程,这些课程要素包括概念、原理、技能、方法、价值等。英国哲学家、社会学家、教育学家斯宾塞于1859年提出"什么知识最有价值"的著名命题。可以说,是斯宾塞在课程论发展史上第一次明确提出了课程选择的问题。泰勒在1949年出版的《课程与教学的基本原理》一书中提出了"怎样选择有助于达到教育目标的学习经验"的问题,选择学习经验成为"泰勒原理"的基本构成。自此以后,课程选择问题成为课程论的基本问题之一。

课程内容选择是指体现于课程设置表中的科目的选择,体现于课程标准、教材、资源中的具体科目内容的选择,以及体现于教案之中的教师事先对于教学内容的处理和选择。这里的内容,是指知识、技能、情感等,是课程目标内涵维度的进一步具体化。例如,语言课程中选择的词汇、语法、句型、文体,以及综合了各种知识、技能与情感的课文,科学课程中选择的进化论、杠杆原理,品德与社会课程中选择的团体合作、爱国主义情感,数学课程中选择的统计与概率,等等。

在教学实践中,课程内容选择、课程内容组织、学习方法设计经常综合在一起。但是在理论上,我们必须首先予以分解,以便更加清晰地研究和理解。当然,在分解并研究之后,又必须在课程设计中加以综合地贯彻和运用。

二、课程内容选择的依据

(一)课程目标

课程目标是课程内容设计过程的前提要素,它对课程内容的选择起着导向作用。课程内容的选择必须以课程目标为依据,即有什么目标,便有什么内容,目标要和内容一致。以小学数学课程内容的选择为例,小学数学课程标准中所阐述的小学数学课程目标是确定小学数学课程内容的主要依据。《义务教育数学课程标准(2022年版)》中强调学生体会数学知识之间、数学与其他学科之间、数学与生活之间的联系,在探索真实情境所蕴含的关系中,发现问题和提出问题,运用数学和其他学科的知识与方法分析问题和解决问题。相应地,在选择课程内容时,强调要根据不同学段学生特点,以跨学科主题学习为主,适当采用主题式学习和项目式学习的方式,设计情境真实、较为复杂的问题,引导学生综合运用数学学科和跨学科的知识与方法解决问题。

（二）学生的需要、兴趣与身心发展水平

课程的一个基本的职能就是要促进学生的发展。因此，课程内容的选择应该关注有关学生的各种研究，尤其是学生的需要、兴趣、身心发展特点等方面的研究。

在选择课程内容时，考虑学生的需要和兴趣，对于有效的学习是非常重要的。教育的效果、课程目标的达成很大程度上依赖于学生的积极性和主动性。如果学校提供的课程内容符合学生的需要，为学生所感兴趣，那么，学习者就会主动参与其中。学生的需要有主观需要和客观需要之分。主观需要是学生完全基于自身需求的需要，而客观需要是学生发展的需要。主观需要多指向当下，而客观需要主要指向未来。因而，学生对主观需要较为敏感，对符合自身需要的内容更感兴趣，而客观需要往往难以被学生感知和认同，更多是借助于成人的引导。由于主观需要和兴趣通常比较直观、不稳定，应该以学生发展的客观需要统领主观需要，以主观需要来激发客观需要。两者优势互补，相互激励，密不可分。无论是主观需要还是客观需要都应该在课程内容的设置上有所体现，都应该得到满足。

杜威曾经说过，"当学习是被迫的、不是从学习者真正的兴趣出发时，有效的学习相对来讲是无效的"。史密斯和他的同事们也非常简明地陈述了以兴趣为基础选择课程内容的必要性，"学习者个人的兴趣不是课程内容的主要标准，是必要标准"。可见，在选择课程内容时也要考虑学生兴趣。

学生的身心发展水平与特点影响其对课程内容的接受程度。因此，在内容选择过程中，需要根据学生的年龄特点和发展水平确定内容的深度、广度、难度。研究表明，学生获得信息和经验需要许多过程发挥作用，如感觉登记、选择性注意、加工速度，以及在环境的各个方面搜寻和利用信息的有效策略。而儿童在很多方面都与成人有所不同。例如，与成人相比，儿童在感觉登记的性质和操作上要差些，因为成人在感觉登记时会采用一种序列编码的策略，把感觉登记的信息及时转移到短时记忆中，而儿童则没有运用这种策略，等等。这些研究都从一定程度上为课程内容选择的容量、深度、广度等提供了科学依据。

（三）课程内容本身的性质

课程内容的选择要考虑课程内容自身的性质，包括课程内容的重要性、实用性、正确性等。

在知识爆炸的时代，内容的"重要性"对于课程内容的选择尤为关键。课程内容的"重要"可由下面几项判断：① 它是知识和文化中最基本的成分。② 具有一定的迁移力。③ 体现探究精神。"最基本的成分"也就是最核心的成分，缺乏这一成分，知识不成其为知识，文化不成其为文化。"应用性和迁移力"可以促使学生的学习趋于省力，同时内容间的关系也容易阐明，学习效果更好。"探究精神"是知识和文化进步的基石，有了它，事实、概念、原理、原则的发现和建立才有可能。

内容的"实用性"，是指课程内容在实际生活中有用，也叫功用（utility），或者叫关联（relevancy）。但在考虑这一依据时，需要注意：① 日常生活出现多的，不一定是重要的，

出现少的,不见得没有用。② 日常生活不一定是最理想的生活,内容选择如果以实用为唯一标准,可能只是维护这一不太理想的生活,对社会进步没有什么帮助。③ 实用有"即时"与"长期"之分,不能仅仅考虑即时的实用性,而不顾及长远发展的需要。

　　内容的"正确性",可以由以下三个层面来判断:第一,课程内容的选择,必须避免错误的事实、概念、原则、方法,这是最基本的要求。第二,课程内容必须反映知识的最新发展,陈旧的内容应排除在课程之外。第三,人类的知识、文化、价值、理想,有许多不是截然属于对或错的,课程选择必须采取多元标准判断内容的正确性,将不同的现象呈现出来。

三、课程内容选择应遵循的原则

　　在新课程改革实施的过程中出现了许多颇有争议性的问题。其中一些争议就是针对某一类具体教学内容的,如语文课本中鲁迅的文章是否应该删掉;有关德育的课程是否应该增加或完善? 这些争议的问题本质上就是依据什么标准选择课程内容的问题,因而课程内容的选择就必然成为课程设计和课程实施中的重要内容。结合新课程的基本理念和实施过程,课程内容选择的原则主要有以下几点。

(一) 实用性与发展性相统一的原则

　　选择某种知识进入课程,在课程理论发展的历史上就存在争议。形式教育说认为选择某种知识,是因为它可以训练人的智力,使人变得聪明,即具有对学生个体的发展价值;而实质教育说认为选择该种知识,是因为它具有实用价值,可以去实现自己的各种生活目标。实际上坚持任何一种都会显得片面,课程内容的选择应该兼顾实用性与发展性相统一的原则。

　　一方面,在塔巴(H. Taba)提出课程选择的原则中,包括内容的有效性和重要性与社会现实的一致性,当选择内容考虑社会现实、社会需求时就蕴含了选择者的意识形态,而这种意识形态总体上体现了社会主流的意识形态。另一方面,课程论专家布劳迪(H. S. Broudy)认为,普通教育课程的作用,不是因为我们记住了学习过的任何东西,也不是我们能够运用这些知识,而是这些知识有助于我们的思维、感觉和想象。可见,课程内容在选择时要注意内容对学生心智发展的价值,着重考虑选择那些对学生智力训练价值较大的内容作为课程内容。

　　实用性的课程内容便于课程实现其社会价值,发展性的课程内容便于课程实现其对学生的思维训练价值,在课程内容的选择过程中,必须坚持两方面相统一的原则。

　　对于文言文的教学内容设计,小学生刚刚接触文言文,所以学习积累实词、虚词、句子翻译和句法很重要,章法考究处、炼字炼句处要重点讲解,多领学生诵读,培养语感,学会断句,为学生以后的文言文阅读打下基础。但同时文言文也是一篇文章,教师还需要根据文本体式来确定具体的教学内容,不能所有的文言文教学都是一个模式,要根据具体的文章对教学内容有所侧重。如王崧舟老师设计的《两小儿辩日》一课[①],王老师以日常所见

---

① 王荣生. 文言文教学教什么[M]. 上海:华东师范大学出版社,2016:214-229.

所闻导入课堂,从学生的生活体验入手,选取文中的关键词语,通过线条、括号帮助学生搭建脚手架,一步一步引导学生体会文章的含义。师生艺术性地重现"辩斗"的过程,在读的过程中加深了对文本的解读。最后一个练笔水到渠成,既锻炼了写作表达能力,又加深了对文章主旨的体会。王老师这个设计让学生在学习文言文时不会感到有隔膜感,让学生不再怕学文言文。

(二)学科化与生活化相统一的原则

最古老、应用最广泛的课程类型就是学科课程,受学科课程的影响,课程内容的选择以学科结构的需要为依据,我们称其为课程内容选择的学科化。《义务教育课程方案(2022年版)》指出要加强课程综合,注重关联。变革育人方式,突出实践。加强课程内容与学生经验、社会生活的联系,强化学科内知识整合,统筹设计综合课程和跨学科主题学习。加强综合课程建设,完善综合课程科目设置,注重培养学生在真实情境中综合运用知识解决问题的能力。加强课程与生产劳动、社会实践的结合,充分发挥实践的独特育人功能。过于关注学科结构的课程,易远离学生的生活;而过于生活化的课程,易淹没学科的基本结构,课程内容的选择,应坚持学科化与生活化相统一的原则。

依据学科结构选择的课程内容,有利于人类文化的传递与发展,有利于保持学科知识的系统性和结构性。因为某一学科之所以能成为一门学科是由于学科自身具有的逻辑体系,学科化的课程往往具有较强的逻辑体系和系统性,这对培养学生的逻辑思维能力和掌握学科的基本结构均具有好处。但是,课程内容学科化容易导致过分注重学科严格的逻辑体系而形成较为封闭的课程系统,这就使得各学科间隔膜较厚,学科间的联系缺乏,长期学习这样课程的学生,学术视域容易窄化,难以用整体的、联系的知识去解决问题,也一定程度上抑制了课程内容的更新。可见课程内容学科化有利有弊,要想改善,就要在课程中增加联系现代社会生活的内容,即课程内容生活化。

课程内容生活化要求选择现实生活中的知识进入课程。在课程中主要体现在两个方面:一方面是学生的个人认识、直接经验和现实世界作为学科知识的出发点和源泉,通过归纳的思维方式,从现实生活特例和具体问题情景中发现学科知识;另一方面是把学生获得的抽象的学科知识在现实生活中具体化,通过演绎的思维方式,运用学科知识去分析生活现象,解决实际问题,使学科知识获得直观、感性的整体意义。与社会生活相联系的知识学习,有利于激发学生的积极性,提高实际解决问题的能力,拓展学生的视野,增强社会责任感。在《基础教育课程教学改革深化行动方案》(教材厅函〔2023〕3号)中也曾明确指出要落实党的二十大关于教育、科技、人才三位一体布局战略要求,深化中小学科学教育改革,强化做中学、用中学、创中学,激发青少年好奇心、想象力、探求欲,提升学生解决实际问题的能力,发展学生科学素养。要加强科学教育实践活动,遴选一批科技馆、博物馆、研学基地、高科技企业等,作为中小学科学教育实践基地,结合科学课程标准,设计相应的科学实践活动,组织学生在实践探究中学习。

《义务教育语文课程标准(2022年版)》强调要创设真实而富有意义的学习情境,凸显语文学习的实践性。教师要利用无时不有、无处不在的语文学习资源与实践机会,引导学生关注家庭生活、校园生活、社会生活等相关经验,增强在各种场合学语文、用语文的意识,建设开放的语文学习空间,激发学生探究问题、解决问题的兴趣和热情,引导学生在多样的日常生活场景和社会实践活动中学习语言文字运用。如《小英雄雨来》这篇课文篇幅比较长。教师可以根据雨来的成长过程来设计教学内容,并利用雨来的成长过程进行教学,让学生随着雨来的成长明白雨来是个小英雄,教学随着作者的娓娓道来而慢慢加深,让学生觉得就应该是这样。学生对"英雄"这个概念不再觉得只是一个抽象的含义,而是以一个生动的形象展现在学生的眼前。这样的教学设计既符合学生的认知规律,又结合了学生的生活实际,让学生更好地掌握教学内容。

(三) 基础性与时代性相统一的原则

在新课程的实施中,课程内容的选择应该考虑基础性与时代性的统一。《义务教育语文课程标准(2022年版)》中指出要突出课程内容的时代性和典范性。强调义务教育语文课程要突出内容的时代性,充分吸收语言、文学研究新成果,关注数字时代语言生活的新发展,体现学习资源的新变化。重视内容的典范性,精选文质兼美的作品,重视对学生思想情感的熏陶感染作用,重视价值取向,突出社会主义先进文化、革命文化、中华优秀传统文化。

过去我们把基础知识看作学科主干知识以及形成的学科基本结构,有的学者表述为"保证知识得以展开的主要构架",强调基础知识的完整性、系统性、科学性。《基础教育课程改革纲要(试行)》对新的课程内容的基础性要求是"具有适应终身学习的基础知识、基本技能和方法",即要从终身学习的要求来选择基础知识。

课程内容现代化主要是指将现代的科学、技术、文化成果在课程中及时地得到反映。不同的时代,社会对课程就会有不同的要求,时代发展了,必然提出课程内容现代化的要求。现代科学、技术、文化的成果丰富,但课程内容现代化出现了一些困难,如现代性内容的增加与有限的学习时间的矛盾、经典内容的压缩与学科课程完整性的矛盾、传统课程内容的取舍和组织与现代的教育思想观念的矛盾。要解决这些矛盾,只有走基础性和时代性相结合的道路。

四、小学课程内容的选择程序

课程内容是小学课程体系中的关键要素,小学课程内容的选择除了清楚认识课程内容的内涵及课程内容的选择原则以外,更应遵循一系列稳定的科学程序。

(一) 小学课程价值观的确定

实际形态的课程实际上是观念形式课程的转换,即课程内容是课程价值观的体现。小学课程内容选择的开始是小学课程价值观的确定。所谓价值,是主客体之间的一种现实关系。价值不单纯是客体属性,也不单纯是主体的需要,而是客体属性与主体需要之间的现实关系,它表示客体属性在多大程度上满足主体的需要。① 课程价值,则指课程作为客体满足主体需要的这种性质。课程关系中的主体,可以是以社会为单位,也可以是以个人为单位,这也是课程价值观的两种主要分类。

1. 社会本位的课程价值观

社会本位的课程价值观认为社会价值高于一切,社会的政治、经济、军事、文化等的需要应该作为课程内容选择的出发点与归宿,且教育的目的在于使受教育者社会化,以保证社会生活的稳定和延续。② 在以社会本位的课程价值观为前提的小学课程内容选择中,标准不再是"什么知识最有价值",而是什么知识更有利于个体适应社会以及具备社会所需要的知识与经验,最终促进社会的发展。

在各国社会本位的课程价值观中,历来以对政治、经济的维护为主。如我国古代的"四书""五经",其效用是塑造统治者所需的人才。《基础教育课程改革纲要(试行)》中指出"从小学至高中设置综合实践活动并作为必修课程,其内容主要包括:信息技术教育、研究性学习、社区服务与社会实践以及劳动与技术教育……增进学校与社会的密切联系,培养学生的社会责任感……了解必要的通用技术和职业分工,形成初步技术能力"。可见,突出经济的课程价值观同样受到重视。尽管我国教育体系提供从幼儿到成人的各系列教育,但并非所有人都愿意或适合一直接受学校教育,部分学生也许在高中或者初中就结束学校教育进入社会,这就更加要求从年限最长的小学开始就注重社会基本生产技能的培养。

2. 个人本位的课程价值观

若采用个人本位的课程价值观进行小学课程内容选择,则是以小学生的需要作为出发点与归宿,其目的是促进小学生个体自由完善地发展。需要是个体为维持自身与外在环境的平衡状态而产生的一种倾向。马斯洛的需要层次理论指出,学生之所以缺乏学习动机,在一定程度上是由于某种缺失性需要没有得到充分的满足,例如老师过于严厉的批评、行为或意见没有得到老师的充分注意、对课程内容不感兴趣,这些都会使得小学生对学习丧失积极性甚至排斥。《儿童生存、保护和发展世界宣言》中强调,儿童的时代应该是充满欢乐、和平、游戏的。因此,小学课程内容除了应该尽量满足小学生的兴趣、爱好、显性需求,更应该注重小学生的隐性需要。小学阶段的学生的需要是多样化的,有些是他们能够明确主动提出想要的,而有些是他们意识不到自己需要,缺失后却会影响他们健康发展的隐性需要,也可以称为"成长需要",如学习识字、写字等。随着课程改革的推进,注重学生主体地位的课程价值观日益受到重视。

在现实的小学课程内容选择过程中,不能片面地采用其中一种价值观,两者都应该同时作为选择的导向。以社会本位的课程价值观与以学生本位的课程价值观所带来的效应是相互影响的。人是社会的人。以社会经济发展为导向,完全忽视个人的发展,将人看作

---

① 瞿葆奎,郑金洲. 教育基本理论之研究 1978—1995[M]. 福州:福建教育出版社,1998:409.
② 刘宇文. 论社会本位思潮对教育的影响[J]. 高等教育研究,2005(9):40-45.

经济的人只会有碍于社会发展;学生本位被忽视,会导致学习效率低下,进而影响人才培养质量。只有科学平衡课程内容选择时社会本位与学生本位的课程价值观,以考虑学生的个性自由发展为前提,以推动社会综合发展为目标,才能选择出真正有益于小学阶段学生学习的课程内容。

(二)小学课程目标的确定

小学课程目标的确定是一个复杂而庞大的过程,它是一种小学课程内容选择的标准。为体现这个标准的科学性、合理性,需要注意以下几点。

1. 明确教育目的

教育目的是教育的总体方向,是一系列教育活动的出发点与落脚点。它体现在教育法律、教育方针、教育哲学等中。《中华人民共和国教育法》中明确指出"教育必须为社会主义现代化建设服务、为人民服务,必须与生产劳动和社会实践相结合,培养德智体美劳全面发展的社会主义建设者和接班人"。

2. 课程目标来源分析

课程目标是教育目的与课程价值观的具体化,确立课程目标必须分析目标的来源,包括学习者的兴趣与需求、社会需求与学科要求。对小学生的兴趣与需求的了解需要长时间地对全国或全世界范围内的该年龄阶段儿童进行调查,分析与确定他们共同的需求作为国家课程目标的依据,地方课程与校本课程目标的确定则需要当地教育部门或学校组织实施调查。小学生的成长是一个不断社会化的过程,因而,为了当前生产力的提高、为了民族长久的发展,小学课程目标确定的前提应该包括对社会政治、经济、文化等方面的需要分析。此外,课程目标应该对特定学科的课程逻辑进行考虑。每门学科都有其独特的结构与功能,课程目标超越了学科实际则形同虚设,且影响课程实施。

3. 课程目标分类

小学课程目标规定的是小学阶段学生通过学习后,在品德、智力、体力等方面能够达到的程度。课程目标是确定教学目标的基础,而教育目标又是课程目标的依据。20世纪50年代以来,教育学家与心理学家们就倡导使用可观察或测量的行为来陈述教育目标,目的是为具体的课程与教学提供指导。美国教育心理学家布卢姆把教育目标分成"认知领域""情感领域"与"动作领域"三个方面。加涅的学习结果理论把学生的学习结果分成态度、动作与技能、语言信息、智力技能和认知技能等几个方面。经过综合、总结,我国小学课程目标普遍分为知识与技能、过程与方法、情感态度与价值观。

4. 建立目标体系

确定了课程目标的各个板块,应该再根据目标的轻重缓急、先后次序与层级等,进一步将课程目标进行细分。以知识维度与认知过程维度的目标为例。知识维度的目标可以分为事实性知识、概念性知识、程序性知识、反省性知识等目标;认知过程维度的目标可以分为记忆目标、理解目标、运用目标、分析目标、评价目标与创造目标等。[①] 建立小学课程目标的树状分类图,有利于小学课程内容的整体性、全面性。仅靠大方向的目标板块,难以保证课程内容的深度与广度。

(三) 小学课程内容取向的确定

根据杜威的教育理论,课程可以是经验的课程、知识的课程与活动的课程。不同课程目标决定了不同的课程内容取向。在确定课程目标后,进一步需要以每一个课程分支目标为中心,分析确定采取何种取向的课程内容来推动目标的实现。同一个目标可以有多种取向的课程内容,而同一课程内容也能同时支撑不同的课程目标。

知识性的课程目标通常通过教科书来予以实现。教科书是科学、生活知识的主要载体,是在对材料进行筛选后的科学知识的综合归纳和分析总结,具有全面性、系统性。但随着人本主义影响力的提升,教科书也不单纯展示前人的知识经验总结,而通常会添加许多与生活紧密联系的实例。因为经验性的课程对于知识、技能、情感等目标的达成都是至关重要的。经研究发现,只有与个体经验相结合的课程内容才利于学习者将其转化为自己的东西,灵活应用。单纯的理论学习忽视了学习者的情感与需要,不易于学习者对课程内容的内化。至于技能目标的实现,通常依靠活动性的课程内容。派纳认为:"课程不再是一个事物,也不仅是一个过程。它成为一个动词,一种行动,一种社会实践,一种私人的意义,一种公民的希望。课程不只是我们劳作的场所,也是我们劳作的成果,在转变我们的同时也转变自身。"

选择活动性的课程取向是必要的。亲身体验的知识才能使学生学习得更牢靠。《基础教育课程改革纲要(试行)》中也指出,应该"改变课程实施过于强调接受学习、死记硬背、机械训练的现状,提倡学生主动参与、乐于探究、勤于动手,培养学生搜集和处理信息的能力、获取新知识的能力、分析和解决问题的能力以及交流合作的能力"。可见,无论是经验的课程、知识的课程还是活动的课程,都应该作为小学课程内容的一部分,且根据学科特性及学生、社会需要的分析,选择最利于目标达成的课程取向。

(四) 小学课程内容的确定

课程价值观的确定为小学课程内容的选择提供归宿与起点,解决了课程内容应该最终起到什么作用的问题;课程目标的确定是课程价值观的具体化,可以更有效地帮助对课程内容的筛选;课程内容的取向解决了课程内容的形式问题,即以什么样的课程内容来实现课程目标;而最后一步,就是实际的选择。课程内容选择的前提,是已经划定了课程的类型——学科课程还是活动课程。

对于学科课程,首先,应该选择该学科的基本概念与原理。概念是逻辑思维最基本的单元,是学科课程内容必不可少的组成部分,没有基本概念,就无法组成学科课程知识体

---

① [美]L. W. 安德森. 学习、教学和评估的分类学:布鲁姆教育目标分类学(修订版)[M]. 皮连生,译. 上海:华东师范大学出版社,2008:35-76.

系。原理是在学科基本概念的基础上，通过命题或判断揭示学科内在规律和知识理论的基本方法。[1] 每一件事物都有其特殊个性，其发生的场景、时间、起因都会有所不同，但原理却是蕴藏在事物深处稳定不变的。其次，应该选择基本事实。学科的基本事实是课程内容的基本材料，如果说概念与原理是学科的骨架，事实则是其血肉。课程必须选择必要的现象或事实才能使学习者理解与掌握学科概念与原理，将其与实际生活发生关联，从而引发自主学习与实践创新。充分的事实材料有助于小学生的理解，但课程内容的空间有限。应尽可能采取简约性的原则，选取相对而言最有价值的或精炼的材料作为课程内容。

在对活动课程内容进行选择时，应该遵循条件性原则，即活动实现的条件，包括学生能力的条件及现实环境的条件。小学活动课程内容的选择，一定要考虑小学生当前的能力水平，选择他们力所能及的且比较感兴趣又有助于课程目标实现的内容。活动课程虽然是动态的，且突发状况不能预测，但活动课程内容并不是零散的生活技巧的组合，不是杂乱无章的、随意的，而应该内含一定的逻辑性，由一定课程目标引导的体系化、结构化的内容。活动课程还可以分为验证型的活动和探究型的活动。验证型的活动是对理论知识的还原，而探究性的活动是对原理的发现。但不论哪种类型，活动的课程内容都应该明确活动的目标、活动的基本环节以及活动的意义。

在选定课程内容以后，并不代表课程内容选择工作的完成，还需要进一步的实验、评估与修正。任何事物都是在实践中不断经历检验，进而逐步完善的。小学生是祖国的未来，小学课程内容的选择是不容忽视的，任何一个板块的内容都应该是经过专家设计、长时间实践检验，逐步保持稳定并适合持续使用。

第二节　小学课程内容的组织

课程内容的选择只是在课程资源库中划定了即将被纳入课程的材料，要进入课堂，这些材料还需要进一步地组织，即课程内容的组织，有时也称为课程组织。

一、课程内容组织的含义

泰勒认为，课程组织是"把学习经验组织成单元、学程和教学计划的程序"。泰勒的学习经验，是内容和方法的整合，本书则把内容和方法的设计加以分述。自泰勒以来，课程内容的组织就被看作课程实施计划的一个非常重要的阶段。

美国学者斯基尔贝克认为："课程组织是指构成教育系统或学校课程的要素得到安排、联系和排序的方式。这些要素包含诸如教学计划和方案、学习材料、学校器材和设备、教学力量的专业知识，以及评价和考试机构的要求等一系列因素。"

美国学者麦克尼尔认为："课程组织是指学习机会的序列化、顺序化和整合化，以便达

---

[1] 周兴国，段兆兵. 课程与教学论［M］. 合肥：中国科学技术大学出版社，2012：107.

到预期的结果,或让学习者从提供的各种机会中获得其他方面的益处。"

我国学者李子健、黄显华认为:"一般而言,课程组织是指学习经验的排列、次序和统整。"

黄政杰认为:"课程组织是指将课程的各种要素或成分妥善加以安排,使其力量彼此和谐,对学生的学习效果产生最大的积累作用。"

张华认为:"所谓课程组织,就是在一定教育价值观的指导下,将所选出的各种课程要素妥善地组织成课程结构,使各种课程要素在动态运行的课程结构中产生合力,以有效地实现课程目标。"①

尽管各学者的表述有所不同,但意见基本一致。归纳而言,课程内容组织就是遵循一定原则、采用科学的方法对课程要素的妥善安排,其作用是使零碎的材料得到合理统整及具备教育意义,其目的是使课程内容更易被学生所吸收,进而将学生的学习效果最大化。

二、课程组织的原则与方式

(一) 小学课程内容的组织原则

小学课程内容的组织原则是在对小学课程中的原理观点、事实、经验、态度等进行组织时所需要遵行的准则。许多学者都将课程内容的组织原则分为连续性、顺序性、均衡性、整合性等。由于外部知识体系与内部认知结构之间的内在联系是稳定的,以及学生学习的心理机制是类似的,因此,小学课程内容的组织原则除了更偏重从小学的角度加以考虑,同样适用以下原则。

1. 连续性原则

小学课程内容组织的连续性是指在水平方向上,对课程要素进行直线式陈述,并在之后的学习阶段中不断重复,以使学生持续巩固、加深印象,并推动更深一步的学习。例如,一年级的学生学习了加减法,但在二年级到六年级的学习中由于对加减运算的娴熟运用,学生对后来学习的乘除运算接受起来相对容易。小学生记忆力的精确度较低,容易在学习中分心,他们的记忆表现出很大的无意性、不稳定性,对近似的东西比较容易混淆。因此,小学生的学习在很大程度上取决于刺激物的强度,需要依靠机械地、不断重复地练习来内化课程内容。小学课程内容的组织需要针对小学生的认知特点,采用连续性原则。课程内容组织的连续性可以为小学生持续提供学习相关课程内容的机会,形成累积效应,有助于学生进行更深层次的学习、处理更具难度的材料、理解更有广度的概念。需要注意的是,课程内容的连续性强调同一课程要素在后面阶段的学习中的重复出现,但这并不代表对同一要素单独地、反复地学习,而是将其安插于其他新的学习要素中,在复习旧的内容的基础上再学习新知识。这些被重复出现的课程要素还能在新知识体系中起到一个挂钩的作用,推动旧的知识结构向新的转化。

---

① 钟启泉.课程论[M].北京:教育科学出版社,2007:165.

2. 顺序性原则

小学课程内容呈现的对象是小学生,小学生的生理、心理都处于发展阶段,可塑性极强。根据心理专家研究,儿童的发展是遵循顺序性的,它不会因为外在环境、呈现方式、学习行为的变化而改变。将大学的知识放到小学,或让深层次的知识先于基础知识进行学习,这无疑会造成小学生的认知冲突,产生思维混乱,即使得到及时纠正,也会对小学生今后的学习与发展造成影响。他们的心理发展过程是从感知到思维发展,从外部语言到内部语言,从无意到有意,从整体到细微,从模糊到精确,从实物支撑到逻辑思考,从他控到自控。例如,儿童需要先依次学会爬与走,才能学会跑;要先学加减才学得会乘除;要先练习组词,才知道如何造句。因此,在进行课程组织时,应该考虑这样三个问题:首先,需要根据什么来组织内容的顺序;其次,什么内容应该在前,什么内容应该在后;最后,在什么阶段呈现何种程度的什么内容。一般而言,课程内容的组织顺序,可以参考以下几种惯例:① 由简入繁,由易到难,由浅而深;② 由具体到半抽象,再到抽象;③ 由熟悉到陌生,由已知到未知;④ 从整体到部分,从粗到细;⑤ 从古至今,从上至下。

2024年秋季开学起,全国小学和初中启用新修订的《道德与法治》《语文》《历史》三科统编教材。新修订的《道德与法治》按照循序渐进、螺旋上升的原则对教学内容进行一体化设计,把教学目标分解到各学段,分层次地构建知识体系。如《道德与法治》一年级上册中以校园生活为切入点,图文并茂地给刚入学的小学生展示了应如何礼貌待人、与同伴玩耍,讲解升国旗、唱国歌等仪式蕴含的知识与意义。义务教育道德与法治教材编委会成员孙熙国表示,在低年级学段主要告诉孩子们如何做个文明礼貌的好孩子。而到了高年级,要求变高,教材会具体讲中国传统文化的核心理念、人文精神的内涵及弘扬方式。

3. 均衡性原则

自推行素质教育以来,我国就一直以培养德、智、体、美、劳全面发展的学生为教育目标。实现这一目标,首先需要课程内容的组织遵循均衡性原则。所谓均衡性是指在进行课程内容组织时,恰当安排各类课程、课程内部各知识板块的比例,不过分偏重,也不完全均等。均衡发展下的儿童并不擅长某一方面的知识技能,而是在各个方面的水平都相当。换言之,我们培养的是"全人",而不是"专才"。《中国教育改革和发展纲要》中明确告诉我们基础教育的价值所在:基础教育的基本目标是提高整个中华民族的素质,它的对象和着眼点是全体人民,而不是一部分人,更不是少数人;它的功能是为提高全民族的素质奠定基础,它强调的是基本素质的培养。因此,小学课程内容体系也应该服从这一价值目标。

课程内容组织的均衡首先包括不同课程类别间的均衡,如学科课程与活动课程。《基础教育课程改革纲要(试行)》中指出:"小学阶段以综合课程为主。小学低年级开设品德与生活、语文、数学、体育、艺术(或音乐、美术)等课程;小学中高年级开设品德与社会、语文、数学、科学、外语、综合实践活动、体育、艺术(或音乐、美术)等课程……从小学至高中设置综合实践活动并作为必修课程……"国家关于各门课程的比例,还进行了科学的划分,在进行课程内容组织时,应严格参照国家课程政策。此外,均衡性原则还适用于每门课程内部的各板块之间。课程内容应该体现出重点内容与次重点部分,让教师与学生能够明显辨别出哪些部分需要引起特别注意,哪些部分只要求了解。

4. 整合性原则

课程内容组织的整合性是指课程各要素之间的水平联系,即打破各学科体系之间严格的界限,寻求各内容之间的内在联系,使整个小学课程内容成为一个有机的整体。尽管由于各科课程内容的内在逻辑性,课程通常为分科课程,但这并不阻碍课程内容的整合。分科与整合是相对独立,又是相互联系的。分科课程强调的是知识的整体结构,注重的是领域深度。但小学生的思维是发散的,小学生是极具想象力的群体,想要将其限制在人为划定的固定领域是不现实的,课程内容的整合性恰能解决这一问题。整合的课程内容不仅能适应小学生的发散性思维,还能拓宽他们的眼界,使他们能够更全面地、联系地来看待这个变化的世界。哲学原理告诉我们,事物与事物之间是相互联系的,即知识与知识之间,学生的经验与经验之间,都是不能人为地将其分裂开的。在选定的课程内容中,会出现一些需要小学生掌握的,却又不能完全被归类为某一科的边缘性知识,以整合的视角来看,这些边缘性知识恰巧是使领域与领域之间自然发生关系的完美桥梁。小学生的逻辑、抽象思维本身就受到限制,有了这类知识,能够轻而易举地使小学生的思维产生过度与迁移,避免了他们在学习分科知识时由于其独立性而产生困扰。

课程组织的整合性可以深入课程的多个层面。首先,同一学科相邻知识的整合,如《义务教育课程方案(2022年版)》强调要推进综合学习。探索大单元教学,积极开展主题化、项目式学习等综合性教学活动,促进学生举一反三、融会贯通,加强知识间的内在关联,促进知识结构化。其次,不同领域之间的整合,如《义务教育道德与法治课程标准(2022年版)》中指出要设立跨学科主题学习活动,加强学科间相互关联,带动课程综合化实施,强化实践性要求。再者,文化与文化之间的整合,对于一个多民族的国家,不同民族文化的整合是维系国家稳定和谐的必要手段。最后,儿童与社会之间的整合,正如后现代主义所强调,教育应该将儿童放在一个主体地位,使其与外界充分接触,融入社会,只有这样才能实现人的真正的全面发展。

(二) 课程组织的方式

对于课程组织的方式,大体上可以分为垂直组织和水平组织。赫莫、波斯纳、林智中等人认为,在垂直组织中,根据内容间的逻辑关系可以有分割、分层、单线、螺旋等样态的组织方式。水平组织表现为不同程度的统整课程。在课程的统整组织中,组织的形态更为丰富,德雷克和伯恩斯根据研究经验中人们从不同的基础、不同起点来综合课程,将综合的课程、组织的方法定义为——多学科、跨学科和超学科三种。课程统整的方法是多种多样的,很多研究者都将"统整"理解为一个连续的概念。雅可布斯、瓦尔、埃里克森及德雷克等人都试图把一系列课程统整方法按照一定逻辑顺序排列,形成一个连续的、综合程度不断加深的课程统整过程。

关于小学课程内容的组织方法,学者基本达成一致意见,主要有以下几种:纵向组织与横向组织相结合;直线式组织与螺旋式组织相结合;逻辑顺序组织与心理顺序组织相结合。

1. 纵向组织与横向组织相结合

纵向组织是指课程各领域内部的要素的组织方法，是按照从基础到纵深的顺序对选择出来的小学课程内容进行排列。《学记》中曾言"不陵节而施"，意为课程内容不能超越学生所能接受的限度。因此，在进行课程内容组织时，首先应该明确该年龄阶段小学生的接受限度，将适应其当前接受水平的知识安排在课程的前面，再以此内容水平为起点，往后逐步加深，遵循小步子的原则。一小步一小步逐步深入的材料是更容易为小学生所接受的。任何两个小步子之间的难度的增加应该比较细小，这才能适应小学生较为初级的接受能力，使他们的学习更为顺利。以这种方法进行组织的课程内容能够引导小学生成功获取复杂的知识，并在头脑中形成比较完整的该领域的学习路径。

根据整合性原则，纵向组织的方法必须与横向组织的方法灵活地结合。横向组织是解决各领域课程内容间极端分化的有效方法。在进行课程内容组织时，可以重点挑选出那些边缘性知识和综合性知识，将其同时放在不同学科的适合的地方，使两个学科间自然地相互呼应，形成联系。这些综合性知识就如同小学课程内容网络中的一个节点，有了一个个的节点，学生头脑中才能逐步形成一张完整的、包罗万象的网络，这样组织起来的课程内容才能利于学生用整体的观点来分析今后更复杂、更有深度的问题。

2. 直线式组织与螺旋式组织相结合

所谓直线式的组织方法是把某一科目课程所有的要素不重复地串联起来。直线式组织方法的优点在于简单明了，能够较为完整地洞悉该领域的课程逻辑，避免由于不必要的重复引起学生思维的混乱。小学生的思维体系本身就缺乏稳定性、整体性，在注意力集中于某一点时极易因其他知识的介入而被打扰，从而中断原本的学习顺序。但小学生的另一认知特点又决定了不能单一地采用直线式课程内容组织，必须将直线式与螺旋式进行结合。不必要的重复固然累赘，阻碍小学生的学习，但适当的情景或知识重现却是挽救小学生注意力不集中的有效方法。相对而言，小学生的注意力难以完全集中于课堂，因此，课堂效率也相对较低，如若完全采用直线式的组织方法，一旦开小差，就会错过新知识的摄入，容易使小学生的知识体系产生漏洞，因此，在进行小学课程内容组织时，应间歇地采用螺旋式方法，使某些重要的、小学生掌握起来较为困难或容易遗忘的内容在需要的地方以恰当的方式予以重现。

根据艾宾浩斯遗忘曲线，人们对于知识的遗忘是从学习后就立即开始的，且速度先快后慢，但经过一段时间有规律的复习后，记忆就会逐步稳定。这一理论为小学课程内容组织的螺旋式提供了科学依据。旧知识的重复不仅有利于巩固基础，更是为学习新知识做铺垫，建立在已有经验上的学习才能成为有效的学习。《义务教育科学课程标准（2022年版）》中也明确指出要基于学生的认知水平和知识经验，科学安排学习进阶。一是学习内容由浅入深、由表及里、由易到难，二是学习活动从简单到综合将学习内容和学习活动有机整合，规划适合不同学段的、螺旋上升的课程目标和课程内容，设计适合不同学段的探究和实践活动，形成有序递进的课程结构。

3. 逻辑顺序组织与心理顺序组织相结合

逻辑顺序是指对某一科目课程内容进行组织时，严格遵照其领域的内在联系来组织课程内容,包括因果关系、层级关系、主次关系、总分关系、并列关系等。知识各部分之间的关系错综复杂,按照一定的顺序进行排列才能显得有条不紊,可以按照从个别到一般、从具体到抽象、从现象到本质、从部分到整体等顺序进行排列。美国的布鲁纳曾指出,任何学科都能以某种形式教给任何年龄阶段的任何人。通过学习具有逻辑结构的课程内容,学生可以了解到自然界和人类社会的发展过程。但违背了学生认知特点的课程内容又容易使学生产生抵触情绪,且以学生为主体的理念没有得到彰显,致使学生的学习效率难以提高。由此可见,小学课程内容的组织必须参考学生的心理顺序。逻辑与心理并不是完全对立的,而是可以相互补充的。在按照学科逻辑进行课程内容组织时,参考学生当前心理水平,将超出小学生最近发展区的知识予以简化或者转换形式,以适合他们接受的形式出现,能很好地使学科逻辑与心理顺序有效结合。

本章小结

课程内容是课程论的一个有机构成部分,它是课程目标实现的主要途径,是课程评价和课程设计的主要依据和参照。课程内容与课程论其他部分之间是紧密相连、相互促进、不可分割的。本章主要介绍了小学课程内容设计方面的相关内容,包括小学课程内容的选择与组织的原则和方法。

思考训练

1. 当前小学课程内容选择遵循了哪些原则?请联系具体内容阐释说明。
2. 请任选小学某一科目课程,联系实际谈谈其课程内容的组织方式。
3. 教师要有"勤学笃行、求是创新的躬耕态度",谈谈如果让你来设计《小英雄雨来》教学内容时,你会如何设计,为什么?

拓展阅读

[1] L. W. 安德森:《学习、教学和评估的分类学:布鲁姆教育目标分类学(修订版)》,皮连生译,华东师范大学出版社,2008。
[2] 周兴国、段兆兵:《课程与教学论》,中国科学技术大学出版社,2012。
[3] 钟启泉:《课程论》,教育科学出版社,2007。

第六章 小学课程实施方法及策略设计

**扫码获取
本章资源**

卷首语

  本章阐述了课程实施方法的含义,阐明了课程实施方法设计的基本要求及步骤,介绍了课程实施策略的代表性观点,揭示了课程实施策略运用中应遵循的一般原则及课程实施的模式。本章包含后面章节所涉及的主要概念,也会影响对后期课程评价的理解,因此学习中需要理解章节主要概念,并在头脑中初步形成课程实施方法及策略的基本框架。

学习目标

1. 理解课程实施方法设计的基本要求及步骤。
2. 初步了解国内外课程实施策略的代表性观点。
3. 理解课程实施策略运用中应遵循的一般原则。
4. 理解课程实施的模式,并能举例说明。
5. 能阐释对课程实施策略研究的意义。

思维导图

- 小学课程实施方法及策略设计
  - 课程实施方法的设计
    - 什么是课程实施方法
    - 课程实施方法设计的基本要求
    - 课程实施方法设计的基本步骤
  - 课程实施策略的设计
    - 课程实施策略的代表性观点
    - 课程实施策略运用中的主体性优化问题
    - 课程实施策略运用中应遵循的一般原则
    - 课程实施策略研究的启示
    - 课程实施的模式

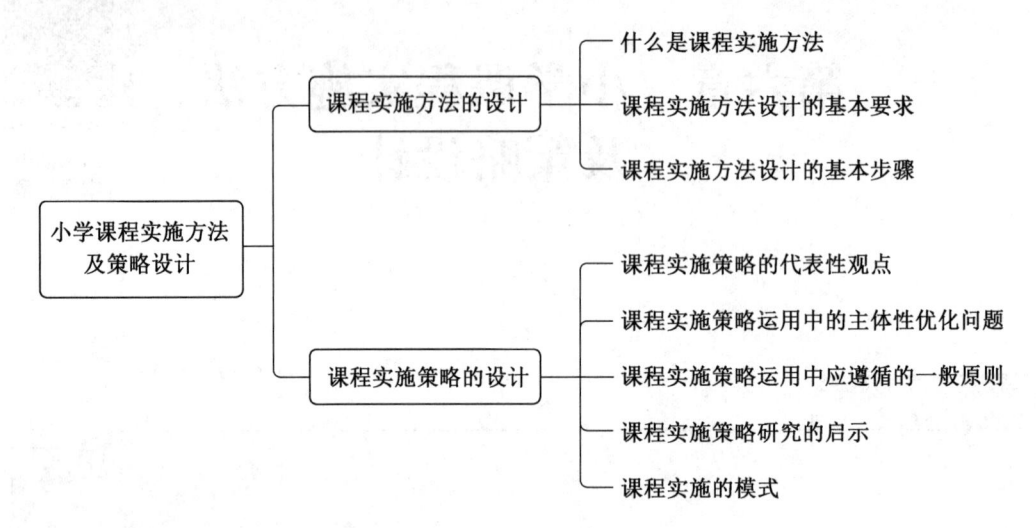

导入案例

《江雪》教学片段

唐朝"永贞革新"失败后,支持革新的柳宗元被贬为邵州刺史。赴任途中,柳宗元又被贬为永州司马。永州生活环境非常艰苦。柳宗元到职后,不仅水土不服,而且连居住的地方都没有,只能暂居寺庙。到永州半年后,其母又因病去世。政治的打击、官场的失意、亲人的离世、生活的艰辛,使柳宗元的身心健康受到极大考验。在这种情况下,柳宗元写下千古名作《江雪》。全诗共四句:"千山鸟飞绝,万径人踪灭。孤舟蓑笠翁,独钓寒江雪。"诗人借描写寒江独钓的渔翁,抒发了自己孤独郁闷的心境和清高出世的情怀。请欣赏下面的《江雪》教学片段[①]:

(教师在配乐声中范读《江雪》;范读结束后,教师让学生尝试着齐读此诗;接着教师要求学生借助工具书或注释理解诗句。)

师:现在我们一起来理解这首诗。(出示"千山鸟飞绝"句)"千山""绝"是什么意思?
生:"千山"指"很多山";"绝"的意思是"尽,没有"。
师:(出示"万径人踪灭"句)"万径""踪"是什么意思?
生:"万径"是"很多小路"的意思;"踪"是"脚印,踪迹"的意思。
师:谁能连起来说说"千山鸟飞绝,万径人踪灭"这两句诗的大意?
生:所有的山都看不见一只鸟在飞,所有的小路也看不见行人的足迹。

[①] 黄大龙,等.新课程推进中的问题与反思[M].北京:中国传媒大学出版社,2006:2-3.

(教师再用同样的方法教第三、四两句。)
　　师:谁来把整首诗的大意描绘出来?
　　生:很多很多山没有鸟飞,千万条道路看不到人影,只有一条小船上坐着一个披衣、戴斗笠的老翁,尽管下着大雪,江水冰冷,他还是一个人钓他的鱼。
　　师:学到这儿,我们对这首诗已经有了大概的了解。现在请你们静下心来,再细细地读一读,看看你们能从诗句中感受到什么。
　　(读后交流。学生有的说读着古诗,觉得很冷;有的说体会到一种悲凉的气氛;有的说觉得这个老翁很孤独……)
　　师:面对这样的画面,同学们有什么疑问?
　　生:这么冷的天,那老翁为什么还在江上钓鱼?
　　师:真是一个好问题。请大家设想一下原因。
　　(学生有的说因为家里穷;有的说可能老翁喜欢清静;有的说老翁可能遇见什么伤心事了;有的说他可能喜欢钓鱼,所以也就顾不得冷了……)
　　师:柳宗元写这首诗,其实是为了借歌咏隐居山水的渔翁,抒发政治上失意的压抑与苦闷,寄托自己清高孤傲的情怀。诗中天寒地冻、幽僻寂静的客观境界,更能表现作者落寞孤寂的心情。现在我们在配乐声中一起朗读这首诗。
　　(学生面对诗中展现的画面,在优美和谐的音乐声中齐声朗读全诗。)

　　同学们,你们如何评价这位语文教师的课程实施方法?如果评价有困难,不妨思考以下问题再来评价:小学语文课程目标是什么?人的听、说、读、写基本技能是如何形成的?在语文教学中,学生的主体地位应当如何体现?
　　传统意义上的"教学方法",从课程运筹角度看就是我们所说的"课程实施方法"。教师在备课中,必须对课程实施方法进行科学设计,以尽可能提高教学活动的效率。所谓"向45分钟要质量"主要指通过改进课程实施方法与提高课程实施过程的科学性来提高教学质量。

第一节　课程实施方法的设计

　　《教育强国建设规划纲要(2024—2035年)》中强调要实施教育家精神铸魂强师行动。推动教育家精神融入教师培养培训全过程,贯穿课堂教学、科学研究、社会实践各环节,构建日常浸润、项目赋能、平台支撑的教师发展良好生态。习近平总书记曾深刻阐释了教育家精神的丰富内涵,其中一个重要方面是"启智润心、因材施教的育人智慧",这是教师育人能力的重要体现。本节所讲的课程实施方法有助于教师涵养育人智慧,当好学生引路人。

一、什么是课程实施方法

所谓课程实施，指立足既有资源条件，按既有课程设计展开日常教学的教育实践。

课程实施方法是人们常说的教学方法，它是教师在课程实施实践中所采用的方式和手段的总称。在课程实践中，课程实施方法体现在课程活动之中，并决定着课程活动的方式，由于这个原因，课程实施方法也可称为课程"活动方式"。如"讲授法""谈话法""讨论法"等是课程实施方法；再如，语文课程领域的"情境教学法"等也是课程实施方法；而大家耳熟能详的"教学模式"，则指那些结构相对完整并且比较成熟的模式化了的课程实施方法。总之，在课程实施中，凡可以列入方法范畴的对象，我们都可以称其为"课程实施方法"。

依据不同标准，课程实施方法可以进行不同分类。如可以依据是否具有启发、引导特征，将课程实施方法分为启发式与注入式两类；可以依据知识、技能的教学是否具有探求过程，将课程实施方法分为再现式与探索式两类；可以依据推导真理的逻辑过程的不同，将课程实施方法分为归纳式与演绎式两类；可以依据活动中教师角色的不同，将课程实施方法分为以教师直接传授为主的指导性教学法与以学生自主学习为主的非指导性教学法两类；可以依据课程实施方法是否具有明显的个人特色，将其分为大众化教学法与特色化教学法两类。

对于课程设计来说，凡与课程目标设计、课程内容设计相对而言的所有属于方法范畴的设计，都可称为"课程实施方法"的设计。

在理解教学方法概念时，要注意把握以下几个要点：

（一）课程实施方法有广义与狭义之分

在不同场合使用的"课程实施方法"概念，往往有不同的含义。课程实施方法有广义与狭义的区别。

广义的课程实施方法，指与课程目标、课程内容相对而言的所有可以列入方法范畴的各种对象。

狭义的课程实施方法，指基本的具体的课程实施工作方式，它通常包括讲授法、谈话法、讨论法、演示法、实验法、练习法、参观法等。

为了区分狭义的课程实施方法与广义的课程实施方法，我们可以稍作变通地称狭义的课程实施方法为"课程实施基本方法"，称广义的课程实施方法为"课程实施方法"。

（二）课程实施方法有针对特定课程实施过程与针对特定课程内容之别

有的课程实施方法，是就整个特定课程实施过程而言的方法。如"情境教学法"就是针对整个单篇课文阅读教学全过程或整个单篇作文教学全过程的语文课程实施方法，"尝试教学法"则是针对数学课程实施过程的课程实施方法。显然，这样的"课程实施方法"已包括对"课程实施过程"的构思。

有的课程实施方法，是就课程实施过程中的特定任务而言的方法。例如，在语文课程中,引导学生记住某一知识或掌握某一技能或解决某一疑点的方法,数学课程中引导学生学会分析应用题题意或帮助学生学画几何图形的方法等,都是针对特定课程内容的方法。

(三)课程实施方法是教法与学法的有机结合

不少小学教师在研究课程实施方法时,常常只从自身的角度思考问题,在他们的思维中,课程实施方法就是教师的教法。这是片面的。

教师固然是教学活动的组织者与指挥者,但教师的组织与指挥只有通过学生的主体活动,才能发挥作用。教的规律应根植于学的规律,教师的组织与指挥必须从学生的实际出发,必须着眼于学法的引导。因此我们在设计课程实施方法时,一定要注意:课程实施方法是教师教法与学生学法的有机结合。《义务教育数学课程标准(2022年版)》中也强调学生的学习应是一个主动的过程,认真听讲、独立思考、动手实践、自主探索、合作交流等是学习数学的重要方式。与之相联,教师在教学活动中应注重启发方式,激发学生学习兴趣,引发学生积极思考,鼓励学生质疑问难,引导学生在真实情境中发现问题和提出问题,利用观察、猜测、实验、计算、推理、验证、数据分析、直观想象等方法分析问题和解决问题。

(四)课程实施方法与教师个人风格关系密切

世界上没有适合所有课程的课程实施方法,也没有适合所有教师或所有学生的课程实施方法。就教育者而言,小学教师群体是充满个性的群体。有的教师擅长理性思维,语言简明易懂,逻辑性强,特别善于点拨;有的教师感情丰富,语言生动活泼,充满诗情画意;有的教师擅长课件制作,并且善于利用多媒体手段提高课堂教学效率;有的教师口齿不那么流利,课也上得死板,但训练得法,课堂效果好,所教学生的考试成绩出类拔萃。除了天赋、性格、特长不一样,不同教师往往有不同的课程理念和不同的课程实施方法。这些因素,使不同教师在课程实施方法的选择与表现方面,呈现出富有特色的个人风格。

课程实施方法与个人风格的关系应当是辩证统一的。二者所涉及的都是方法问题。但课程实施方法问题,首先是教育科学问题;而个人风格问题,则是个性特色与课程艺术问题。课程实施方法首先要讲科学性,但不排斥教师个性特色与课程艺术;个人风格应强调教师个性特色与课程艺术,但必须讲究课程实施方法的科学性。

二、课程实施方法设计的基本要求

教师备课时常常需要思考:这个单元或专题的课程,用什么方法教最好?思考这一问题,实际上是在进行课程实施方法设计。

一般说来,课程实施方法设计应当遵循以下三个方面的要求:

(一)以课程目标为依据

任何有意识的活动都是有目的、有任务的。课程实施活动的目的与任务体现在课程目标之中,并以课程目标的形式呈现。脱离课程目标的课程实施活动,对特定课程来说是无效的;对促进学生的发展来说可能是十分低效的。因此设计课程实施方法,必须以该课程的课程目标为依据。

对课程实施方法的设计者来说,有必要追根问底地搞清楚:对于课程实施来说,目标与方法到底有什么样的对应关系或因果关系?当我们需要激发学生的兴趣与热情时,应当多采用直观、生动的方法与手段,并且多使用鼓舞性、激励性的评价语言或评价手段;当我们需要突破难以理解的知识难点时,应当多采用直观手段或讨论法;当我们需要引导学生较好地掌握某一技能时,应当多采用生动活泼的训练法;当我们需要培养学生的独立作业能力与考试能力时,应当多采用练习法与经验总结法;当我们需要培养学生分析问题、解决问题的能力时,应当多使用问题解决法,经常性地进行问题解决训练;当我们需要着力培养学生的团队精神、合作精神时,应当注意采用小组合作学习法。由于备课一般是以专题为单位的,在备课中进行课程实施方法设计时,必须特别注意以特定课程的专题目标为依据。

(二) 从教师、学生、课程内容、可用时间、学校条件等方面的实际情况出发

教师之间的差异性,体现在个人兴趣、性格、经历等多方面。进行课程实施方法设计时,设计者必须考虑个人的实际情况。举例来说,如果你情感丰富,形象思维是强项,演示与表演颇为拿手,那么可以多采用情境教学法;如果你擅长理性思维,短于口头表达与情感运用,则可以多采用朴实的建立在理性思维基础上的方法与手段;如果你信息技术是强项,那么可以考虑多采用计算机辅助教学手段,以提高学生学习的积极性,并且扩大课堂的信息容量。

不同年龄阶段的学生,有不同的特征。低年级学生无意注意较占优势,学习中兴趣的作用更为明显,但抽象思维能力较差;高年级学生学习的自觉性有明显增强,抽象思维能力与自学能力得到初步发展,对他们要选用不同的方法与手段。此外不同的生源条件,也使学生的群体特征具有一定差异。《义务教育课程方案(2022年版)》中也明确指出要关注学生差异,因材施教,明确指出要创设以学习者为中心的学习环境,凸显学生的学习主体地位,开展差异化教学,加强个别化指导,满足学生多样化学习需求。

不同的课程内容,应当有不同的课程实施方法。从课程内容性质角度看,一般的知识传授,可选用阅读法、讲授法、谈话法、复述法、背诵法、默写法等;技能传授,可多用训练法与练习法;品德与个性修养类的课程内容,可多用情境熏陶法、故事法、讨论法、表演法等;能力培养,应多用问题解决法。从课程类别角度看,语言文学类的课程,应多用欣赏、讨论、练习、情境熏陶等类型的方法;数学、自然科学类的课程,应多用带有直观特征的计算机辅助教学手段或探究法、讨论法、演示法、实验法等方法;艺体类的课程,应多采用欣赏法、训练法、练习法、锻炼法等方法。

有些课程实施方法比较节省时间,有些则比较费时。对具体课程来说,可用于特定课程的时间有时比较充裕,有时则比较紧张。因此,时间要素会影响课程实施方法的选择。

设计课程实施方法时,还得考虑所在学校的课程条件,如学校管理者的办学指导思

想、课程管理者的课程价值观与课程管理理念、教师团队的特征与追求、课程实施的各种物质条件等。

(三) 不同的课程实施方法要配合使用

任何时代、任何层次、任何类型的课程实施方法，都既有长处又有缺点，过多或过久使用同一种或同一类型的方法，必然会放大其缺点，造成儿童成长的"营养不良"，凸显教育弊端。因此，在课程实施方法的设计中，要注意将不同类型的课程实施方法结合起来，以取长补短，使学生能够相对全面、相对和谐地成长与发展。

三、课程实施方法设计的基本步骤

所谓"课程实施方法设计"，无非是为既定的课程内容寻找合适的教学方法。一般说来，课程实施方法的设计，要经历审视课程目标、分析课程内容、选择实施方法三个阶段。

(一) 审视课程目标

从哲学的角度看，目的与任务决定方法，方法是为目的与任务服务的。对于课程实施方法的设计来说，课程的目的与任务体现在课程目标里，课程实施方法的选择必须以课程目标为依据。在课程实施方法的设计中，课程实施方法是为实现课程目标服务的。在着手设计课程实施方法前，有必要审视一下课程目标。

在课程实施方法的设计中，作为设计者的普通教师，最需要关注的是课程总目标、单元目标和专题目标(如果一堂课正好能完成一个专题的课程，那么这个专题目标同时也是课时目标)。课程总目标写在课程标准里，单元目标一般应由学校教研组集体制定，专题目标则通常由任课教师自己设计与制定。任课教师必须从既有专题课程的实际情况出发，将课程总目标和单元目标具体化为专题目标。

上文已经列举过常见课程目标与常见课程实施方法的对应关系。在课程实施方法的设计中，一方面应当熟悉甚至洞察这些对应关系，为实现特定的课程目标灵活地选用课程实施方法；另一方面应当创造性地将各种课程实施方法的使用结合起来，为实现多任务的复合性的课程目标创造条件。值得注意的是，就某一特定专题课程而言，其课程目标应当有主次之别。如果为实现多任务的复合性的课程目标而采用两种甚至多种不同的课程实施方法，这些方法的采用也应有主次之分。一般说来，在一个特定专题的课程实施过程中，应当有一个主要的课程实施方法，而且主要方法用于核心的课程内容，为主要课程目标服务。

审视课程目标，从特定而单一的课程目标出发选用课程实施方法，相对而言是比较容易的。创造性地将不同性质的课程实施方法结合起来，以高效地实现多任务的课程目标，这对于新教师来说是有较大难度的。为此新教师应注意学习他人的成功经验，使自己少走弯路，早日成为成熟的课程设计者与实施者。

（二）分析课程内容

课程目标是决定课程实施方法的第一要素，而课程内容是决定课程实施方法的第二要素。选择课程实施方法时，必须综合考虑这两大要素。

为设计课程实施方法而分析课程内容时，首先要考虑课程内容的类别属性，其次要考虑课程内容的性质。从课程类别角度看"语文"、"外语"、"民族语言与文学"等语言文学类的课程，阅读教学中应多采用阅读法、欣赏法、背诵法、讨论法、表演法、情境熏陶法等类型的方法，但听、说、读、写等技能的培养，则必须借助生动活泼的练习。《义务教育语文课程标准（2022年版）》强调课程实施要从学生语文生活实际出发，创设丰富多样的学习情境，设计富有挑战性的学习任务，激发学生的好奇心、想象力、求知欲，促进学生自主、合作、探究学习；关注个体差异和不同的学习需求，鼓励自主阅读、自由表达；倡导少做题、多读书、好读书、读好书、读整本书，注重阅读引导，培养读书兴趣，提高读书品位。数学、自然科学类的课程，应多用演示法、实验法、讨论法、探究法和带有直观特征的计算机辅助教学等方法，以化解疑难，并培养学生的科学精神与探究能力。《义务教育科学课程标准（2022年版）》指出要引导学生掌握基本的科学方法，具有初步的探究实践能力。具体来讲，要掌握观察、实验、测量、推理、解释等基本的科学方法；形成科学探究的意识，理解科学探究是探索和了解自然、获得科学知识、解决科学问题的主要途径，理解科学探究涉及提出问题、作出假设、制订计划、搜集证据、处理信息、得出结论、表达交流和反思评价等要素，具有初步的科学探究能力等。艺体类的课程，主要任务是培养欣赏能力，训练特定技能，提升身心素养，为此应多采用欣赏法、训练法、练习法、身心锻炼法等方法；品德与社会科学类的课程，应多采用情境熏陶法、讨论法、辩论法、表演法等方法，以帮助学生明辨是非、认识真理。

从课程内容的性质角度看，知识的传授，宜多采用阅读法、讲授法、谈话法、复述法、背诵法、默写法等方法；技能的传授，应多采用训练法与练习法，并注意将训练与练习安排得科学有序、生动活泼；能力的培养，应多采用探究法、发现法、实际问题解决法、小组合作法、大组交流法等方法；品德与个性修养类的课程内容，可多采用情境熏陶法、故事法、表演法、讨论法、辩论法、演讲法等方法。

（三）选择实施方法

选择课程实施方法，除了必须从课程目标、课程内容出发外，还必须兼顾师生的实际情况与所在学校的客观条件。根据实际情况，设计者应当思考采用什么样的方式来选择和组合课程实施方法。

在选择课程实施方法时，一般可以采用自我提问的方式，依次向自己提出以下问题：

（1）要实现既定的课程目标，有哪些可用的课程实施方法？在这些方法中，哪一种效率最高？仅次于这一方法的方法，又是哪一种？

（2）对于本单元或本专题的核心的课程内容来说，有哪些适用的课程实施方法？在这些方法中，哪一种效率最高？仅次于这一方法的方法，又是哪一种？

（3）对于非核心的课程内容来说,有哪些可用的课程实施方法?

（4）就师生双方的实际情况和学校的客观条件而言,上述备选的课程实施方法,哪些是适用的,哪些是不适用的?

（5）怎样才能激发学生的学习动机?

（6）怎样检查特定课程的课程实施质量,以了解所选课程实施方法的实际效果?

一般说来,新教师在设计课程实施方法时应有意识地思考上述问题。对于多数老教师来说,由于富有教学经验,在设计课程实施方法时不必每次都依次思考上述所有问题,而是重在思考如何吸收他人的长处,如何优化自己的课程实施风格与习惯,以实现课程实施方法的最优化。

习近平总书记高度重视国家教育事业,他谈到一个人遇到好老师是人生的幸运,一个学校拥有好老师是学校的光荣,一个民族源源不断涌现出一批又一批好老师则是民族的希望。作为教师要大力弘扬教育家精神,自觉涵养育人智慧,为党育人、为国育才,努力培养出一批又一批堪当民族复兴大任的时代新人,为强国建设、民族复兴伟业作出新的更大贡献。

第二节 课程实施策略的设计

所谓策略是指既具有目标性、计划性,同时又具有一定的艺术性,在其具体情景中显示直觉性特征的行动方式。策略一般具有四个基本要素,包括指导思想、实施程序、行为技术和效用评价。

课程方案和计划能否转化为现实,在于课程实施的效果,而课程实施的成效如何,很大程度上取决于课程实施中所采用的策略。基于此,许多学者对课程实施的策略进行了积极的探索与研究。在此将介绍涉及课程实施策略的一些重点内容。

一、课程实施策略的代表性观点

(一) 钦与本恩的课程实施策略

钦与本恩的课程实施策略为思考课程变革提供了一个分析框架,但是由于这种分类方式所依据的是人性论、政治学方面的不同假设,因此往往显得过于抽象,钦与本恩认为课程实施策略具有下列三种类型:[1]

1. 实证-理性策略(empirical-rational strategies)

该策略相信人是理性的,只要使实施者相信改革是合乎理性的,他们就会服从并加以

---

[1] R. CHIN, K. D. BENNE. General Strategies for Effecting Change in Human Systems[M]. //W. G. Bennis, K. D. Benne, R. Chin. The Planning of Change (4th ed.) New York: Holt, Rinehart and Winston, 1985: 22-45.

实施。它强调实施者的能力与主观上要求改革的迫切程度。因此,采用此模式的关键在于澄清实施者对改革必要性的认识,同时对他们进行培训以增强其效能。该策略最具代表性的例子就是"研究-开发-推广"(Research, Development and Dissemination Model,简称 RD&D)模式。该模式把课程变革视为一种技术化、理性化的线性过程,指向课程变革的技术本身,而不是学校与课堂中教学的性质。

波斯纳(G. J. Posner)指出,这种"研究-开发-推广"模式具有下列特征:

(1) 需要实施的技能假定为可以学习的(learnable)及可以特定化的(specifiable)。

(2) 课程方案由专家设计并使其臻于完美。由于假定课程方案能适合不同的学校情境,教师很少有机会进行现场修改(on-site modification)。

(3) 假定课程目标已得到课程开发者、教师和学生的认同,并且这些目标成为评价学生的主要基础。

(4) 评价课程的方法主要是心理测量式的,如成就测验或态度调查。

(5) 课程实施以"忠实"程度作为评估的基础,课程方案的使用者是变革的被动接受者(passive recipients)。

尽管"RD&D"模式具有广泛支持者,这种模式也曾在二十世纪五六十年代的课程运动中普遍运用,但基于该模式的教育改革从未获得完全成功,经常发生误用现象。这与该模式的理论假设有关,即教育改革是科学本位和技术驱动的,课程变革过程被视为一种工业生产过程。实际上教师作为课程计划的被动接受者,教学技术是难以从一个情境传递到另一个情境的。而该模式的步骤是彼此分离的,因而难以避免在实践中相脱节的问题。

2. 权力-强制策略(power-coercive strategies)

该策略要求个体遵从那些制度高位者的意愿。尽管学校教育中很少直接采用这种策略,但是可以经常看到那些高位者通过提供各种物质的或符号的奖赏,强迫人们接受新计划。采用这种策略的人,往往利用自身的制度优势,通过法律或行政命令,迫使无权势的一方顺从。

3. 规范-再教育策略(normative-reeducative strategies)

该策略同样奠基于人的理性和智能,但与实证-理性策略的基本假设有很大不同。实证-理性策略认为人的智能是纯个人、心理的现象,改革是一系列合乎理性的活动和依照线性序列展开的过程。规范-再教育策略视人的理智为社会、文化的产物,受他们的态度、信念、价值观以及所处情境、人际互动的影响,并由此引起行为的变化。这就增加了改革过程中的不确定因素,表明"教育改革不只是技术的工作和行政手段,必须关心教师对创新的认同感、情绪和理解"。

(二) 麦克尼尔的课程实施策略

美国学者麦克尼尔把课程实施策略分为以下三种:[①]

---

① J. D. MCNEIL. Curriculum: A Comprehensive Introduction (5th ed.)[M]. New York: Harper Collins College Publishers, 1996.

1. 自上而下策略(Top-Down Strategies)

自上而下策略是由国家和地方一级的教育机构发起的。课程以其对学校教育活动极强的规划能力而成为学校变革的核心,相应地,某种来自上层的课程改革计划,往往成为催发和推动学校变革的契机。采取这种策略来实施课程变革,技术性很强,要求学校中的其他因素与改革相一致。否则这种技术上的变革将会受到阻碍,难以进行,或只是暂时得到实施而不利维持。这种策略又可表现为两种:

(1) 调查与发展模式。这种模式是国家或地区性课程改革中普遍采用的策略,强调国家或地区等上层机构要创设条件使学校管理者与教师充分认识改革的价值。类似于前面提到的"研究-开发-推广"模式。

该模式将从大学、地区实验室等教育机构中获取的资料作为改革的计划或产品而进行传播、推广。由于改革的计划来源于国家或地区等上层机构,因此要实现有效的传播,就需要创设一定的条件:实施者要充分了解改革的价值;学校的管理者能够确信改革将会使学校获益;改革的价值要广泛宣传;学校的全体教师有机会接受关于课程改革的有关问题的培训和学习。

对"调查与发展模式",人们对其批评主要集中于缺少对政治因素的关注,这种因素可能会影响人们对改革的接受。而且,倘若改革中没有共同的标准,当不同背景的教师和学生在使用课程计划时,就会使课程计划扭曲。这种状况往往会导致改革倡导者的失望、技术专家的无奈和人们对于改革价值的怀疑。

(2) 多因素策略。多因素策略为克服"调查与发展模式"的弊端,更多地关注政治的、社会的与经济的因素,主张通过利用三种组织要素——社会准则、教师领悟力与技术来克服单因素变革的局限。因此,这种策略比"调查与发展模式"更进了一步。

由上可知,自上而下策略的两种典型的模式,由"调查与发展模式"到"多因素策略",其支持者试图在努力克服策略本身的局限,通过下放决策权力、扩大实施队伍以及提供改革相应的支持等手段使策略逐渐趋于完美。但策略本身所固有的矛盾无法通过内部的调和来解决,这就为"自下而上策略"的产生提供了机会。

2. 自下而上策略(Bottom-Up Strategies)

自下而上策略是与自上而下策略相对应的一种课程实施策略。该策略是变革机构试图通过教师检视学校中的问题,以当地或以教师所关心的问题为起点来进行变革的。由此,作为个体的教师成为革新者而被引入变革。

这种策略的典型模式是"整合发展策略"与"教师作为变革动力"(Teacher as Agents of Change)。

(1) 整合发展策略。"整合发展策略"主张处理教师当下关心的问题,借此发动学校系统内的组织变革。这种方式认为课程变革必须消除教师的疑虑,因此首先要帮助教师识别与分析其能力范围之内的问题,分析引起困难的原因,使教师产生新的领悟力和对问题分析的理论能力,然后激发教师从行动上采取变革。

运用该策略应注意:第一,激发教师讨论改革的可行性,产生改革的期望。第二,部分教师开始采取行动。第三,使教师产生"我为什么这么改革"的判断。第四,针对改革产生的新问题,教师反思新课程的基本假设,产生"课程与教育目标是否相一致"的疑问。"整合发展策略"以教师为课程实施的主体,以教师所关注的问题为起点进行改革。

(2) 教师作为变革动力。"教师作为变革动力"最初由塔巴(H. Taba)提出,她认为课程编制应始于教师对教学单元的设计,这将为以后进行全面的课程编制奠定基础。这些观点从一定程度上激发了教师参与课程实施的欲望与热情,但策略实施起来还是存在一些问题:一是教师态度和技能的转变必须经过长期的学习与培训;二是这种策略需要教师之间的沟通和互动,要处理大量的人际关系工作;三是改革者只有具备将理论与实际改革情境中所出现的问题相联系的专门知识,才能在纷繁复杂的改革中做到游刃有余。

3. 自中而上策略(Middle-Up Strategies)

自中而上策略是凯润·露易丝(Karen Louis)和罗伯特·佩特里(Robert Pently)提出的,摈弃了前两种策略的弊端而产生。他们认为:自上而下的策略过于依赖附带的奖赏,如别人的认可、事业的进步和对不依从者的威胁。而自下而上的策略以个人或群体对改革的倾向为先决条件,如果学校文化本身是传统的、守旧的,就不容易进行改革;而且将教师作为改革的行动者,由于教师自身素质的限制,他们往往选择低质量的改革。在这种背景下,产生了自中而上策略,该策略认为学校是改革的最适当的单位。[1] 自中而上策略主要包括以下几种因素:

(1) 帮助教师注意来自校外的信息,利用这一点作为改革的诱因。
(2) 鼓励教师运用新信息,改变观念。
(3) 通过教师互相交流提供机会来促进新观念的广泛传播。
(4) 通过联合校外人士来促进新思想的普及、推广。

这些因素从某种程度上可以理解为对学校提出的要求,在自中而上的改革策略之下,学校要成为课程实施的主体,在着眼于学校整体的发展同时,更重要的是要聚焦于学校的核心组成部分——教师,通过为教师创造条件,推动与协助教师参与变革。

二、课程实施策略运用中的主体性优化问题

主体性优化是课程实施策略运用中一个非常重要的问题。课程实施策略运用中的主体性主要表现为教学双方的主体意识、主体的能动性、主体的自组织学习等,这些对提高课程教学质量都至关重要。课程实施策略运用中的主体性优化主要包括以下方面:

(一) 加强教师的主体投入意识

习近平总书记指出:"过去讲,要给学生一碗水,教师要有一桶水,现在看,这个要求已

---

[1] 马云鹏,唐丽芳. 课程实施策略的选择——课程改革中一个不可忽视的问题[J]. 比较教育研究,2002(1):25-27.

经不够了,应该是要有一潭水。"勤学笃行、求是创新的躬耕态度是教育家精神的重要内容。广大教师应增强主体投入意识,勤学笃行、求是创新,善于学习、终身学习,持续反思改进,提高自身教育教学水平,做好引路人,为学生成长成才源源不断提供知识活水。所谓教师的主体投入意识,就是教师在课程活动中要确立上好每一节课、让每一个学生都得到发展的思想。在学生求知的过程中,教师是学生的引路人。同样,在每一节课堂教学中,教师是这一节课的设计师和导师,是完成教学计划、实现教学目标的组织者。为了上好每一节课,教师对课堂教学的投入是至关重要的,因为任何疏忽都会给课堂教学带来不良后果,影响学生的学习。

  教师的这种投入包括三个方面,即课前投入、课中投入和课后投入。课前投入是指教师精心备课,确定教学目标,设计课堂结构,探索教法学法,确立教学重难点。课中投入即指上课时教师在整个教学活动中的投入,因为这是与学生面对面的交流,所以是最直接也是最重要的。课后投入即指教师要十分注重学生学习信息的反馈,通过认真批改作业,主动征求和听取学生对教学的意见;通过这种民主思想在教学中的体现,获取最真实的反馈信息,并在以后的教学中不断改进,这会对课堂教学效益的提高起到极大的推动作用。

  只有教师在课堂教学中全身心地投入,课堂教学才能高效轻负,最大限度地发挥教师在课堂教学中的主导作用。

(二) 突出学生的主体参与意识

  在课堂教学中,教师要让学生充分参与到整个课堂活动中,并见之于教学过程之中,要做到这一点,教师必须具有全新的学生观。如果教师居高临下,始终处于主宰整个教学过程的地位,教师讲学生听,学生的行为完全处于教师的支配之下,学生完全处于被动求知,那么就会限制学生思维、扼杀学生的创新意识。只有把课堂真正还给学生,充分调动学生积极参与课堂教学,在课堂教学中努力去实践,让学生做课堂的主人,才能提高课堂教学的效率。

  教育家精神强调教师要有乐教爱生、甘于奉献的仁爱之心。习近平总书记指出,"爱是教育的灵魂,没有爱就没有教育","好老师要用爱培育爱、激发爱、传播爱,通过真情、真心、真诚拉近同学生的距离,滋润学生的心田"。现代教育的教与学的过程,强调教师与学生之间建立一种平等合作、共同实现教学目标的新型师生关系。这种新型师生关系既是民主思想在教学过程中的最好体现,也是主张学生参与教学过程的重要依据,这为学生在学习活动中的积极实践提供了广阔的空间。课堂教学中,教师确立以学生为主体的意识,能够调动多种因素促使学生积极参与,创设和谐友爱的氛围,提供真切的情境使学生主动习得知识;也只有学生积极地参与,才能在实施新课程的过程中,努力实现学习方式的转变,从而收到良好的教学效果。

(三) 强化师生的主体合作意识

  在课堂教学中,师生共同合作并解决问题,是课堂教学的基本思想。教师对学生学习过程中所必须掌握的知识,通过师生共同参与、共同解决,体现出课堂教学的一种民主性,在课堂教学贯彻以人为本的思想;同时营造出一种和谐的氛围,充分调动学生获取知识的自觉性、积极性和主动性,在教学中注重处理好师生之间的教学关系,始终把学生的发展看作教师教学的首要任务。教师应引导学生积极主动地与所要学习的知识产生碰撞、感悟,把教学的重心放在启迪学生思维、发展学生的创新意识上,让学生在与教师默契地合作中学会知识并努力去实践。当然,师生的合作必须建立在教师的精心组织上,按照这一教学思维顺利实现课程教学目标,最终才能取得理想的课程教学实效。

三、课程实施策略运用中应遵循的一般原则

(一)必须达成价值共识,明晰课程实施的目的与任务

在课程实施中,无论采用哪一种课程实施策略,课程改革者与实施者都必须达成一致的价值共识,明确实施课程的目的与任务。事实上,不管哪一种课程变革,都必须摒弃功利思想,课程实施策略的采用必须服务于学生的主动、健康发展,教师专业的持续成长及学校整体办学水平的不断提高。

(二)必须从多维度构建完整的支持系统

无论采用哪一种课程实施策略,都必须具有一定的支持系统。在课程实施过程中,必须具备一定的资源支持。一是人力资源的支持,主要包括一线教师、学校领导及其他教育行政人员。为了使课程实施中的各类主体能胜任工作的需要,必须加强对各类人员的培训,提高他们对课程政策执行的意识与能力。二是财力的支持。为了使课程变革能取得预期的效果,各变革主体必须加大对课程变革的投入,使课程实施建立在坚实的经济基础之上。三是物力资源的支持。在课程实施过程当中,必须提供充足的物质设备,诸如多媒体、白板、实验室、图书馆、体育馆等教育教学设备。四是信息资源的支持。主要是指在课程实施过程中,必须提供有关课程变革的理念与策略、过程与方法、内容与目标等的支持。总之,只有从多维度构建完整的支持系统,课程实施才能真正取得预期的效果。

(三)必须采用系统、科学的程序

课程实施是一种科学的教育活动。课程实施策略的择取必须基于一定的科学方法论的指导。在课程变革的过程中,必须明晰课程实施的一般程序。比如,资料的搜集、目的的定位、原则的确立、课程内容的选择、评价时机的把握、最终报告的提交等程序。课程变革主体都应该熟记于心,操作时应该有计划、有步骤,真正做到积极稳妥、系统科学地去安排、筹划。

(四)必须针对具体实际情况,通盘考虑各种因素,灵活综合地选择实施策略

由前面介绍的一些课程实施策略不难看出,每种策略均有自身的适用境域和条件,每种实施策略各有自己的优点,也有自身的不足。因此,抽象地争论哪种课程实施策略好与

差,是毫无意义的。应将着眼点放在如何依据本地的文化传统和经济环境、本校的实践与实际、教师与学生交互主体的现状,在不同的策略之间做出综合思考,寻找或调整更适合自身发展的课程实施立足点。

四、课程实施策略研究的启示

关于课程实施策略的研究,有如下的启示:

(一)赋予教师专业自主权

在传统的课程实施中,教师只是课程方案的被动执行者,更遑论对学校课程实施的影响与控制。因此,在我国新课程改革背景下,对于教师必须特别强调真正实现"赋权增能"。在课程活动中,这种专业自主权是指教师参与学校课程、教学等事务时所用的专业判断能力与权利。对于这种专业自主权的实现,主要表现在两个方面:首先,学校要允许教师有自己的声音与观点,表达真实的课程理解与认识,为教师提供课程决策的话语权;其次,教师要做自己的主人,积极转变自身角色。

(二)营造"行知统一、自主合作"的教师文化氛围

在课程实施过程中,教师必须清醒地意识到,仅靠个人的力量是远远无法胜任课程变革的需要的,每个人必须努力地树立团队意识,尽力形成"行知统一、自主合作"的教师文化。为了化解课程实施中遭遇的难题,每个教师必须做到殚精竭虑,群策群力。

当然,为了助推"行知统一、自主合作"的教师文化的形成与发展,学校必须采取一些切实的行动。其一,对于学校课程改革,一方面需要积极开拓信息渠道,以更广阔的范围、更快捷的传播速度,将课程变革的理念策略及意义传递给课程使用者,使他们对课程变革的理解更深刻,对课程变革更感兴趣,从而树立积极接纳的态度;同时,可通过有组织的课程推行系统,尽量减少课程变革的信息在传递过程中的衰减,提高课程变革的品质。其二,学校需要创新教师沟通交流的方式,如可以通过每日通报、电子邮件、记事本等方式。其三,学校课程变革还需要培育良好的专业文化,改变教师的行为方式。

(三)确立全新的学校组织领导方式

在课程实施策略选择运用的过程中,必须高度重视学校组织的领导。例如,学校教师及行政人员素质的提升,需要校长结合大家的力量,引导教育人员努力的方向,并提供必要的支持。如果校长不重视课程变革的领导,学校教育人员将缺乏凝聚力和向心力。另外,学校文化如何向着有利于课程变革的方向发展,也需要学校的校长不断设法创设与激励。除了校长外,其他管理机构及人员的课程领导也非常重要。

当然,在坚持学校组织领导的过程中,必须革新学校组织领导的方式。全新的课程领导需要引导并支持教师进行真实的探究性学习;引导并支持教师开展以教师为领导的专业发展;科学系统地设计学校课程,使之更好地适应教师探究学习的需要;重新设计组织结构,使之更好地支持教师合作的专业发展;做好组织转型,建立富有意义的学校和社会

的对话。有效的课程领导需要学校领导者能够与相关人员进行沟通,能将课程所有权变成共有,能够妥善地解决课程问题,能够善用知能而不是权威。

(四)尽量满足多元主体的不同诉求,努力实现多赢的课程实施目标

在课程实施的过程中,其主体是多元的。既有教育行政部门、校外专家,也有校长、教师、学生、学生家长、社区人士等。在课程实施的过程中,课程变革的各类主体在其共性诉求的基础上,也会存在自身独特的利益追求。在课程实施策略的选择过程中,必须通盘考虑,尽量满足多元主体的不同诉求,努力实现多赢的课程实施目标。这样既有利于教育事业的繁荣与发展,也有助于创设和谐稳定的社会环境和教育环境。

五、课程实施的模式

由于人们所持的课程观、知识观和课程实施取向等不同,课程实施模式的种类也是多种多样的。其中,有代表性的课程实施模式主要有研究-开发-推广模式、关注为本采纳模式、组织发展模式、情境模式。

(一)研究-开发-推广模式

研究-开发-推广模式(Research, Development and Dissemination Model),把课程实施视为一种理性化和技术化的过程,认为课程改革就是由学科专家与课程专家针对具体的学科或课程问题进行研究,并根据研究结果开发新的课程方案,然后把方案投入学校推广使用。

研究-开发-推广模式具有其特定的基本内涵:① 课程方案由专家设计,力争使其臻于完美,并且假定这样的方案能适合不同的学校情境,教师很少有机会进行现场修改;② 认定课程实施所需的技能,既是具体化的,也是可通过学习获得的;③ 认定课程目标会得到课程开发者、教师和学生的认同,这些目标会成为评价学生的主要基础;④ 评价课程实施的成功与否,以对课程方案的"忠实"程度提供标准。

(二)关注为本采纳模式

霍尔(G. E. Hall)和劳克斯(S. Loucks)提出了关注为本采纳模式。该模式认为,所有的改革都起源于人的改革。人变化了,组织和制度才会改变。该模式由三个关键维度组成,即关注阶段(stage of concern)、使用水平(level of use)、革新形态(innovation configuration)。该模式既可以被用作推进课程实施的参考模式,也被用作以忠实取向评定课程实施程度的最综合与最清晰的理论。

该模式提出,随着课程实施的推进,教师所关心的事项存在规律性的变化。教师的关注可以顺序分为无关关注、自我关注、任务关注和影响关注四个阶段。① 无关关注(unrelated concerns)。在这个阶段教师没有意识到自己与课程改革之间的关系。此时,教师不会抵制课程改革,因为他们没有意识到改革对自己的专业领域和个人生活所产生的影响。② 自我关注(personal concerns)。在这个阶段,教师将自己与课程改革联系起来,他们关心新课程与现行课程的异同之处,意识到自己必须投入课程实施中。在这个阶段,教师内心深处可能产生应付或抵制新课程的想法。③ 任务关注(ask-related concerns)。在这个阶段,教师关注课程改革在课堂上的实际推行。教师关心的是怎样实施这门新课程,比如:新课程的教学需要花多少时间? 教学新课程的最佳方法是什么? ④ 影响关注(impact-related concerns)。在这个阶段,教师关注的是课程改革对学生、同事和教育团体等的影响。教师会考虑:新课程是否有助于学生的未来生活? 学生学习新课程需要什么新的有效方法?

关注为本采纳模式启示人们,要推进小学课程实施,就要解决好小学教师在第二、三、四阶段所关注与忧虑的事项;否则,教师不仅不会认同课程实施,而且会采取与实施不相关的方式进行工作。

(三) 兰德变迁模式

兰德变迁模式(Rand Change Model),也被称为兰德变革动因模式或兰德模式(Rand Model),是由美国兰德社团在对联邦政府资助的 20 世纪 70 年代四项主要课程计划的评价过程中形成的一种理论模型。

兰德变迁模式由启动、实施和合作三个阶段组成。① 启动。课程变革的发起者致力于让变革得到所有参与者(如教师、学校管理人员等)的支持,该阶段主要任务包括目标解释、寻求支持等。② 实施。新课程方案与学校组织之间相互调适,既定的课程方案、教职员工的观念与能力以及学校的组织结构等都可能有所改变。③ 合作。所实施的课程方案已经成为现行课程体系的一部分,需要课程专家、教育行政管理人员、教师、社区代表甚至家长等密切合作,从而保证所实施的方案不断得到人力物力支持。

兰德变迁模式明确提出了一系列主张:① 课程实施的关键在于课程专家、校长与教师等方面的相互适应;② 良好的教学知识是缄默知识,最好是让教师通过观摩相互学习,而不是让有关专家或顾问来传授知识;③ 课程实施并非由一套预设目标指引,而是由一套与学生、教学方式、教学内容以及学校教育等有关的信念指引;④ 教师可以根据特定的教育情境对课程方案进行调适,课程实施是教师对课程方案的多元诠释过程,他们会从多个侧面来认识与实践课程方案。

(四) 组织发展模式

施穆克(R. S. Schmuck)和迈尔斯(M. Miles)指出,许多课程实施没有成功的原因,就在于把课程实施视为一种理性的过程,过于强调进行技术层面的推广,忽视了实施过程中学校组织需要不断地发展与更新,进而提出了组织发展模式(Organizational-development Model)。[1] 组织发展模式强调学校组织的发展,强调提升学校组织解决问题与自我更新的能力,强调进行团队合作并形成组织文化。

---

[1] A. C. ORNSTEIN, F. P. HUNKINS. Curriculum: foundations, principles, and issues (4th ed.) [M]. Boston: Pearson, 2004: 314-315.

弗伦希（W. L. French）和贝尔（C. H. Bell）描述了组织发展不同于较为传统的组织介入（intervening in organizations）的七个特点：① 重视团队在处理问题中的作用；② 重视团体及团体间的活动过程；③ 运用行动研究；④ 强调组织内部的合作，并视其为主流文化；⑤ 文化被视为整个组织系统的核心；⑥ 让组织的负责人成为顾问兼促进者；⑦ 赞赏组织在不断变化的环境中所表现出来的动态性。

由于组织发展模式具有动态性与形成性等特点，有学者将它视为课程实施创生取向的具体体现。该模式基于"个体是关注未来的"这一主要假设，认为人们渴望积极地参与到设计、发展、实施和评价教育系统的活动中，他们期望通过实施新课程达到师生的预期目标，并最终促进社会的进步。

（五）情境模式

持创生取向的帕里斯提出了课程实施的情境模式（Contextuality Model）。[①] 情境模式基于以下三个假设：① 课程知识包括情境知识，这些情境知识是教师在教学实践过程中创造出来的；② 课程改革体现为个体在思想和行动方面的成长与变化过程，并不体现为一种课程设计与实施的组织程序；③ 教师不论是调整和创造自己的课程，还是对别人创造和推行的课程做出反应，他们的课程实践总是基于他们对特殊情境的知觉。这些假设使帕里斯运用解释学的原理和方法来研究课程实施。

帕里斯认为，我们应该将课程当作教师在复杂的情境中所创生出来的东西来考察，应该用对教师有意义的观点来解释课程实施的过程、结果与情境，如此，就必然要视教师为课程知识的创造者而非接受者。从这一观点出发，创生课程所需要的知识与技能等就不能是静态的真理，而是情境性和具体化的，是教师通过探究性的教学实践而不断获取与更新的。

本章小结

本章主要探讨课程实施方法及策略，包括的基本议题：课程实施方法设计；课程实施策略设计。基本要点：课程实施方法设计的基本要求、课程实施方法设计的基本步骤。课程实施策略的代表性观点、课程实施策略运用中的主体性优化问题、课程实施策略运用中遵循的原则、课程实施的模式。

思考训练

1. 课程实施方法设计要遵循的基本要求有哪些？
2. 请简述课程实施策略运用中的主体优化主要包括哪些方面。
3. 结合本章学习的内容，分析一所小学的课程实施现状并提出改进建议。

---

① 张华.课程与教学论[M].上海：上海教育出版社，2000：351-352.

4. 请选择小学某科目课程内容,回答本书中提到的"选择课程实施方法"时自我提问的六个问题,设计课程实施方法。

拓展阅读

[1] 黄大龙:《新课程推进中的问题与反思》,中国传媒大学出版社,2006。
[2] 顾书明:《现代课程理论与课程开发实践》,人民出版社,2008。
[3] 李晓文、王莹:《教学策略》,高等教育出版社,2000。

第七章　小学课程评价(一)

扫码获取
本章资源

卷首语

本章阐述了小学课程评价的概念,从多元化的角度分析了小学课程评价的主体,揭示了小学课程评价功能以及小学课程评价的分类,为小学课程评价活动开展奠定理论基础。同时介绍了小学课程评价的构成内容,为小学课程评价确立初步的理论框架,有利于系统地学习本章知识。

学习目标

1. 明了小学课程评价的概念,初步具备评价小学课程的能力。
2. 能分清小学课程评价的不同主体,找到它们之间的区别。
3. 初步了解小学课程评价的功能及其自身意义。
4. 理解小学课程评价的分类,能区分不同小学课程评价的类别。
5. 理解小学课程评价的构成内容。

思维导图

- 小学课程评价(一)
  - 小学课程评价概述
    - 小学课程评价的定义
    - 小学课程评价的主体
    - 小学课程评价的功能
    - 小学课程评价的分类
  - 小学课程评价的构成内容
    - 小学课程理念的评价
    - 小学课程目标的评价
    - 小学课程内容的评价
    - 小学课程结构的评价
    - 小学课程实施的评价

导入案例

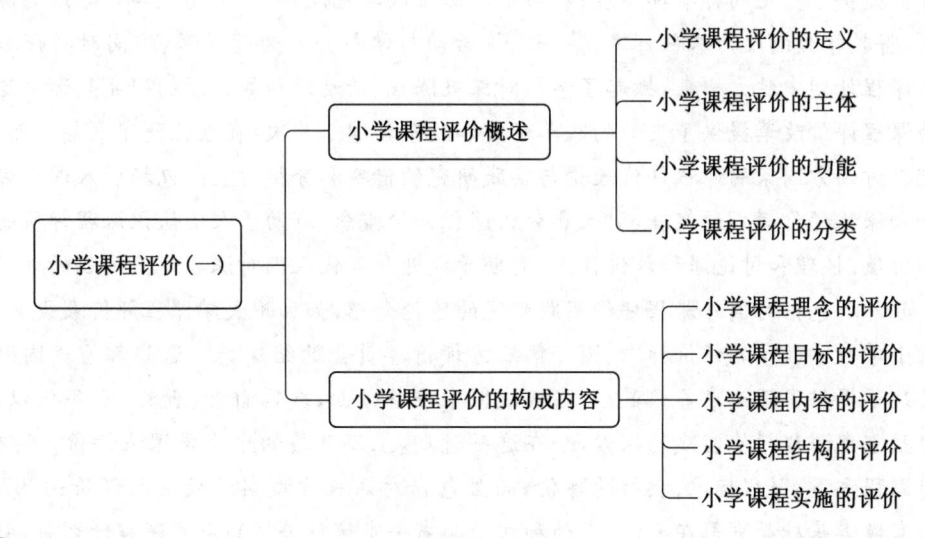

我国课程评价改革的发展历史[①]

在西方国家,课程评价改革的发展历史几乎就是教育评价改革的发展历史。但在我国教育评价改革领域,课程评价改革萌生于改革开放之后,主要是伴随着泰勒目标课程评价模式及对其他课程评价模式的借鉴而开始的。纵观四十多年来我国课程评价改革的发展历史,大致可以分为准备期(1978—2000年)、实施期(2001—2013年)和深化期(2014年至今)。

1. 课程评价改革的准备期(1978—2000年)

这一时期主要是为我国大规模课程评价改革提供改革环境、理论研究和实践探索等方面的准备。首先,在改革环境准备方面,经过严肃的拨乱反正,我国开始迈向改革开放的新时期,随之而来的便是对教育教学进行一系列的重建,包括恢复高考制度、恢复和修订教学计划与教学大纲、重建教材制度等。而且在1978年到2000年,我国分别进行了新中国成立以来的第五次、第六次和第七次课程改革,这为第八次课程改革和首次大规模的课程评价改革奠定了良好的教育改革基础。值得一提的是,在第五次课程改革期间,1980年出版了新中国成立以来的第五套全国统编中小学教材,该套教材按照邓小平同志提出的教材要反映出现代科学文化的先进水平,同时要在符合我国的实际情况的要求之下进行编写和审定;在第六次课程改革期间,1986年我国成立了中小学

---

① 刘志军,张红霞.教育评价[M].北京:北京师范大学出版社,2023:333-336.

教材审定委员会,这是新中国成立后第一次建立的审定中小学教材的权威机构,同时提出了教学大纲和教科书的指导思想和内容确定的标准、规定和要求,这为教学大纲和教材评价提供了一定的标准和维度;在第七次课程改革期间,第一次将教学计划改为课程计划,将教学大纲改为课程标准,第一次将活动与学科并列为两类课程,同时将课程管理从课程计划中独立出来,掀起了学界对三级课程、活动课程等方面的研究热潮。这些都为课程评价改革提供了良好的改革环境和改革氛围。其次,在理论研究准备方面,该时期以对西方国家的课程评价理论与实践研究的借鉴和分析为主。包括引入课程评价概念和课程评价模式的梳理,引入和分析课程评价概念,有助于人们认识课程评价的内涵和价值;梳理和讨论课程评价模式,有助于提升和深化人们对课程评价内涵的理解程度。此外还包括对国外课程评价实践研究的理论介绍,如加州大学课程评价表设置、美国中小学数学教学的评价标准、国外第三方评价委员会的组建等。这些都为我国课程评价改革提供了理论准备。最后,在实践探索准备方面,我国自20世纪90年代以来,就日益重视课程评价实践的探索,如在这一时期,上海开展的中小学课程评价,不仅包括对课程方案、课程标准、教材的评价,而且包括对课程方案实施效果的评价;1997年原国家教委基础教育司在天津、山西和江西两省一市试行普通高中新课程计划时,引入课程评价机制,主要包括教材评价方案和试教监控与质量保障体系。这些都为课程评价改革提供了实践准备。

2. 课程评价改革的实施期(2001—2013年)

这一时期是我国课程评价改革的落地实施时期,其间,国家和地方颁布一系列的政策文件为课程评价改革的实施提供了政策环境,理论研究者和实践探索者为课程评价改革的实施提供了理论指引和实践反思。这一时期的课程评价改革实施还具有问题针对性、理念先进性和实践反思性的表现特征。首先,课程评价改革的实施是针对一定的具体问题而进行的,具有问题针对性。2001年,教育部颁布的《基础教育课程改革纲要(试行)》中明确指出要改变课程评价过分强调甄别与选拔的功能,发挥评价促进学生发展、教师提高和改进教学实践的功能,这从侧面反映出课程评价的甄别与选拔功能已经严重妨碍了课程评价促进学生发展、教师提高和改进教学实践等应然功能的发挥与实现,开展课程评价改革正是为了革除这一弊病。为了更好地解决监控基础教育教学质量的问题,2004年,国家在《2003—2007年教育振兴行动计划》中提出要建立国家和省两级新课程的跟踪、监测、评估、反馈机制。为了解决教材编写和审查不严格的问题,2010年,教育部成立了基础教育课程教材专家咨询委员会和基础教育课程教材专家工作委员会,主要任务是"组织审核教材编写人员资格,组织审查各学科教材,协调处理教材审查中的重大问题;组织开展对课程教材重大问题的跟踪研究和监测评价"。其次,课程评价改革的实施是在发展性课程评价理念的指导下进行的,具有理念先进性。虽然在课程评价改革的准备期和实施期中一直都有对西方国家不同课程评价理论的引进与介绍,但在这一时期,国内的一些学者也开始了探索适合我国的课程评价理论,包括主体性的课程评价理论、发展性的课程评价理论等,尤其以发展性课程评价理论研究最为普遍,发展性课程评价理念也最为人们普遍接受。发展性课程评价理念不仅契合新一轮的课程改革理念,也成为我国实施课程评价改革的重要理念指导。最后,课程评价改革的实施始终伴随着评价改革的反思活动,具有实践反思性。在国家层面,为了了解基础教育课程改革的实施情况,2004年,教育部组织七个评估组分别对辽宁、重庆、山西、河南、江西、安徽、湖北七省(直辖市)进行了基础教育课程改革情况调研,其中包括对课程评价改革实施情况的调研与评估。为了更新和改进教材,2011年,修订好的义务教育阶段课程标准正式发布,随后各个版本的教材需要根据这一新的课程标准进行修订。在理论与实践研究层面,有学者反思这一时期课程评价改革的实施,认为存在课程评价人员专业性不够,评价过程行政性过强,评价内容维度的研制是重点,课程评价标准厘定有难度,考试文化制约了课程评价功能的发挥,导致课程评价结果与初衷背离等问题。还存在呈愈演愈烈之势的应试教育,评价目标的多元性与考试功能的有限性之间的矛盾,课程评价改革目标的理想化与现实教育条件相脱离等困境。根据这些问题和困境,提出了调适和改进课程评价改革实施的思路对策。

3. 课程评价改革的深化期(2014年至今)

2014年是我国深化教育领域综合改革的元年。在这一年,教育部颁布《关于全面深化课程改革落实立德树人根本任务的意见》,其中指出要"研究提出各学段学生发展核心素养体系,明确学生应具备的适应终身发展和社会发展需要的必备品格和关键能力"。2016年,我国学生发展核心素养正式出台,自此,核心素养逐步成为课程与教学领域的研究和改革的重点,我国已经进入基于核心素养的课程改革深化时期,课程评价得到了前所未有的重视。同样在2014年,《国务院关于深化考试招生制度改革的实施意见》正式发布,其中提出"探索基于统一高考和高中学业水平考试成绩、参考综合素质评价的多元录取机制"。自此,综合素质评价逐渐成为学生评价改革的热点,课程评价改革也随之向综合素质评价的理念靠拢。这些都标志着我国课程评价改革进入了深化期。尤其是2020年,《深化新时代教育评价改革总体方案》的颁发更是凸显了教育评价改革的重要性和关键性,课程评价作为教育评价的重要组成部分,其改革更是关系到新时代教育评价改革的实施进程。总体来说,在这一时期,我国课程评价改革主要呈现出具体化、多样化、未来性等特征。首先,具体化主要是指课程评价改革逐渐关注具体学科领域和具体评价领域。在具体学科领域方面,如语文学科、数学学科、英语学科、信息技术课程、劳动课程、美育课程等;在具体评价领域,如课程评价方法、评价主体、评价制度、评价文化等,以评价制度为例,"预成论的思维方式所形成的思维阻力,传统课程评价制度自身的路径锁定所构成的制度阻力,依附考试和管理文化所组成的文化阻力,是阻碍课程评价制度创新的主要因素"。而要化解课程评价制度创新的阻力,必须针对以上几个方面进行转变和改革。其次,多样化是指课程评价改革逐步覆盖整个教育领域和紧扣教育研究热点。课程评价既覆盖高等教育、职业教育、中小学教育、幼儿教育等层面,又在课程评价主体、方法等具体领域呈现多样化特征;既关注线下课程评价,又开始探索线上课程评价;既保持对已有课程评价的关注,又结合核心素养、新高考改革、人工智能等热点研究课程评价。以核心素养本位的课程评价为例,指向核心素养的课程评价具有以下基本特征:着眼于人的全面发展,着力于人的核心素养培育;消解二元对立的思维方式,彰显多元和合的思维品质;超越传统评价文化藩篱,体现多元沟通、开放协商的精神姿态等。其建构的是指向核心素养的课程评价,需要以促进学生全面而个性的发展为理念,加强指向核心素养的课程评价政策制定和制度建设;以理论研究和实践探索为依据,建立多元开放的指向核心素养的课程评价标准系统;以多元主体参与为动力,强调充分发挥教师作为指向核心素养的课程评价主体作用。最后,未来性主要是指课程评价改革逐渐关注未来课程评价的发展前景。在新技术革命、经济全球化浪潮等时代背景下,课程评价改革不能仅仅着眼于短时期的改革利益和问题,还要将眼光放在未来领域,大致说来,未来课程评价改革应该重点关注"育人逻辑与甄别逻辑的对立统一、顶层设计与基层探索的良性互动、技术向度与人文向度的有效融合、本土实践与国际经验的深度接轨"等方面。

  总体而言,我国课程评价改革经过四十多年的发展,课程评价得到了前所未有的重视,也取得了一定的成绩,更是有力推动了课程改革和教育评价改革。但我国的课程评价改革仍然存在一些问题,如在这四十多年的课程评价改革期间,借鉴和仿照西方课程评价理论范式仍然占据重要地位,我们仍然依赖西方课程评价话语体系,建构具有中国特色的课程评价理论范式与话语体系仍然任重而道远。又如理想化的课程评价理念与价值理想仍然与课程评价实践无法实现接轨,在理论层面,我国已然确立发展性的课程评价理念,但在实际的课程评价实践中,因受制于考试文化、"五唯"顽瘴痼疾等方面的影响,仍然停留于服务于获得分数和甄别选拔的层面,这与发展性的课程评价理念存在着严重的割裂问题。此外,在具体的课程评价改革问题方面,教师和学生仍然没有真正发挥其作为课程评价主体的作用,课程评价方法多停留于理论思辨和简单量化层面,课程评价标准过于单一和固化等。虽然在课程评价改革中存在这样或那样的问题,但我们相信,只要持续不断地进行课程评价改革,课程评价改革总会向着好的方向发展。

第一节　小学课程评价概述

  小学课程评价是小学教育的重要组成部分,也是课程活动必不可缺的一部分。如何正确进行小学课程评价对于小学课程的质量至关重要。有效开展小学课程评价活动前必须明确这些问题:什么是小学课程评价?小学课程评价的对象是什么?谁来进行小学课程评价?小学课程评价有何功能?小学课程评价有哪些类别?下面从小学课程评价的定义、主体、功能以及分类四个方面进行概述。

一、小学课程评价的定义

(一) 课程评价

要厘析小学课程评价的定义,需要对课程评价进行内涵界定。当前学术界对课程评价内涵的认识依然众说纷纭、莫衷一是,就如有研究者早就指出的那样,课程评价是一个价值判断的过程,其考察的对象涉及课程的计划、课程的实施及评价整个过程,而这其中的影响因素也是纷繁复杂,这就必然造成了课程评价概念本身的不确定性。[①] 由此可见,对课程评价进行界定是非常必要的。

课程评价综合了事实评价和价值评价。桑德斯认为,课程评价主要是对课程所涉及的全部内容或部分内容如教育经验的设计、学生需求、教学过程、准备材料、达成目标、外部环境、各类支持政策及学习结果等合理与否进行价值评判的过程。[②] 桑德斯的定义较为全面地呈现出了课程评价的内容,并具备了一定的认同度。

在我国,关于课程评价的相关研究起步较晚,并且直到今天学界对课程评价的认识也不尽相同。例如,李雁冰认为课程评价是指以一定的方法、途径对课程计划、活动以及结果等有关问题的价值或特点做出判断的过程。[③]刘志军将对于课程评价的认识归结为三种主要的倾向:其一,课程评价是对课程活动进行价值判断的过程,这类观点在课程评价研究中占据主导地位。其二,课程评价是提供评价信息的过程。其三,课程评价是一种相互作用的过程。[④] 尽管对于课程评价的认识各有不同,但评价是价值关涉的活动,这一点是研究者的共识。课程评价的价值特性主要体现在以下三个方面。[⑤]

(1) 判断价值。规范性评价的一个重要表现形式就是价值判断,课程是充满价值的活动,规范性课程评价就是依据一定的准则对课程活动和现象进行好坏优劣及其程度的判断。

(2) 发现价值。课程评价活动不仅在实现已有的价值,而且通过评价主体间的交往活动不断发现课程活动中蕴含的新价值,从而实现价值的不断创新。

(3) 提升价值。对于课程活动来说,评价不是目的,其最终目的在于促进课程质量提高,促进学生身心全面发展。课程评价通过判断价值和发现价值,实现着提升课程价值的目的,也就是说,达到课程价值增值的目的。

(二) 小学课程评价

那么到底什么是小学课程评价?汪霞认为:"小学课程评价是在遵循小学生身心发展

---

① 钟启泉. 现代课程论[M]. 上海:上海教育出版社,1989:348.
② STUFFLEBEAM D. L. The CIPP Model for Evaluation[M]. //Kellaghan T & Stufflebeam D. L. The International Handbook of Educational Evaluation. Boston:Kluwer Academic Publishers,2003:31-62.
③ 李雁冰. 课程评价论[M]. 上海:上海教育出版社,2002:2.
④ 刘志军. 发展性课程评价研究[D]. 上海:华东师范大学,2002.
⑤ 刘志军. 发展性课程评价研究[D]. 上海:华东师范大学,2002.

规律的基础上通过合理的方法、途径,结合所涉及的相关因素,对小学课程设计、小学课程内容、小学课程实施过程及结果等方面进行价值判断的过程。"① 通过对课程评价的内涵分析,结合小学教育阶段的特点,可以看出小学课程评价有以下特点:

第一,小学课程评价是一个活动过程。

第二,这一活动过程是有目的、有计划的。

第三,活动兼顾事实判断与价值判断。

第四,课程评价的根本目的是促进教育目的、培养目标和课程目标等的实现以及促进课程的发展。

因此,小学课程评价指通过一定的方法途径对小学课程计划(方案)、活动过程以及结果等有关问题的价值观点做出判断,并促进小学课程及小学教育发展的过程。

二、小学课程评价的主体

如前所述,小学课程评价是对小学课程计划、活动过程以及结果等有关问题做出价值判断的过程。在这一过程中,各个课程活动的主体皆可成为课程评价的主体。我国小学课程评价涉及教育部门的管理权、学校的办学自主权、家长的监护权、教师的教学权和学生的学习权等的交叉与嵌套。根据其不同主体的权责范围界定,鼓励多方利益相关者共同参与到课程评价的过程中,扩大评价的民主性与开放性,避免小学课程评价主体的直线性和单一化,实现课程评价主体的多元化。

小学课程评价的主体多元化体现在不仅涵盖小学课程的组织者、实施者等参与者,还包括社区公众人员等非参与者。具体来说,小学课程评价主体多元化意味着参与和实施小学课程评价的主体并不仅限于其中的部分参与者,而是不同主体基于各自的特长,共同对课程进行评价的过程,他们构成一种较为广泛的小学课程评价者联盟。②

第一,小学课程评价主体以教师为主。小学课程评价主体应以教师为主。教师既是课程决策的参与者,又是课程实施的执行者。因而,他们了解课程的各个环节,对课程的价值体察最深。教师最能提出改进课程和教学的切合实际的建设性提议,因此,教师必须是小学课程评价主体中的核心。③

第二,学生是小学课程评价主体。学生作为课程的直接参与者和受益者,其对课程实施效果的感知和体验具有不可替代性。学生作为课程评价主体能够提供独特的反馈视角,基于学习者立场的评价数据对于课程改进具有重要参考价值。从课程体验维度,学生作为课程影响的直接承受者,能够对课程内容的适切性、教学方法的有效性以及学习体验的满意度等方面提供第一手的评价信息;从学习成效维度,学生能够基于自身的学习过程和成果,对课程目标的达成度进行客观评估;从发展需求维度,学生能够结合自身的学习特点和成长需求,对课程的改进方向提出建设性意见。因此,需要充分发挥学生作为课程

---

① 汪霞.小学课程与教学论[M].上海:华东师范大学出版社,2011:184.
② 林德全.论课程评价多元化的若干关键问题[J].天中学刊,2006,21(4):23.
③ 程红义.我国学校体育课程评价的多元化研究[J].安徽科技学院学报,2006,20(6):45.

评价主体的重要作用。

第三,多元化的小学课程评价主体。构建多元化的小学课程评价主体体系是当代课程评价改革的重要方向。基于利益相关者理论,小学课程评价主体包括公众、课程专家、教育主管部门、社区等多方主体。不同利益相关者在课程评价中扮演着独特角色:课程专家能够从专业视角对课程的科学性和系统性进行评估;教育主管部门可基于政策导向对课程的实施效果进行宏观把控;社区代表则能够反映课程与地方发展的契合度;而公众评价作为学校教育的延伸性评价,不仅能够反映学生在社会适应能力、综合素质等方面的表现,还能够为课程改进提供具有前瞻性的建议。这种发展性评价视角对于促进课程的持续改进和优化具有重要的指导意义。体现了社会对课程质量的整体期待。这种多元评价主体的共同参与能够有效克服单一评价主体的局限性,通过不同视角的互补与制衡,提升课程评价的全面性和客观性。

因此,建立多元主体协同参与的课程评价机制,充分尊重学生课程评价权,重视公众课程评价的反馈作用,对构建科学、全面、动态的课程评价体系,推动小学课程的持续改进和高质量发展有着重要意义。

三、小学课程评价的功能

小学课程具有十分重要的作用,指导着小学教育发展。而小学课程评价工作是使课程得以顺利有效实施的保证,它能为小学课程的健康发展导航。小学课程评价的功能主要有以下几个方面:

(一)导向功能

各级各类学校都要实现国家设定的培养目标,但在实际工作实践中,由于各种原因,往往出现这样那样的问题。有些学校在不同程度上往往偏离培养目标,这就需要不断地端正办学方向。通过小学课程评价工作,能够引导学校实现培养目标。评价方案中的指标体系,有明确的指标项目和评价标准,能够指出学校工作的目标和方向,起到"指挥棒"的作用。被评价者必须按照指标要求做出努力,才有可能达到合格或优秀的标准;尽力克服、纠正教学工作中偏离指标的部分和与指标要求之间存在的差距。这样,就可以把贯彻落实教育方针和课程目标与计划等要求,变成被评价者努力实现的目标,从而也使学校的各项教育教学工作有了科学的衡量尺度。

(二)调控功能

在小学课程评价中,评价者按照评价指标,对评价对象逐项进行检测,获得许多反馈信息(如事实、资料、数据等),掌握其全面情况,工作中的成绩和问题可以一目了然,据此指出努力方向,实施指导、调节、控制被评价者的工作。在评价中,被评价者对照评价指标进行自我检查,并从评价者方面获得信息,明确自己的进展,找出差距,自觉进行调节控制,不断改进自己的工作。这样,在评价者和被评价者方面都能起到调控作用,对改进教学工作十分有益。同时,还能使这种调节控制在不断进行的过程中,把教育管理工作始终纳入动态循环。

(三) 激励功能

小学课程评价要对被评价者做出价值判断。每个单位(主要指学校、班级等)、每个人,都有实现自身价值的需要,都有渴望获得较高的价值评定的要求。评价结果所做出的价值判断,会有高低之别,这就能够激励和刺激每个被评价者按照指标的要求行动,争取获得优良的评价而避免落后。把竞争机制引入学校,能激发学校干部、教师、学生工作和学习的积极性、主动性,自觉调控自身的行为,做出成绩,达到指标的要求。

(四) 鉴定功能

通过小学课程评价,认定评价对象是否合格,使评价者能确切了解被评价者的水平,便于确认和筛选。被评价者根据自身所获得的合格与否的评价结论,确定提高和修正的方略。

总之,小学课程评价的作用功能,概括起来说是控制功能。"导向"是定向控制,先提出目标作为方向来控制。"调控"是过程控制,在整个过程中,针对评价对象与目标的接近或偏离情况,进行调节控制,保证整个过程的优化。"激励"是行为控制,人的行为是受动机支配的,动机由需要引起,评价能适应人实现其自身价值的需要,激发动机,使其行为处于争取实现评价指标的积极状态,以保证目标的实现。因而,激励是一种行为控制。"鉴定"是后果控制,针对评价对象的现实状态,加以鉴定。以鉴定合格标准作为最后结果的控制,使被评价者以合格标准作为行动准则,实现控制。

四、小学课程评价的分类

依据不同的标准可将小学课程分为不同的种类。根据评价对象或者评价要素可分为课程总体评价和课程分项评价;从小学课程评价方法是否数量化方面考虑,可以分为量化的小学课程评价、质性的小学课程评价和量化与质性有机结合的小学课程评价;从小学课程评价的功能进行分类,可以分为小学诊断性课程评价、小学形成性课程评价和小学总结性课程评价;从小学课程评价所参照的标准进行分类,可以分为绝对评价(客观标准评价)、相对评价(相互参照评价)和个体内差异评价;根据评价主体进行分类,可以分为小学课程内部人员评价和小学外部人员评价;根据小学课程评价的指向性不同,可以将小学课程评价区分为内在评价和效果评价;根据评价状态可分为小学课程静态评价与小学课程动态评价。小学课程评价体系的分类具有多维性和复杂性,基于不同的理论视角和评价目的,可构建多元化的分类框架。本书将对小学课程总体评价和小学课程分项评价、小学课程诊断性评价、小学课程总结性评价和小学课程形成性评价、小学课程内在评价和小学课程效果评价与小学课程静态评价,以及小学课程动态评价进行具体说明。

(一) 小学课程总体评价与小学课程分项评价[①]

小学课程总体评价一般是指对课程整体发展状况的评价。课程总体评价可以使得我们能够了解课程开发中存在的问题、把握课程发展的正确方向，进而从整体发展规划上为课程研究、课程改革等提供决策依据，为学生群体发展、教师的专业成长等指引发展方向。小学课程分项评价包括对课程目标的评价、课程方案的评价、课程标准的评价和教材评价等方面。对课程进行分项评价，有助于判断课程目标是否已实现教育目标，并测查其实现教育目标的程度以及是如何有助于检查课程方案的开发情况和课程标准的设计情况，同时还有助于查验教材内的合理性以及教材结构的科学性等一些具体课程问题。

(二) 小学课程诊断性评价、小学课程总结性评价和小学课程形成性评价

从小学课程评价的功能进行分类，可以分为诊断性评价、形成性评价和总结性评价。

1. 小学课程诊断性评价

小学课程诊断性评价指的是为了了解课程的已有基础，在课程正式实施之前对课程进行的预测性评价。通常情况下，在新的课程阶段开始之前进行，目的是检查课程状态，发现已有问题并剖析原因，使课程正常开展而进行的评价。

小学课程诊断性评价有以下 3 个功能：

第一，明晰课程已有条件，对课程进行诊断；

第二，检查课程状态，剖析课程存在的问题及成因；

第三，解决课程存在的问题，并对未来课程实施的发展状态进行预测评价；确保课程活动正常开展。

简而言之，小学课程诊断性评价涵盖问题诊断性评价与预测性评价双重含义。

2. 小学课程形成性评价

1967 年，斯克里文在课程的开发与改进的讨论中首次提出了形成性评价这一概念，并经过学者的不断研究逐渐成为一种评价类型。形成性评价亦称即时评价或过程评价。它是在小学课程评价活动过程中针对其各环节、各步骤而进行的一种评价。目的是了解并搜集有关课程活动进程及其过程本身的一些动态或存在问题的资料，以便对小学课程进程及时地作出调整或提出修改意见，[②]从而优化有关小学课程活动，提高小学课程质量。即形成性课程评价旨在提供反馈并得以完善，而非判定有关小学课程活动好坏的一种评价类型。小学课程形成性评价的作用表现在：首先重视课程评价信息和证据的收集与反馈；其次强调根据收集的信息及时改进课程；最后根据不同时间的反馈信息，进行课程的综合评价。在小学课程形成性评价中应用范围涵盖课程编制与课程实施。其中，在课程编制中形成性评价用来收集信息反馈，改进课程修订计划，在课程实施中，形成性评

[①] 刘志军,张红霞.教育评价[M].北京:北京师范大学出版社,2023:331.
[②] 黄甫全.课程与教学论仁[M].北京:人民教育出版社,2014:616-617.

价则表现为课程单元测试、课程过程性作业考核以及章节测验等诸多实践样态。

3. 小学课程总结性评价

总结性评价是指在课程活动周期结束后,对课程是否实现课程目标的成效进行评鉴的活动。强调课程目标的达成和课程成效与结果的甄别和选拔。其主要目的是进行课程结果优劣的鉴定、课程的期终总结。在课程实践中,表现为期末测试、课程结业考试、学业水平考试等具体形式。总结性评价通过从学生的知识掌握、技能运用以及情感态度等方面综合考量,来评估课程目标是否达成,以及课程实施的整体效果。这种评价方式有助于了解学生在经过一个完整的课程学习周期后的学习效果,为后续的教学改进提供依据。同时,总结性评价还能够为学生、教师和学校提供一个量化的评价标准,有助于进行课程质量的比较和选拔优秀的学生。

从学术视角审视,上述三种评价类型在逻辑基础与方法论层面并不存在本质差异,均可采用相同的评价方法体系来检验评价对象的价值属性与信息特征。其区分主要源于评价实施的时间节点及评价结果的功能定位。具体而言,诊断性评价、形成性评价与总结性评价三者之间存在着内在的有机联系:诊断性评价与形成性评价为总结性评价提供了必要的补充与支撑,而前一阶段的总结性评价结果又可作为下一阶段诊断性评价的初始依据。这种相互补充、相互衔接的评价机制,有效地促进了小学课程评价功能的整体发挥与优化。

(三)小学课程内在评价与小学课程效果评价

根据小学课程评价的指向性不同,可以将小学课程评价区分为内在评价和效果评价。

小学课程内在评价聚焦小学课程本身的价值,其核心在于对课程计划的全方位剖析,涵盖课程内容的具体构成、知识的准确性、编排逻辑的合理性、适用对象的能力层次以及教材类型的适配性等多个维度,旨在精准评估课程本身所蕴含的教育价值。已有研究中可以采用德尔菲法等对课程内容的选取与设计等进行评价,优化课程的内在结构,进而提升课程的整体质量。

与之相对,效果评价则属于实证导向的结果性评估范式,其研究重心在于课程实施所产生的教育影响与转化效果。主要考察课程对学生身心发展、教师专业成长以及其他相关参与者所产生的实际影响。例如,在运用效果评价时,为确保评价结果的客观性与科学性,通常借助前测与后测、实验组与对照组的对比分析,系统考察课程对学生认知发展、情感态度、技能习得等方面的影响从而准确判断课程的实际成效。这种评价方式以实证研究为基石,通过对学生在课程学习过程中的行为表现、能力提升以及最终达成的学习目标进行详细记录与数据统计,运用科学的分析方法揭示课程实施的真实效果,为课程的优化与改进提供有力的实证依据。

（四）小学课程静态评价与小学课程动态评价[①]

小学课程静态评价通常是指对课程文本展开评价。课程具有一个重要的特性，就是方案性。刘要悟认为，"课程是对学校教育内容标准和进程的总体安排与初步设计。其最主要的特征是'计划性'或'方案性'"。[②] 这种计划或方案通常指课程的书面文本，如课程计划、课程标准、教科书、教学参考书、练习册等。课程的评价首先要剖析其文本，这些静态评价有助于我们透彻地理解专家的意图，也有助于内化文本，发现文本中的问题并及时纠正。而课程动态评价一般是指对课程实施过程进行的评价。课程文本质量的优劣，除了要对文本本身开展评价外，关键还要关注课程文本在实际教育教学情境中实施过程的具体情况，因为课程文本需要通过课程实施过程来检验其可行性与合理性，而课程实施情况也是影响课程目标能否实现的重要步骤，所以，对小学课程进行动态评价是对课程展开科学全面、有效合理评价的集中表现。但是鉴于课程实施过程的复杂性及实施效果呈现具有周期较长等特征，对课程实施层面的评价变得十分困难。

第二节　小学课程评价的构成内容

小学课程评价的主要内容包括小学课程理念的评价、小学课程目标的评价、小学课程内容的评价、小学课程结构的评价和小学课程实施的评价。

一、小学课程理念的评价

课程理念决定课程改革的发展方向和未来道路，指导课程实践。小学课程理念是对小学课程的基本理论与实践问题的认识与观点，反映课程设置的基本经验、基本规律和思想方法。[③] 小学课程理念的评价是小学课程评价构成的重要内容，体现小学课程的价值取向。小学课程理念的评价需要综合考虑多个方面，可从方向性、先进性和适宜性等方面入手，具体如下。[④]

第一，课程理念的方向性。课程理念是一种具有高度概括性的理论认识，当它具象于某一类课程或者某一门学科时，其基本思想能对教学实施过程起到引导和指导的作用，能促进具体学科在教学情境中遵循一定的规律并按照一定的方向发展。

第二，课程理念的先进性。课程理念的阐述应明确是否建立在现代最新的教育观念和科学的教育理论基础之上，是否满足社会发展对未来人才培养提出的最新要求，是否能充分体现新课程改革的价值取向。

---

① 刘志军,张红霞.教育评价[M].北京:北京师范大学出版社,2023:331.
② 刘要悟.试论课程论与教学论的关系[J].教育研究,1996(4):10-16.
③ 杨传芹.课程理念之比较、分析与贯彻[J].中学政治教学参考,2023(2):7-9.
④ 刘志军,张红霞.教育评价[M].北京:北京师范大学出版社,2023:331.

第三，课程理念的适宜性。当课程理念具体体现在某一类课程或者某一门学科时，其描述应结合该门学科的独特原则和特点，提出具有针对性和特殊性的理念，而不应该完全是普遍性的。

二、小学课程目标的评价

小学课程目标评价是对课程预期学习结果的具体化与可操作化考量，是课程评价体系中的核心环节。作为课程设计的关键要素，课程目标不仅为课程内容的选择与组织提供了方向指引，还规范了教学实施的策略与路径，其重要性不言而喻，直接关系到学生的学习成效与全面发展。因此，对小学课程目标进行科学、系统的评价显得尤为重要。

第一，在实施小学课程目标评价时，需首要关注目标的明确性。明确、具体的课程目标能够为教师与学生提供清晰的学习导向，确保教学活动有的放矢，提高学习效率。课程目标应具备可观察性与可测量性，以便对学生的学习成果进行客观、准确的评估。

第二，课程目标的适切性也是评价过程中的重要考量因素。适切的课程目标应充分考虑学生的实际发展水平、社会需求以及学科特点，既要基于学生的现有基础，又要设定具有适度挑战性的目标，以激发学生的学习潜能，促进其综合素质的全面提升。

第三，课程目标的连贯性与系统性同样不可忽视。课程目标应构成一个有机整体，各层次、各领域之间的目标需相互衔接、相互支撑，共同构建一个完整的目标体系。课程目标需同教育目标、培养目标保持一致。这样的目标体系有助于保持课程内容的连贯性，确保教学活动的有序进行。

第四，课程目标的可达成性也是评价的关键维度之一。课程目标的设定应科学合理，既要避免过高或过低的期望值，又要充分考虑学校性质、特点和资源和条件的限制。只有切实可行的课程目标，才能有效指导教学实践，提高课程实施的效果与质量。

此外还可从课程目标的全面性、均衡性、时代性和表述的准确性等方面进行考量。全面性要求课程目标应涵盖基本知识、基础技能和关键能力等多个维度，确保学生的全面发展。均衡性则强调各目标之间应保持平衡，避免过度偏重于某一领域而忽视其他方面。时代性则要求课程目标能够反映社会发展的最新趋势和未来需求，确保课程内容的时效性和前瞻性。通过这些维度的综合评价，可以确保小学课程目标既符合教育规律，又能满足学生和社会发展的实际需求。

三、小学课程内容的评价

小学课程内容的评价构成了课程评价的主体部分，其主要关注点在于课程内容与教育目标的契合度、准确性与科学性、更新及时性、实用性、广度与深度和趣味性与吸引力等方面。

课程内容与目标的契合度：课程内容是否与课程目标高度一致，能否有效支持课程目标的实现。课程内容应紧密围绕课程目标设计，确保每一部分内容都能为达成目标服务。内容的选择与组织应体现课程目标的层次性和递进性，避免内容与目标脱节。

课程内容的准确性与科学性：课程内容是否准确无误，是否符合学科的基本原理和逻辑,是否反映学科的最新发展。课程内容应基于权威的学科知识,避免出现错误或过时的信息。内容应逻辑清晰,结构合理,能够帮助学生建立系统的知识框架。

课程内容的更新及时性:课程内容是否能够及时反映学科领域的最新研究成果和社会发展需求。课程内容应定期更新,融入学科前沿知识和社会热点问题。

课程内容的实用性:课程内容是否与现实生活和社会需求紧密结合,是否具有实践价值。课程内容应注重知识与技能的实际应用,帮助学生解决现实问题。

课程内容的广度与深度:课程内容是否涵盖广泛的知识领域,同时是否能够深入探讨核心概念和关键问题。广度指课程内容应覆盖学科的主要领域,为学生提供全面的知识视野。深度指课程内容应对核心概念和关键问题进行深入分析,帮助学生形成深刻的理解并根据学生的年龄和认知发展水平呈现逐步深入的特点。

课程内容的趣味性与吸引力:课程内容是否能够激发学生的学习兴趣,是否具有吸引力和感染力。课程内容应结合学生的兴趣特点,采用生动活泼的形式呈现。

四、小学课程结构的评价

小学课程结构的评价主要通过各类课程科目之间的组织与比例关系的评鉴进行的。直接关系到课程目标的实现、教学质量的提升以及学生的发展。小学课程结构的评价应通盘考虑课程结构的合理性、课程设置的均衡性、课时分配的合理性与课程结构的灵活性等方面。

在课程结构的评价中,首先要关注其合理性。合理的课程结构应能清晰地反映课程内容的层次和逻辑关系,确保各部分内容之间的衔接和过渡自然流畅。此外,课程结构还应符合学生的认知发展规律,从易到难、从浅入深地引导学生逐步掌握知识和技能。

课程设置的均衡性。小学课程应涵盖语文、数学、科学、品德与社会、体育、艺术等多个基础学科领域,确保学生能够获得全面的知识和技能。

课时分配合理各类型课程或者学科的课时安排应根据其重要性和学生的接受程度进行合理分配。具体而言,涵盖国家课程、地方课程、校本课程的比例;必修课与选修课的比例;基础性课程与发展性课程的比例;再现型课程与探究型课程的比例;学科课程与活动课程的比例。[1]

课程结构的灵活性也是评价的关键要素。随着社会的不断发展和教育改革的深入推进,课程结构需要具备一定的灵活性,以适应不同学生的需求和未来社会的发展趋势。这要求课程结构能够容纳多样化的教学内容和方法,为教师和学生提供更大的选择空间。

五、小学课程实施的评价

小学课程实施的评价,具体而言是教学的评价,是一个复杂而多维的过程。需要考虑多个方面以确保评价的全面性和有效性。以下是在小学课程实施评价中需要重点考虑的方面:教学目标达成情况;教学内容的准确性与科学性、完整性与系统性、时效性与更新

---

[1] 陈玉琨. 课程改革与课程评价[M]. 北京:教育科学出版社,2001:161.

性；教学方法与策略多样性与灵活性、有效性与针对性；教学环节的衔接性；教学资源利用度；学习的成效性等。

本章小结

全章对小学课程评价进行概述并介绍了小学课程评价的主要内容。首先从定义、主体、功能以及分类等四个方面内容对小学课程评价的基本理论知识进行建构。然后针对小学课程评价的构成内容进行介绍，主要包括小学课程理念的评价、小学课程目标的评价、小学课程内容的评价、小学课程结构的评价与小学课程实施的评价。

思考训练

1. 小学课程评价的内涵是什么？
2. 举例说明小学课程评价的评价主体。
3. 小学课程评价有什么功能？
4. 小学课程评价活动的分类有哪些？
5. 小学课程评价的主要内容与标准有哪些？

拓展阅读

[1] 徐彬、刘志军：《高质量课程评价的逻辑起点、内涵特征与培育路径》，《课程·教材·教法》2024年第6期。

[2] 谢翌、曾瑶、丁福军：《过程性课程评价刍议》，《教育研究》2022年第5期。

[3] 谢翌、程雯、李亚培：《基于学习体验的过程性课程评价》，《课程·教材·教法》2021年第5期。

[4] 雷浩：《基于核心素养的课程评价：理论基础、内涵与研究方法》，《上海师范大学学报（哲学社会科学版）》2020年第5期。

[5] 徐彬、刘志军：《指向核心素养的课程评价探析》，《课程·教材·教法》2019年第7期。

[6] 张俊列：《中国课程评价研究40年：历程、主题与展望》，《课程·教材·教法》2018年第10期。

第八章　小学课程评价(二)

扫码获取
本章资源

> **卷首语**
>
> 　　本章阐释了小学课程评价的方法和模式,着重从方法论层面介绍如何对小学课程进行评价,具体而言,可采用表现性评价法、课堂观察评价法、苏格拉底式研讨评定法、纸笔测验法与面谈法。小学课程评价的模式包括:目标模式、CIPP评价、回应模式、CSE评价模式与梅特费赛尔模式。

学习目标

1. 理解小学课程评价方法的操作步骤,并学会使用综合的小学课程评价方法。
2. 了解不同小学课程评价模式的价值取向,并比较其异同。
3. 结合实例,使用不同的小学课程评价模式设计课程评价方案,并比较优劣。

思维导图

- 小学课程评价(二)
  - 小学课程评价的方法
    - 表现性评价法
    - 课堂观察评价法
    - 苏格拉底式研讨评定法
    - 纸笔测验法
    - 面谈法
  - 小学课程评价的模式
    - 目标模式
    - CIPP评价模式
    - 回应模式
    - CSE评价模式
    - 梅特费赛尔模式

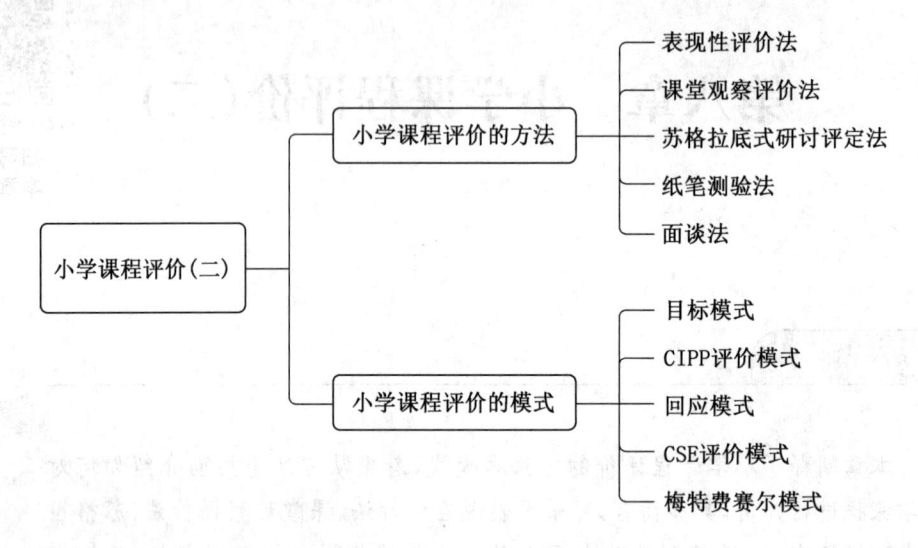

导入案例

基于CIPP评价模式的小学劳动教育课程评价研究
——基于CIPP评价模式的小学劳动教育课程评价框架[①]（节选）

CIPP评价模型关注的是诊断而非评判,本研究重点对小学劳动教育课程评价体系框架进行分析和探讨,不计算各项指标的权重,以CIPP评价模式为理论借鉴,主要对小学劳动教育课程开发、方案设计、实施过程以及结果这四个环节的评价做出理论分析,建立评价理论框架。每一个环节的评价都有其重要的目的和作用,它们之间并不是割裂和孤立的,而是环环相扣,对结果的评价是为了检测目标达成度的实际情况,以便根据课程背景对目标重新修订,推动实施过程的完善,围绕的核心焦点是学生劳动素养的发展和小学劳动课程建设的改进和完善。

一、背景评价:小学劳动教育课程开发评价

劳动教育课程评价重点围绕课程开发背景和课程目标进行评估,其中课程开发背景评价具体包括了课程开设的情况,即课程设置,课程的设置情况为劳动教育实施提供了充分的保障,以及了解教育对象的需求,即了解学生的生活实际经验和参与课程的意愿和兴趣,是课程开发的基础准备。课程目标评价主要考察目标的设计是否符合独特的目标取向、是否全面、合理。基于CIPP评价模式对课程背景的评估内容,本研究将对课程设置、学生需求、课程目标三个指标进行论证分析。

---

① 蒋红黎.基于CIPP评价模式的小学劳动教育课程评价研究[D].广西师范大学,2021.

二、输入评价:小学劳动教育课程方案评价

CIPP 模式中的输入评价是为了检测课程实施方案的可行性和有效性,需要回答什么样的内容符合目标的要求、如何设计方案的实施策略以及需要什么样的资源等问题。本研究根据 CIPP 评价理论选取了小学劳动教育课程内容、内容组织以及课程资源这三个方面对小学劳动教育课程方案进行评价。

三、过程评价:小学劳动教育课程实施过程评价

课程实施可以看作是一个动态的过程,由于不同地区在经济、文化发展方面都有着很大的差异,因此课程实施的影响因素也有很大差异,只有将课程计划看作是可以调整和改变的,才能使国家课程计划得以切实贯彻及有效落实。这说明课程实施过程中不同的策略选择,以及实施取向以及问题解决方式也会有所不同,有很多因素是课程方案中没有预设到的。课程实施是通过教学活动将已有的课程计划付诸实践,课程实践的焦点是实践中发生改革的程度和影响课程实施的那些因素。[1] 同时,"课程实施是一个诠释和创造的过程,是一个交往和对话的过程"[2]。交往和对话涉及的主体较多,其中最为重要的即是学生和教师。通过对课程实施的基本的内涵的理解,可知劳动教育课程实施是将劳动实践活动或者其他的教学活动的指导计划付诸实践的具体过程,课程实施过程的评价中,分析讨论课程实施的影响因素是评价重要内容,因此对劳动教育课程实施的评价主要从影响劳动教育课程实施的因素以及对因素的评价进行思考。

黄甫全根据富兰等国外学者对课程实施分析框架,将影响课程实施的因素分为四大类:课程变革的特征、学区的特征、学校的特征、外部环境的特征[3]。我国学者李臣之认为,影响课程实施的因素主要在于人和物两方面的因素[4],根据李臣之的观点,可将人的因素归为劳动教育实践中学生和教师的角色、地位和作用,物的因素可归为劳动教育课程指导方案和开展劳动教育的基础设施。从课程实施的取向上来看,课程实施取向经历了从忠实取向到相互适应性取向再到课程创生取向的过程,并构成连续体[5]。课程实施的忠实取向是连续体的一端,活动课程的性质决定了实施过程中不可能完全按照预定的计划,需要灵活适应实际情境,而课程实施的相互适应取向是连接两端的中介,这两种取向都需要探讨影响课程实施的因素,创生取向则强调课程实施过程是教师和学生持续成长的过程。

综合上述研究者的分析和借鉴,本研究将影响劳动教育课程实施因素归纳为以下几个方面:学生在实践过程中的表现、教师在指导实践过程中的表现、实践过程中的师生关系、课程资源及课程的四个方面,课程资源在前面的部分已经做了评价分析。因

---

[1] 周兴国,段兆兵.课程与教学论[M].合肥:中国科学技术大学出版社,2012:157.
[2] 靳玉乐,于泽元.后现代主义课程理论[M].北京:人民教育出版社,2005:202.
[3] 黄甫全.课程与教学论[M].北京:高等教育出版社,2002:217.
[4] 李臣之.活动课程研究[M].北京:教育科学出版社,1998:163.
[5] 张华.课程与教学论[M].上海:上海教育出版社,2001:344.

此,影响课程实施比较重要的因素即是活动中的教师和学生,所以在课程实施需要从师生两方面因素去考虑,即学生的表现评价和教师评价。

四、成果评价:小学劳动教育课程实施效果评价

劳动教育虽然突出和重视过程评价,但是不意味着结果评价被忽视。效果评价监测劳动教育方案实施所产生的结果和影响,关注预期目标的达成度以及非预期效果,是对质量监测的一种手段但不是最终鉴定[1]。结果测评关注的是劳动教育产生了何种结果,结果的价值及优点,结果满足对象需求及方案的程度,结果与预期是否一致,若出现偏差,其对对象影响程度如何等[2]。CIPP评价模式同时兼顾了结果评价,这一评价类似终结性评价,可以对课程实施的阶段或者课程实施结束之后进行评价,通过定性与定量分析相结合,不仅能够反映学生劳动素养的培养情况,同时也能评估小学劳动教育课程实施的质量,进一步地发挥监测结果的示范引导、反馈改进等功能,也避免片面的用劳动成果替代劳动教育的综合育人成效。本研究基于课程目标是否达成以及学校、集体和个体的变化将评价分为三个维度,即学生的体验收获、教师的专业提升以及整体效果反响。

第一节 小学课程评价的方法

一、表现性评价法

表现性评价法,又称"表现性测试",是20世纪90年代来兴起的一种质性评价方法。表现性评价法是指为测量学习者运用先前所获知识解决新问题或完成特定任务能力的一系列尝试,具体来说就是运用真实生活或模拟的评价训练引发最初的反应,由高水平评定者按照一定标准进行直接观察、评判形式包括建构式反应题、书面报告、作文、演说、操作、实验、资料收集、作品展示[3]。表现性评价内涵的三个关键特点:第一,表现性评价是在真实或接近真实的情境中实施的评价。表现性评价法是对小学生实际解决问题的过程和结果的评价,意味着会涉及小学生面对课程及问题的主观态度、思维方式和主观能动性等。因此,表现性评价法能够收集有关小学生学习的真实情况信息,有针对性地为其学习提供帮助。第二,表现性评价是对学生解决实际问题的能力与过程的观察和分析,表现性评价法贯穿整个课程评价过程始终。重视小学生解决问题的各个环节,可及时、有效地评价小学生在学习过程中采用的策略并给出建议。第三,表现性评价需要借助一定准则来判断

---

[1] 刘兴富.现代教育理论[M].沈阳:东北大学出版社,2009:155.
[2] 王晓杰,宋乃庆,张菲倚.小学劳动教育测评指标体系研究——基于CIPP评价模型的探索[J].教育研究与实验,2020(6):61-68.
[3] 刘辉,金露.表现性评价方法在小学语文课程评价中的应用[J].中小学教师培训,2004(4):35.

学生是否达成目标。

表现性评价的应用程序,主要包括四个环节:
(1) 确定评价目标
(2) 设计评价任务
(3) 制定评分规则
(4) 实施评价。

二、课堂观察评价法

课堂观察评价法,又叫"观课研讨"评价法、"听评课"法。课堂观察评价法的组织包括以下步骤:

首先,构建主要由学校指导教师、教育管理者、小学教师及小学生共同组成的观课研讨小组。这一多元化的小组构成旨在汇聚不同视角和专业知识,为后续的评价活动提供全面且丰富的信息来源。

其次,开展观课活动。在观课之前,明确观课目的至关重要,基于此目的进而精准确定观课重点。当观课重点得以明确后,部分观课内容可由观课研讨小组共同商议确定。同时,围绕既定观察内容,需精心开发适配的观察工具,并做好翔实的观课记录,以确保观察数据的准确性与完整性。

最后,重点研讨应紧紧围绕预先确定的观课重点展开,通过深入分析和交流,对观察到的教学现象和问题进行全面、深入的探讨,力求揭示其背后的教育教学规律和本质。共同形成结论研讨结束后的结论应由观课双方共同完成,而非仅由观课者单方面作出。这种共同参与的方式能够充分整合各方观点和意见,确保结论的科学性和合理性。

观察结果的记录,主要有三种方法。①

第一,事项记录法。这是把小学生的课堂活动按发生的顺序实录的方法。这也是评价的原始资料。用这种方法特别要注意,在记录的各阶段区别事实记录和判断记录、含有解释的记录。

第二,行动目录法。把想要观察的事项预先列表,发现与之相符的事项,立即校对标记。这种方法,对于观察者来说具有效率高并能一次处理许多同类事项的长处。但是由于记录机械,不能反映行动的因果关系,所以有必要补以对活动场面和产生的条件的记录。

第三,评定尺度法。是把学生的行动按事先制定的一定标准逐阶段评价记录的方法。这种方法是将所要观察的特性,用简短的文字设立不同程度的标准,使观察结果归类或标准化,或者把评定尺度图式化,后者是在直线上设不同的阶段点,往上作标记。使用观察法,要求进行充分训练,积累必要的经验。

---

① 李臣之.活动课程评价初探[J].课程·教材·教法,1997(7):2-5.

三、苏格拉底式研讨评定法[①]

苏格拉底式研讨评定法是芝加哥哲学研究所所长莫蒂默·阿德勒提出的。它把学生在"班级参与"和"课堂讨论"中的表现作为学生学业成绩评定的一个部分。但是对于班级参与和课堂讨论，它又有特别的要求，其中最重要的就是让学生学会更有成效地思考并为自己的见解提出证据。

苏格拉底式研讨评定法的实施程序如下：

第一，明确教育结果。传统的评价只把目标作为评价的标准，而苏格拉底式研讨评定法则注重对"如何才能真正实现这些结果"进行评定。这些结果可以是批判性思维、阅读理解技能、听说技能、多样的写作能力等各个方面的发展。因此，它不会对目标进行过细的分类，也不会将目标限制在特定的领域。

第二，选定研讨采用的文本。苏式研讨评定法要求在宣布讨论主题后，让小学生在家长的协助下搜集相关的材料。为实现学生的"有效听说"这一目标，并达到发展其他一些高级思维技能的教育效果，只要能最佳地促进学生的学习，教师可以根据需要对文本进行自由裁剪和选择，可以选择学科内或跨学科的任何文本中的任何一个细节、任何一段对话或者与该文本有关的其他文本。

第三，提出一个具有引发力的起始问题。一个好的起始问题能够在学生的问题研讨过程中引发对话、交流，甚至产生共鸣，因此，教师能否提出具有启发性、引导性的起始问题成为"苏格拉底式研讨评定法"能否顺利实施的基础。对于什么样的问题才是好的起始问题，美国学者格雷给出的建议是：起始问题确实源于引领者（教师）的好奇心；它们没有单一或"最合适"的答案；它们可以帮助学生产生对话，从而引起对文本中思想观念更深入的理解；它们可以从文本的参考资料中找到最好的回答。

第四，选择记录研讨过程的方式或设计简明的记录表。记录是进行评定的客观依据，它应当能够完全客观真实地反映学生进行研讨的过程。通过对一系列学生研讨记录的分析和对比，我们可以评定学生在各种教育成果上的成绩。因此，我们要选择能够记录学生研讨全过程的有效的方式方法，或者设计简明的记录表来客观、真实、全面地记录学生在研讨过程中的表现。在运用苏式研讨评定法时，我们事先会通过与学生商量来确定采用何种记录方式，比如，是用录音的形式来记录学生的每一次发言，还是采用录像的形式记录学生在课堂研讨过程中的种种表现，抑或是采用笔录的方式找固定的同学来做课堂发言记录等。

第五，用多种方式完成评价。有些学校把苏式研讨评定的结果作为毕业展示的一部分，有些学校把它作为课堂评价的工具，还有些学校把它当作"离校"学业展示，以便接受下一阶段的学校教育。学生还可以借助记录材料进行自我评价、对他人进行评价，教师也可以就此发表自己对某个学生的评论意见。

[①] 牛楠楠."苏格拉底式研讨评定法"及其在课堂教学中的运用[J].教育测量与评价(理论版)，2011(6):26.

四、纸笔测验法

纸笔测验法是一种重要而有效的评价方式。小学课程的纸笔测验是通过选择题或问答题等来评价小学课程的测验工具。纸笔测验往往通过一道试题来评价一个过程技能或探究要素,因此这些试题间基本都是独立的,没有相互联系,由于纸笔测验工具成本低,相对容易开发和运行,传统的纸笔测验造成了不良的学习导向,学生学习倾向于记忆,缺少对知识的深层理解,缺乏对知识之间以及知识与现实社会的联系,这对小学生核心素养的全面培养和提高是极不利的。发展性评价下的纸笔测验,其考核重点不放在知识点的简单记忆和再现上,而是侧重于学生对学习的概念、原理的理解和应用,对所学内容相互联系的建构,对问题的发现、分析和解决能力,对知识的社会、个人意义的理解等。总之,纸笔测验应该改变着重知识记忆、积累的倾向,并应该以知识为评价载体,实现对核心素养等方面的综合评价。

五、面谈法

面谈法是为理解小学生对课程的观点而广泛使用的评价方法。作为与其他方法的不同点,它取决于面谈者教师与被面谈者学生之间的相互信赖关系。同观察法比较,面谈法具有能评价学生的意志、希望的长处,还能理解长期以来学生的生活情况,观察法却难以抓住这些。同调查表法比较,调查表的问题和回答仅限一次,而面谈法,对问题的理解程度和回答假如有必要则可以多次,具有更深刻与准确的优势。但是面谈法一次不能面对众多的对象,而且花费时间较多。

第二节 小学课程评价的模式

一、目标模式

目标模式是为解决教育实践中存在的问题而建立的一种模式,是由"教育评价之父"拉尔夫·泰勒创立的。其评价方法有纸笔测试、观察、交谈、问卷等。由于在教学实施过程中涉及很多变量,要保证实际提供的学习经验的确是计划所要给予的经验几乎不可能,因此我们必须实施评价,评价那些根据某些准则选择的学习经验是否的确符合准则,为学生实际提供的学习经验是不是我们所要给予学生的,提供的学习经验是否能够达到预期的结果。泰勒认为"评价过程实质上是一个确定课程与教学计划实际达到教育目标的程度的过程。然而,由于教育目标实质上是指人的行为变化,……因此,评价是一个确定实际发生的行为变化程度的过程"[1]。为了要确定行为是否发生了变化,则评价在任何时候

---

[1] 拉尔夫·泰勒.课程与教学的基本原理[M].施良方,译.北京:人民教育出版社,1994:36.

都必须包括至少两次评估,即在课程实施之前做出一次评估,再在课程实施后做出几次评估,从而才有可能确定所发生的变化。

目标评价模式的评价步骤如下:

(1) 明确课程评价目的,制订具体的评价目标;
(2) 用描述学生行为和学习内容两个方面的语言界定目标;
(3) 为学生的行为表现确定情境;
(4) 制订或筛选评价技术;
(5) 确定衡量学生行为表现的计分方式;
(6) 收集有关学生行为的信息;
(7) 将收集到的行为信息与其预期目标进行比较。

评价的第一个步骤是对行为目标进行清晰的界定,界定的具体方法是采用二维分析表,二维分析表的"行为标题"这一维表明了应该得到评估的那种行为。"内容标题"这一维表明了与这种行为评估相关的、需要抽样的内容。第二个步骤是要确定使学生有机会表现教育目标所隐含的那种行为的情境。这种情境不仅能够使学生表现适当的行为,而且能鼓励或唤起学生的适当行为。第三个步骤就是选择合适的检测手段来评价学生的行为,这些手段包括各种纸笔测验、观察、交谈、问卷、学生作品等。第四个步骤是使用评价结果,实现评价目的。

在我国,目标模式尽管应用很广,但争议也很大。关于目标模式研究,有学者认为,目标模式作为课程评价领域中第一个较为完整的理论模式,以其结构紧凑、逻辑脉络清晰、易于操作等优点在教育评价中占据重要地位。[1] 目标模式的优点很多,如把评价的焦点从学生转向整个课程方案;提供了可用于修改课程计划的反馈方式;提出了用教育目标作为评价的标准等,但由于目标模式是建立在严格的"目的—手段"二分理性基础之上的,因此,其"目的—手段"容易使人过于重视结果,忽视其他因素。也有的学者认为,目标模式"隐含着消极、被动的人性观和教育观"。[2] 还有学者认为,目标模式在关于"课程评价应由谁操作,行为目标能否全面准确地反映我们的教育目的,教育目标是否一定要测量等方面存在很大问题"。[3]

二、CIPP 评价模式

CIPP 评价模式是由美国著名教育评价专家斯塔弗尔比姆及其同事于 20 世纪 60 年代末 70 年代初系统确立起来的。斯塔弗尔比姆认为,教育活动中所需的评价应是广义的,不限于确定目标是否达成。评价应该有助于方案的管理与改进。评价的最大目的在于为学校行政人员、校方领导以及学校的教师们提供信息,以便在必要时对方案加以修正。其具体构成有:背景评价、输入评价、过程评价、成果评价等。

---

[1] 徐晴,陈明.课程评价目标模式解析[J].高等建筑教育,2004(9):19.
[2] 肖远军.目标导向课程评价模式探析[J].教育科学,2002(6):25.
[3] 姜丽静.课程评价模式的价值取向分析[J].广州广播电视大学学报,2005(6):23.

背景评价是对课程目标进行的评价,要对环境加以界定,并描述其中与方案运作有关的各种条件和因素。确定课程目标所需要的资源与条件,并且需要克服的障碍和困难。其根本目的在于解决课程目标与实际需求的差距,改进当前的课程目标。背景评价采用的主要方法有系统分析、问卷调查、档案分析、访谈等,属于诊断性评价。

输入评价是指对能够达成目标的几种可能的方案设计之优劣的评价,其本质是对课程目标实现的方案的可行性进行的评价。输入评价的主要内容包括:哪种方案设计更符合目标要求?除了准备要实施的方案还有哪些替代性方案?为什么选择目前这一方案?本方案的经费预算及实施进度如何?输入评价的主要功能是比较分析几种可能的方案,以选择出一个更为合理有效的方案去实施。[1]

过程评价是对方案实施过程的评价,旨在为实施计划的人不断提供反馈信息,不断改进课程方案。其中有三个目的:一是要检验实际的实施是否改变了计划,有哪些改变;二是要详细忠实地记录方案实施的过程,如教师怎样理解方案、怎样处理方案、使用了哪些工具与手段,学生如何反应等;三是要提供资料,以便做决定。

成果评价是测量、解释课程实施后的各种结果,判断方案是否符合需求,并协助决策者决定下一步的行动方向。主要通过搜集对课程方案的设计与实施人员的相关意见或作出的判断性观点,确定方案是否满足人们的需求,以此向决策者传达信息。

关于此模式的研究是丰富的。其中,有学者认为,CIPP模式的基本特征是改良取向,它摆脱了评价的控制性,使评价过程变得温和而富有人情。其本质上是对"实践理性"的追求,它有迎合实践的倾向,但缺少对实践的反思批判精神。[2] 从总体上说,这一模式在实施时,其目标虽不很明确,但它重视环境和过程的影响,这是目标模式所不能比的。

三、回应模式

回应模式又称外观评价模式与应答模式,它是由斯太克于1967年提出的。他认为,目标评价模式忽视了教育的前提条件和相互作用以及这些因素对教育的影响,因而外观评价模式仅从前提条件、相互作用、结果三个方面收集有关课程的资料,并对其进行描述和评判。

斯塔克认为,要使评价结果能真正产生效用,评价人要关心活动的决策者与实施者所关心的问题。因此,他建议把问题作为评价的先行组织者。同时,他强调评价必须从关心这一活动的所有人的需要出发,借助信息反馈,使活动结果能满足大多数人的需要。具体地说,应答评价是评价者通过与教育活动有关的各种人员接触,了解他们的愿望,然后把它同实际活动进行比较,对教育决策或方案作出修改,对大多数人的愿望作出应答,以使教育能满足各种人的需要。[3]

应答模式在实施评价时,一般有以下几个步骤:

---

[1] 李雁冰,钟启泉.课程评价论[M].上海:上海教育出版社,2003:33.
[2] 李雁冰,钟启泉.课程评价论[M].上海:上海教育出版社,2003:88.
[3] 陈玉琨,等.课程改革与课程评价[M].北京:教育科学出版社,2001:151.

第一，评价主体与所有同评价对象相关的人、事联系，获取有关评价对象的信息；第二，通过对信息的分析，确定评价对象的范围；第三，评价主体对方案的实施情况进行观察；第四，在观察中，评价主体将实际结果与预期目标相比较；第五，评价主体对需要回应的问题做理论上的修改；第六，评价主体制订评价方案；第七，根据实际需求，选择收集信息的技术与方法；第八，对搜集来的信息资料进行加工处理、分类分析；第九，形成有关评价结果的报告并进行判断。

有的学者认为，该模式兼顾了预定目标与实际效果，强调了各种意见的参与，实现了价值的多元化。[①] 但是由于评价内容繁多，并且通过与人之间的沟通交流收集信息，容易受到人们观点主观性的影响。

四、CSE 评价模式

CSE 评价模式自 20 世纪 60 年代以来一直被研究和推广。CSE 即美国洛杉矶加利福尼亚大学评价研究中心的简称。包括四个步骤。[②]

（一）需要评定

所谓需要评定，就是调查人们有何种需要。其核心问题就是要确定教育的目标。它通常考虑的问题是，当前的教育系统是否符合儿童的特点、社会的需要等？如果不能，当前的教育系统缺乏了什么？应增加、调整或修改哪些教育目标？这一阶段又称为"问题的选择"阶段。

（二）方案计划

这一阶段的主要工作是对各种备择教育方案在达到目标方面的成功可能性做出评价，并在这些教育方案中选择一个切实可行的方案。这种评价包括对教学内外与教育目标一致性方面的分析，以及设备、资金和人员配置方面情况的研究。在此阶段，可采取两种形式的评价，即内部评价和外部评价。内部评价是采用各种内部标准来判断各方案的优劣；外部评价则是通过搜集有关方案在类似情境中实施的资料来判断各方案的优劣。这一阶段又称为"计划的选择"阶段。

（三）形成性评价

这一阶段的评价主要是确定所实施的方案是否与原定教育方案相一致，方案的实施者是否真正体现了方案本身的思想。其目的是发现教育过程的成功和不足之处，修正教学活动中某些偏离预期目标的地方，从而保证教育目标的实现。这一阶段的评价可分为提供计划实施情况的信息和根据反馈信息修正计划两个步骤。这一阶段又称为"计划的修正"阶段。

---

① 姜丽静. 课程评价模式的价值取向分析[J]. 广州广播电视大学学报, 2005(6):12.
② 刘志军, 张红霞. 教育评价[M]. 北京: 北京师范大学出版社, 2023:109-110.

（四）总结性评价

总结性评价阶段的目标是对教育质量做出全面的调查和相应的判断，判断之后往往会对所评教育计划是推广、保留、修正还是放弃做出最终选择。这一阶段又称为"计划的批准或采纳"阶段。

总之，CSE 评价模式是将形成性评价与总结性评价相结合的动态性评价模式，评价活动贯穿全程，并且较为实用，推广性较强。

五、梅特费赛尔模式[①]

梅特费赛尔模式是由美国学者在 20 世纪 60 年代后期提出的一种课程评价的模式。这一模式在泰勒模式基础上补充与完善，本质上仍然是一种目标评价的模式，然而，它更强调了课程评价的持续性与课程的全面的整体效果。

梅特费赛尔模式包括以下 8 个步骤：

其一，使教育团体的全部成员（包括教师、管理人员、学生与普通公民）直接与间接地参与课程编制与评价活动；

其二，提出宽泛的教育目的与具体目标的范例，并对结果按从一般到具体的等级顺序加以排列；

其三，将上述具体目标转换成适用于教学方案实施的目标；

其四，设计标准测量必需的方法，使个体能借此判断方案的有效性，得出相应的结论；

其五，用测验、实例以及其他适当的方式对课程方案实施的整体效果进行持续性的定期观察；

其六，用适当的统计方法收集、分析资料；

其七，根据反映课程哲学思想的特定标准与价值观念评估资料；

其八，根据有关信息，提出建议，进一步实施或修改课程方案。

从梅特费赛尔模式的上述步骤来看，这一模式是以目标为中心的，当然，梅特费赛尔强调了全体成员的参与、目标的宽泛性与对课程效果的持续观察，这就使它在泰勒模式的基础上有了进步。

除了上述介绍的小学课程评价模式，还有斯克里文提出消费者导向评价模式、欧文斯等人提出的反对者模式、中国台湾学者提出的自然探究模式等课程评价模式，不在此一一介绍。

延伸阅读

台湾"'地方'层级课程评价"相关内容[②]

我国台湾于 2003 年颁布了新的"九年一贯课程纲要总纲"（以下简称"总纲"），在其要

[①] 陈玉琨.课程改革与课程评价[M].北京:教育科学出版社,2001:149.
[②] 刘志军,张红霞.教育评价[M].北京:北京师范大学出版社,2023:357-358.

点中比较重视各层级的课程评价权责。为了进一步落实这一实施要求，台湾地区的教育研究院与新竹师范学院合作研究，共同开发各层级的课程评价手册，且对每一层级开展课程评价都制定了较详细的课程评价标准，"总纲"对开展日常的课程评价活动提供了重要的依据和参照。现以"总纲"中专门规定"'地方'层级课程评价"的相关内容为例，从课程评价目的、评价时间、评价人员组织、评价流程、评价方式以及评价标准六大方面来完整呈现我国台湾"地方"课程评价的实施全貌和具体情况。

评价目的："地方"层级课程评价主要在于自我了解与改进，以扮演好台湾教育事务主管部门与学校之转化枢纽角色，次要目的为强化相关人员自我评价职能、促进专业成长、激发其工作士气，通过课程评价增强课程的发展与实施成效。

评价时间："地方"层级课程自我评价，约每年进行一次，最佳评价时机为每年3—4月并兼具形成性与总结性评价。

评价人员组织：成立两个评价组织，分别为课程自我评价推动委员会、自我评价小组，其成员可视自身之条件与需求，邀请学者专家、家长代表、社会公正人士及学校层级人员。

评价流程：包括三个阶段，第一个阶段是准备评价阶段，第二个阶段是评价运作阶段，第三个阶段是分享与改进阶段。

评价方式：包括自我反省与课程评价对话（自我评价会议）、课程改革相关文件，问卷调查、访谈相关人员等。

评价标准：主要包括组织与任务、行政规划配套、专业成长课程与教学辅导咨询、资源整合及"地方"特色等六大项24条标准。

结果的呈现是以"质量并陈"的方式出现，以质的描述为主，量的结果为辅。

本章小结

全章介绍了开展小学课程评价活动的方法和模式。主要的小学课程评价方法有表现性评价法、课堂观察评价法、苏格拉底式研讨评定法与面谈法。在学习了小学课程评价的目标模式、CIPP评价模式、回应模式、CSE评价模式与梅特费赛尔模式后，能够在综合小学课程评价方法的学习基础上，独立对某一课程进行评价。

思考训练

1. 你认为小学课程评价的方法有哪些，该如何使用？
2. 请阐述小学课程评价模式的基本内容与不同模式的价值取向。
3. 请阐述小学课程评价模式的优缺点。
4. 请结合本章学习内容，尝试为某小学撰写课程的评价方案。

拓展阅读

[1] 殷世东:《中小学劳动教育课程评价体系的建构与运行——基于CIPP课程评价模式》,《中国教育学刊》2021年第10期。

[2] 常俊跃、刘扬:《基于CIPP评价模式的项目依托区域国别研究课程评价研究》,《外语研究》2020年第3期。

[3] 陈玉玲、左晓媛:《基于核心素养导向的美国中小学校本课程评价体系研究》,《外国中小学教育》2018年第10期。

[4] 薛继红、王爱玲:《试论生命教育视角下的课程评价及其价值取向》,《教育理论与实践》2017年第28期。

第九章　小学校本课程的开发

扫码获取
本章资源

卷首语

　　校本课程的开发是课程研制和教学过程中最富创造性的活动与课题。本章阐述了校本课程的概念，具体介绍了校本课程与国家课程、校本教材和活动课程之间的区别与联系，详细阐述了小学校本课程开发的模式及开发流程，并基于校本课程评价的理念，阐述了小学校本课程评价体系的建立。

学习目标

　　1. 识记校本课程、校本课程开发、校本课程评价的含义。

　　2. 了解校本课程与国家课程、校本教材、活动课程之间的区别与联系。

　　3. 理解校本课程开发的模式、校本课程开发流程、校本课程评价体系的建立。

　　4. 能应用所学知识和原理分析小学校本课程开发案例，并设计一份较为规范的校本课程开发方案。

思维导图

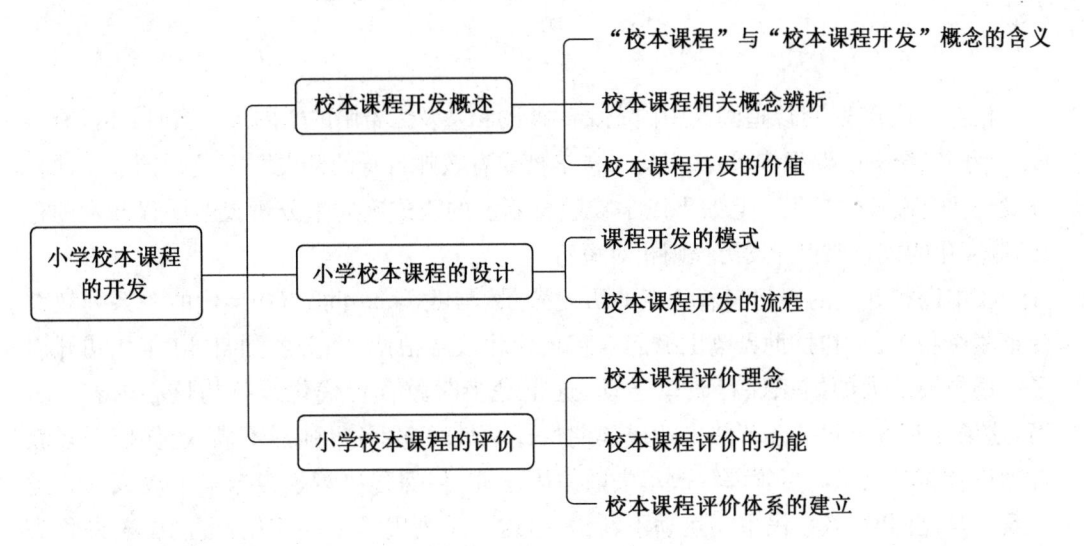

```
小学校本课程的开发
├── 校本课程开发概述
│   ├── "校本课程"与"校本课程开发"概念的含义
│   ├── 校本课程相关概念辨析
│   └── 校本课程开发的价值
├── 小学校本课程的设计
│   ├── 课程开发的模式
│   └── 校本课程开发的流程
└── 小学校本课程的评价
    ├── 校本课程评价理念
    ├── 校本课程评价的功能
    └── 校本课程评价体系的建立
```

导入案例

校本课程——你开发了吗？

1楼：很多学校都要求教师能够开发校本课程。大家能说说你的学校是怎么开发校本课程的吗？

2楼：我们也正在着手准备开发校本课程，但苦于没有路子，不知道该从哪下手。

3楼：大家好，我们学校是外国语学校，校长要求所有校本课程都必须突出学校办学特色，没有外语特色的不让开。

4楼：我们学校这个学期开始进行校本课程的开发和研究。主要以科任教师为主，内容以学生学习为主，对主课进行补充，就和我们之前的课外辅导的形式差不多……

……

6楼：大家好，我是一名美术老师，校长让我上校本课程的绘画课，我想从学生的兴趣爱好入手，可是很多小朋友不知道自己喜欢什么，这可怎么办呀！求大家帮忙啊！！！

我国的基础教育面临着区域差异大、发展水平参差不齐的局面，如何在国家课程的基础上充分发挥学校自身的资源，来弥补国家课程适应性上的不足是近年来越来越被人们关注的问题。校本课程的开发自然提上了日程。但是很多地方的校本课程开发流于形式，存在着质量不高、开发不系统不科学的现象，所以提高教师对校本课程开发模式的认识是必要的。

第一节 校本课程开发概述

校本课程开发"可以追溯到中国先秦时期的私塾及古希腊的学园等。当时,还没有形成所谓国家统一的课程体系,课程均来自学校或者教师自身的开发"[①]。这说明校本课程开发是一个漫长的过程。但如果以学校教育制度的正式确立来分析校本课程开发的存在,制度化的校本课程开发历程则相对短暂。

校本课程开发的兴起有着特定的历史背景,与欧美20世纪60年代的一系列教育变革紧密相关。当时,世界范围掀起教育现代化改革浪潮,欧美各国自60年代初开启了一场规模浩大的国家课程改革运动,这也是当时教育现代化改革的核心内容。然而,这场耗时近十年的改革并未达成预期目标,引发社会各界强烈不满,也促使众多教育理论者深刻反思。尽管课程改革失败原因多样,但课程决策权力未能下放成为关键因素。与此同时,教育民主化运动不断深入,这一系列因素共同作用,推动国家课程决策权力逐步下放,而欧美各国课程改革的这段经历,也为我们开展"校本"课程开发提供了宝贵的前车之鉴。

我国校本课程理论与实践的发展,与教育权力下放和办学多样化改革进程相伴随。特别是20世纪90年代后期,我国学校课程多样化建设的步伐开始明显加快,上海市先行探索必修课、选修课、活动课三个板块课程改革,到1999年国家决定试行三级课程,2001年开始正式确定国家、地方和学校三级课程管理作为基本课程政策,由此开启了我国中小学校本课程20年的发展道路,形成了丰富多彩的创新理论成果与实践智慧。

一、"校本课程"与"校本课程开发"概念的含义

校本课程(school-based curriculum)又称"以学校为本位的课程"或"学校课程",它是由实施课程的学校自己决策、自己设计的课程。[②] 也有学者指出,校本课程就是某一类学校或某一级学校的个别教师、部分教师或全体教师,根据国家制定的教育目的,在分析本校外部环境和内部环境的基础上,针对本校、本年级或本班级的学生群体,编制、实施和评价的课程。[③] "校本课程"这个概念往往同"校本课程开发"联系在一起。因此,我们先来了解一下"校本课程开发"概念的由来和含义。

"校本课程开发"一词最先是由富鲁马克(Furumark)和麦克米伦(MacMillan)等人于1973年在爱尔兰阿尔斯特大学召开的国际课程研讨会上提出并加以阐述的。当时,他们在阐述校本课程开发的意义时,将其范畴界定为学校内部的教职员对课程的计划、设计和

[①] 靳玉乐. 校本课程开发的理念与策略[M]. 成都:四川教育出版社,2006:30.
[②] 谢利民,郑百伟. 现代教学基础理论[M]. 上海:上海教育出版社,2003:89.
[③] 王斌华. 校本课程论[M]. 上海:上海教育出版社,2000:1.

实施。之后,"校本课程开发"这一概念逐渐流行开来,许多学者纷纷就此提出个人的观点,致使对校本课程开发的理解呈现出多样化的态势。现将已有的观点罗列如下。

(1) 富鲁马克:校本课程开发意指参与学校教育工作的有关成员,如教师、行政人员、家长和学生,为改善学校的教育品质所计划、指导的各种活动。

(2) 麦克米伦:校本课程开发是以学校为基地的课程开发工作,该课程开发工作大部分依赖学校教职员工及学校的现有资源。

(3) 斯基尔贝克:校本课程开发是指由学校教育人员负责学生学习方案的规划、设计、实施和评价。

(4) 沃尔顿:校本课程开发,其结果可以是教材的选择、改编,也可以是教材的新编。

(5) 经济合作与发展组织:校本课程开发是学校自发的课程开发过程,在这个过程中,需要中央与地方教育当局的权力、责任重新分配。

(6) 埃格尔斯顿:校本课程开发是一个过程。在这个过程中,学校运用有关资源,通过合作、讨论、计划、实验、评价来开发适合学生需要的课程。

(7) 黄政杰:校本课程开发是以学校为中心,以社会为背景,透过中央、地方与学校三者权力和责任的再分配,赋予学校人员权责,由学校教育人员结合校内外的资源与人力,主动进行学校课程的计划、实施与评价。

(8) 科恩:校本课程开发有狭义与广义之分。狭义上是指学校少数成员,包括校长、部分教师开发课程文件或成品;广义上是指学校所有成员,包括校长、教师、学生、社区人士等参加课程规划、设计、实施与评价等课程开发的全部工作。

(9) 马什:校本课程开发是一种强调"参与"和"草根式民主"的课程开发口号,是一种重视师生共享决定,共同建构学习经验的教育哲学,也是一项需要课程领导与组织变革的技术。

(10) 萨巴尔:校本课程开发有狭义和广义之分。狭义是指学校人员采用、实施现有课程成品时所进行的一连串的课程决定;广义是指学校成员参与课程开发、实施与评价等动态过程,以及其中对于学校组织、资源、社区参与、培训教育所做的决定。

从以上学者的观点可以看出,不同的学者对校本课程开发有着不同的见解,其中渗透着不同的价值观、课程观。虽然对于什么是校本课程的开发还没有达成一致的观点,但从上述的观点中,也可以找到一些共性。

(一) 对"校本(学校本位)"的理解[①]

(1) 以学校为基地。即校本课程的发展是在学校内部开展的一系列实践活动,包括校本课程开发、实施、修改完善等。

(2) 以学校为基础。即校本课程的发展必须立足于本校实际,以本校的办学宗旨、性质任务、现实条件、资源特点等为依据,而非毫无理由、主观随意地开展各项工作。

(3) 以学校为主体。即围绕校本课程所开展的一系列工作是出自学校自身发展的愿

---

① 靳玉乐.校本课程开发的理念与策略[M].成都:四川教育出版社,2006:5.

望，是学校的主动作为，而非被动服从和执行上级部门的有关指令；学校对校本课程实践拥有完全的自主权，是真正的课程开发主体——尽管有校外专家、学者、教育行政人员等的指导和帮助，但他们不能替代学校开展各项工作。

（4）以学校为整体。即校本课程的发展应该充分考虑学校的整体教育目标和学校师生发展的需求，能够带动学校的各项工作；是在综合考虑学校内外各种因素的基础上，动员多方面力量，集体决策和共同努力的过程。

（5）以促进学校自身的发展为宗旨。校本课程的发展过程应该是充分调动教师积极性，发挥教师创造性，提高教师专业水平的过程；也应该是充分照顾本校学生特殊性和差异性，促进学生和谐发展的过程；还应该是举全校之力，涵养学校文化，彰显学校特色，提升学校教育质量的过程。

（二）对"校本课程开发"的理解

"校本课程开发"一词在实践中有两种理解[①]：一是"校本课程的开发"，一是"校本的课程开发"。"校本课程的开发"是将校本课程看作与国家课程、地方课程相对应的一个独立的课程板块，是对这一独立课程板块的开发。"校本的课程开发"是针对开发主体而言的。课程开发的主体分国家层面、地方层面和学校层面，"校本的课程开发"着重强调学校在课程开发上享有充分的自主决策权。在课程论领域，由于分类标准不同，可以把课程划分成不同的类别。如按照课程的开发主体划分，有国家课程、地方课程和学校课程；按照学习的要求划分，有必修课程和选修课程；按照课程的内容划分，有学科课程和活动课程；等等。实际上，现实中的课程可能同时具有多重属性。尤其是在当前，国家规定的选修类、活动类课程，从权力主体看，是由国家决策的，但由于这些课程在目标、内容、实施方式、资源利用等方面的特殊性，决定了学校及教师在课程开发上具有充分的自主权，课程开发的校本化是无法回避的。本研究重点探讨"校本课程的开发"，但也不排除对"校本的课程开发"的关注与思考。

校本课程开发既可以自主开发自己学校的独特课程，也可以对国家课程、地方课程进行校本化改造，使之更加符合具体的学校教育教学情境，但它并不改变国家对于课程的权力主体性质。

二、校本课程相关概念辨析

校本课程开发是小学课程建设的重要环节，鉴于主客观因素的影响与制约，当前人们对校本课程的认识和把握仍存在一些问题。现将校本课程与国家课程、校本教材、活动课程这些相关概念进行辨别，以期在对比中走出校本课程的认识误区，促成校本课程实践的进一步深化。[②]

[①] 吴刚平.校本课程开发[M].成都：四川教育出版社，2002：41.
[②] 汪明,陈波.校本课程的概念厘清[J].中国德育,2019(21)：24.

（一）校本课程与国家课程

对于校本课程，时至今日仍有不少人感觉比较迷茫，分不清校本课程与国家课程二者之关系。校本课程是与国家课程平起平坐的一类课程？还是国家课程的补充完善？对此，我们要从"三级课程"说起，以科学定位校本课程与国家课程二者之关系。

我们常说的"三级课程"是指"三级课程管理"，而非"三类课程"。众所周知，校本课程是与"三级课程"相伴而生的。我国课程管理属于中央集权制，中小学课程先前是"国本"的。由于我国幅员辽阔且不同地区的学校差异显著，因此课程管理重心下移，有了地方课程。可是我国同一地方的学校课程需要差异也非常显著，因此，1999年颁发的《中共中央国务院关于深化教育改革，全面推进素质教育的决定》明确指出："调整和改革课程体系、结构、内容，建立新的基础教育课程体系，试行国家课程、地方课程和学校课程。"这标志着我国长期以来实施的中央集权管理的课程政策体系开始向中央—地方—学校分散管理的课程体制过渡。这是"三级课程管理"的背景缘起。由此我们不难看出，所谓"三级课程"不是把国家课程、地方课程和校本课程作为三种不同类别的课程，而是指中小学有了一定的课程管理权，中小学可以根据本校学生实际课程需要对国家课程进行校本转化，不再简单地担任国家课程的"忠实执行者"。所以，我们应该明确，校本课程主要是为国家课程有效实施服务的。

由上述可知，校本课程不可与国家课程同日而语，在一定意义上我们可以说校本课程具有"第二性"，它是为国家课程的有效实施服务的。这里的服务主要体现在如下两方面：一方面，中小学可以在"'预留地'自主开发"[1]，以更好地落实国家课程指向的学生全面发展目标；另一方面，国家课程由于是立足整体、全国统一的，其内容难度与梯度难免与中小学校学生的最近发展区存有落差，为此我们需要将国家课程进行校本转化，以解决"吃不饱""吃不了"问题。近年来，已有部分中小学在校本课程开发时不再一味"向外"，盲目追求课程的数量；而是眼光"向内"，根据学生的实际课程需要，尤其是从"应学"到"能学"的视域转换，将国家课程"主题式分类、阶梯式分层"，如北京十一学校就将语文、英语、历史、地理等学科的课程按主题进行了分类。以高中语文为例，学校开设有"高中现代文阅读""高中文言文基础阅读""高中记叙文写作""高中议论文写作"等主题式分类课程。此外，该校还将数学、物理等课程"按照难度对学科体系进行分层设计"[2]。

（二）校本课程与校本教材

关于校本课程，除了上述的校本课程与国家课程之间关系误区，现实中还存在校本课程教材化的实践误区。众所周知，三级课程管理体制的确立与推行为中小学课程建设打开了闸门，中小学掀起了一股校本课程开发热潮，甚至还流传着这样一句话，"一流学校抓课程，二流学校抓教学"。

---

[1] 李臣之.校本课程开发[M].北京：北京师范大学出版社，2015：59.
[2] 李希贵.学校转型：北京十一学校创新育人模式的探索[M].北京：教育科学出版社，2013：37.

中小学关注课程、建设课程是好事，值得肯定与赞赏，但现实中我们发现不少中小学将校本课程开发与校本教材编制等同起来了，认为校本课程开发就是编写校本教材，并以自己学校编写了多少门校本教材为荣。对于校本课程教材化，除了与中小学盲目追求课程建设外显化、显示度有关外，还与对校本课程与校本教材认识模糊，甚至等同混淆有关。对此，要明确认识到：首先，校本课程与校本教材虽有不少相同、相通之处，但二者还是有本质差异。"教材与课程的概念与意义有所重叠，教材是课程的重要成分，反映和表现课程的具体内容，教材是课程家族中的基本单位……但二者不可等同。"①通常来说，课程是教学内容及其进度的科学安排，而教材只是教学内容的物化，从教学集合关系来看，教材是课程的真子集，教材隶属课程。实际上，从字面意义上来看，一个是校本课程，一个是校本教材，倘若二者没有差异、可以等同，那完全没必要制造两个概念。其次，中小学校本课程开发可以编写校本教材，但中小学校本课程开发不能简单等同于校本教材编写。中小学校本课程开发是立足学校整体的系统思考、立体推进，具体到某一科可以有教材的编写，但现实中没有校本教材照样也可以开展教学工作，如教学大纲，按教学大纲的规划与安排去教学也是完全可以的。最后，校本课程教材化难以满足学生动态的实际课程需要。校本课程是相对国家课程和地方课程而言的，其意义就在于课程管理重心下移，以校为本来最大化满足学生需求。对于学生的课程需要，不能抽象视之，而要具体来看。既然是具体的学生实际课程需要，那么对于中小学来说，每一届的学生是同中有异的，此时倘若将校本课程教材化，这种固化的校本教材又会出现国家课程那样的问题，难以满足学生动态的需要。此外，校本课程教材化还"会大大提高校本课程的课程成本，加重学校和学生的经济负担"②，因此现实中我们不提倡中小学在校本课程开发中进行校本教材编写，更不允许将校本课程开发等同于校本教材编写。

（三）校本课程与活动课程

现实中关于校本课程的实践误区，除了上述的校本课程教材化外，不少中小学还将校本课程与活动课程混淆等同，认为校本课程开发就是鼓励活动、开设活动课程。可以说，现实中校本课程实践误区是"一静一动"：所谓"一静"是将校本课程静态化为教材了，而"一动"则是将校本课程表层化为活动了。其具体表现：其一，将已有的学校活动归类、打包并冠之以校本课程名义。一些学校认为校本课程是发展趋势，可是学校条件、教师精力不足以建设课程，于是将已有的学校活动"包装"成校本课程，如将升旗活动课程化为养成类校本课程。其二，在开发校本课程时喜欢、习惯从活动入手，因为在不少一线老师看来，国家课程主要是以教材形式存在的，而校本课程大多是以活动形式存在的，而且活动的形式还能够增加校本课程的吸引力。所谓校本课程表层化活动，就是学校和教师误以为有序列地组织活动就可以称其为校本课程。这种误区的根源是，学校和教师没有认清活动课程与校本课程的关系，也没有理解活动课程的内涵。

---

① 曾天山. 教材论[M]. 南昌：江西教育出版社，1997：8.
② 吴刚平. 校本课程要走出"校本教材"的误区[J]. 上海教育科研，2005(8)：1.

其一,校本课程可以是活动课程,但并不意味着校本课程一定要是活动课程。活动课程是相较于学科课程而言的,是指以直接经验为主的课程。活动课程有其独立存在的合法性,但现实中为更好地培育全面发展的学生,我们需要将活动课程与学科课程有机统一起来。作为一种课程形式,活动课程既可以为校本课程所用,也可以为国家课程所用。

其二,如果学校想要将已有的活动课程化,或者直接用活动课程的思路来开发校本课程,必须依照活动课程的规律来办事。活动课程首先要满足上述的以直接经验为主的标准,其次还要满足课程的标准。作为校本课程的活动课程,依旧是课程,而非(校内)活动。活动课程化要遵循课程逻辑,也就是要遵循"四有"原则,即有目标、有内容、有组织、有评价。如果四个要素不齐全,就不能称之为课程,更遑论校本课程了。

三、校本课程开发的价值

(一)满足学生个性化学习需求

校本课程开发的核心价值在于促进学生全面而有个性的发展,为学生的终身发展奠基。开发校本课程就是要张扬学生的个性。任何一项教育的改革,它的最重要的使命就是要帮助学生找到一条最能发挥个人创造性和个性才能的生活道路,而校本课程开发为此提供了可能。因为校本课程是根据学生的需要开发的,是为了学生的成长而存在的,它尊重学生的个体差异,学生可以根据学校提供的校本课程选择自己感兴趣、有潜质的课程,这就给学生提供了一个自我个性张扬的现实条件,并在修习的过程中培养发现问题、分析问题、解决问题的能力,形成自主、合作、探究的学习方式,养成勤于观察、勇于探索、乐于思考的好习惯。

校本课程能够根据学生的兴趣和特长提供多样化的课程选择,从而更好地满足学生的个性化需求。通过校本课程,学生可以选择与自己兴趣相关的课程,如艺术、体育或科学实验,这有助于学生在自己擅长的领域中得到更深入的学习和发展。

(二)促进教师专业成长

校本课程的价值追求之二是促进教师专业成长。首先,促进教师转变教育观念,将"教学是课程的传递,是学生接受知识的过程"的课程观转变为"课程是一个灵活的、开放的、可变化的生态系统"的课程观;将"教师是真理的化身,是学生命运的主宰者"的教学观转变为"教师是教学的组织者、参与者、课程的开发者,教学是课程的发展和创新,是学生参与获取知识的过程"的教学观,将"学习的客体性、受动式、依赖性、阶段目的性"的学习观转变为"学习的主体性、能动性、独立性、创造性、终身受益性"的学习观。其次,促使教师获得课程开发能力。教师是校本课程开发的主体,在开发过程中,教师通过学习、与专家的交流、与其他老师及校外专家的合作以及与学生的共同探究,不断积累经验,提高自己的课程开发水平,培养自己的团队精神。同时,在校本课程的实施过程中,教师不断地对自己的教学行为进行反思,从而发现适合自己的教学方式,形成自己的教学风格和教学特色,最终提高自己的教学水平。

校本课程的开发赋予教师一定的自主权,使他们能够积极参与课程开发过程。这一过程不仅提高了教师的专业水平,还增强了他们的课程意识和创新能力。教师在实践中面对复杂的教育问题,需要不断探索和创新教学方法,这种过程极大地促进了教师的专业成长。

(三) 形成学校办学特色

校本课程的价值追求之三是彰显学校的办学特色。首先,校本课程开发的基石应摆在学校特色建设上。每所学校都有自己独特的历史文化背景、外部条件和内在因素,这些条件的综合就形成了学校具有特色的办学传统和校风,校本课程的建构是突出办学特色的重要载体。其次,校本课程开发的落脚点应定在学生的个性特征上,任何一个学生都有他的生活经历、兴趣爱好、情绪情感体验、个性的"闪光点"以及潜能发展的"生长点",开发校本课程立足点在于开发学生主体,着眼于学生个性潜能发展的独特领域。再次,校本课程开发的侧重点在于教师的个性品质和专长。总之,校本课程要体现"校本"之原则,必须从学校的实际和学校的办学特色出发,从学校、教师的特点出发,有利于形成学校特色,有利于发展学生特长,有利于发挥教师特点。

校本课程允许学校根据自身的办学理念和特色来设计和实施课程,从而在区域内形成独特的教育品牌。例如,一些学校可能强调艺术和创意教育,通过校本课程将这些理念融入日常教学中,不仅提升了学校的教育质量,也吸引了更多志同道合的学生。

第二节 小学校本课程的设计

课程设计由课程目标和课程内容的选择和组织两个环节构成,它是课程开发的重要组成部分,如图 9-1 所示。

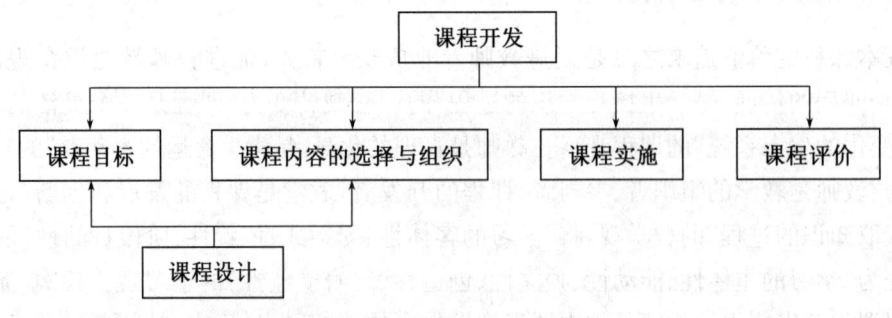

图 9-1 课程开发的环节

一、课程开发的模式

（一）不同目的的开发模式

校本课程的开发在实践当中往往会表现出不同的特点，形成不同的校本课程开发模式，其中，主要的模式有三种：

1. 需求主导模式

以学生需求为主要线索开发校本课程的模式，可以称为需求主导模式，由此开发出来的校本课程叫需求主导校本课程。

需求主导模式，即以学生的实际发展需求为开发校本课程的主要依据，校本课程的开发活动优先考虑的是满足学生的实际发展需求。通过学生需求的满足，逐渐发现学校办学的生长点和突破口，形成学校的办学特色和办学目标，培养和提高校长和教师的课程意识，提高学校的办学质量。

2. 条件主导模式

以资源条件为主要线索开发校本课程的模式，可以称为条件主导模式，由此开发出来的校本课程叫条件主导校本课程。

条件主导模式，即以学校的资源条件为开发校本课程的主要依据，校本课程的开发活动优先考虑的是学校的现实可能，学校在现有条件下能够做什么，能够开发怎样的校本课程。其他因素都只能服从资源条件的限制，校本课程的生长点和突破口都有赖于学校的资源条件，包括硬件条件、软件条件和师资条件等。如有些课程可能是学生很需要的，但学校没有条件开设，只得割爱；有些课程，学校开设出来，学生不一定特别需要或喜欢，学校可以通过努力来培养和激发学生的需要。

3. 目标主导模式

以办学目标为主要线索开发校本课程的模式，可以称为目标主导模式，由此开发出来的校本课程叫目标主导校本课程。

目标主导模式，即以学校的办学目标为开发校本课程的主要依据，校本课程的开发活动优先考虑的是学校的办学思想以及在学校办学思想指导下的具体办学目标，其他因素都只能服从和服务于学校的办学目标。通过落实学校的办学思想和办学目标，逐渐形成学校的办学特色。学校发展的生长点和突破口，是通过学校的办学目标来引导和带动的。比如，有些课程的开设与学校的办学思想和目标是一致的，却不一定是学生最喜欢的，学校通过培养学生的兴趣逐步吸引和激发他们进入课程与教学过程；或者学校现有的资源条件并不具备某类或某门课程，但只要有利于学校办学目标的实现，学校就要想方设法创造条件开设，等等。

开发校本课程的三种模式，在开始进入校本课程开发的时候是值得借鉴的，但随着校本课程开发的深入，要逐渐形成一种更加综合的开发思路，充分调动各方面的因素来促进学生发展和学校发展。

（二）不同主体的开发模式

根据开发主体的不同,校本课程开发可分为两种模式:一种是合作开发,指"外部开发者"和"用户开发者"联合起来进行校本课程开发;一种是课程运行的自开发,也称教学情境互动开发,即在教学中,由师生与课程的互动关系而不断地补充、突破、创新而进行的校本课程开发。

1. 合作开发模式

（1）校际合作模式,即学校与学校联合,各教育哲学与宗旨相近、区域跨距小、资源可互补的学校联合起来进行校本课程的开发,以此增强课程开发实力。其合作方式有:互补整合式、流线作业式、合并交叉式。"互补整合式"是指各学校在明确课程开发的目标与原则后,对同一课程进行单独开发,然后对各自开发结果进行整合补充,加以完善。"流线作业式"指合作学校各自执行课程开发计划中的不同部分,最后加以整合,实现成果共享。"合并交叉式"是把两个学校联合的开发人员合并在一起,分成课程开发小组,每组负责不同部分的开发任务。目前运用较多的是"合并交叉式",它的优势是使合作贯彻到开发的每个部分,充分地实现了人力资源的共享,并且节省时间和物力。

（2）专家-学校合作模式。课程开发实质是课程理论与课程开发实践不断发展、丰富和完善的过程。一方面专家拥有较丰富的课程理论知识,可为学校课程开发提供理论指导。另一方面,具有开发条件的学校为课程理论与实践结合准备了重要基地。专家与学校合作的方式有"试验式"和"指导式"。"试验式"是指专家依据本身的研究课题而在学校进行的理论试验。学校根据自己的办学理念和实际情况,在配合试验的同时,主动进行课程开发,即学校积极地把专家的课程开发研究作为自己校本课程开发的重要内容和组成部分。"指导式"是指学校在进行课程开发时,以学校为主体,聘请专家当顾问、做指导。专家指导涉及理论假设、方案审定、过程监督、结果评价等诸方面。

（3）研究机构-学校联合模式。当学校进行规模较大、难度较高的课程开发时,应与研究机构联合。因为研究机构拥有专家群落,具有系统开发和研究的能力。研究机构与学校联合的方式有"基地法"和"现场法"。"基地法"指某些研究机构以学校为基地进行课程开发,由学校积极参与的一种方式。这种合作虽是以研究机构为主,但由于开发充分考虑了学校具体情况,立足于学校课程实践,且有学校主体参与,因而也表现出明显的校本特色。"现场法"是指由学校设置课程开发项目,研究机构莅临现场给予指导的一种方式。这种方式是以学校的参与为主,要求全面而充分地考察学校具体情况和学生需求,以体现办学理念和学校特色。

（4）教育机构与学校联合模式。在进行校本课程开发时,教育机构可根据教育方针指示,进行财力物力支持和地区间学校资源的调配利用。这些都有利于增强校本课程开发的综合力量。教育机构与学校合作时必须注意遵从"非命令性"和"非干涉性"原则。教育机构虽是学校的上级,但在进行合作时不能用命令代替指导和支持,也不能对学校的各项课程开发活动及出现的问题横加干涉和指责,而应着重于磋商和协调。

（5）领导-教师合作模式。在校本课程开发过程中,领导和教师是核心力量。他们熟知学校的优势与特色,而且直接承担着具体的开发任务,因此,这两种力量的合作是校本课程开发的关键环节。一方面,领导的个人风格、办学理念、管理方略显示着学校的办学特色。另一方面,教师最知晓自己和学生,能真正贯彻校本课程开发中"以人为本"的目的。两股力量相结合,校本课程开发可以完整地体现"学校本位"和"以人为本"的思想,可以更好地体现学校的办学特色。领导和教师合作属内部开发模式,应遵循"民主、开放"原则。通常这类合作方式有:共同参与课程开发决策,领导完善管理,教师具体执行;领导提供物力和财力,教师提供专业知识与能力等。

2. 课程运行的自开发

课程运行是指教师、学生、课程在教学情景中的互动关系。任何一种课程在这种互动关系中都会发生改变或创新性的变化。这种变化能更好地体现教师的能力和学生需求实际。其过程是:① 教师根据学生的需求进行初次课程设置。② 学生提供反馈和建议。③ 教师的自我反馈。④ 再进行课程设置。⑤ 课程设置更合理。⑥ 教师专业能力相应提高,学生能力提高,从而课程开发的水平更高。课程运行的开发关键是教师要具有课程开发的意识和专业能力,不能因循守旧,要时时关注学生需求和课程对学生的影响。学生要有主体性意识,勇于表达对课程的希望和建议。这样才能真正驱使课程不断良性运行,并在运行中达到课程开发完善之目的。

二、校本课程开发的流程

一所学校的校本课程从无到有,需要相应的课程开发程序,包括五个步骤,即组织建立—情境分析—确立方案—组织与实施—评价与改进。具体到教师对某门或某类校本课程的开发程序,更可能集中在情境分析—确立方案—组织与实施—评价与改进等四个环节。

下面以湖南省长沙市开福区紫凤小学的经验为例,讨论小学校本课程开发的基本流程。

1. 组织建立

学校成立校本课程委员会或相应的工作小组。湖南省长沙市开福区紫凤小学在进行校本课程的开发时,首先成立了校本课程审议委员会。通过民主选举,校长、教导主任、5名教师、4名学生、7位家长被选为校本课程审议委员会成员,另外,邀请了两名社区人士,还有高校专家和区教研室主任参与。其职责是审议校本课程开发过程中的重大决策,制定有关的开发与管理条例,检查与监督《校本课程开发方案》的执行情况。

2. 情境分析(或称"评估需要""现状分析")

这是设计校本课程时首先要做的关键性步骤。主要涉及明晰学校教育哲学、需求评估、资源分析和问题反思等等。

一是明晰学校教育哲学(办学理念)。学校教育哲学是校本课程开发的灵魂,没有明晰的学校教育哲学,校本课程的开发也就失去了方向和动力,很难形成合力,服务于学校总体办学目标。

二是需求评估和资源分析。需求评估主要是对学生的发展需求、家长的期望、社会和社区的要求以及学校的培养目标等因素做出判断。资源分析重在对校内外可资开发和利用的课程资源条件的分析,其目的是要弄清校本课程开发的优势条件以及所受的限制。校本课程最大的生命力是学生的兴趣和需要,学校开设的校本课程有无必要,很大程度上取决于学生的兴趣或需要,同时,还要考虑校本课程的开设可能性,这往往取决于学校现有的资源条件。

需求评估强调的是,学生有哪些兴趣或需求要满足;资源分析强调的是,学校能满足学生的哪些兴趣或需求,能满足到什么程度,即"我只能在什么样的程度上满足学生的兴趣或需求"。以前的兴趣小组或活动课存在的一个问题就是随意性较强,不是学生需要什么我给什么,而是我能开什么就开什么,在课程的必要性和可能性方面的论证不足。现在的校本课程是在过去的兴趣小组或活动课上的进一步发展。如以前的兴趣小组可能存在过早专门化的问题,导致小孩子不感兴趣。所以我们倡导小学一至三年级建立泛兴趣性的活动中心或"小小俱乐部",给学生提供充足的表现机会,提供丰富的、多样性的刺激。四至六年级就可以注重兴趣的稳定性,如成立兴趣小组就是一种形式。

校本课程的开发过程是学校组织校内外力量,在国家课程计划的框架内进行的以校为本的课程整体规划与设计,而不是零散的、孤立地开设某门或某类课程。所以,校本课程的开发过程中的需求评估和资源条件分析,是一个学校能否开发出既必要又有可能的校本课程的关键因素。

三是问题反思。在学校教育哲学的指导下,在需要评估和资源分析的基础上进行反思,尤其要在想做什么、需要做什么(理想)和能做什么(现实)之间做出明智的课程决策。校本课程的开发结果往往就是人们应该做的而且有条件做好的那些方面,或者是那些还能够做得更好的方面。

3. 确定方案(确定目标与计划)

这一环节主要是确定校本课程的总体目标和大致结构。在研究需要评估和资源分析的基础上,结合学校教育哲学的基本内涵,确定校本课程总体目标、课程结构、科目、课程纲要等校本课程的基本框架。

校本课程开发的总体目标至少考虑两方面的内容,一是针对学生的课程目标,二是针对教师专业发展目标及其相应的开发成果。校本课程开发既要促进学生的发展,也要促进教师的专业发展。教师发展在校本课程的开发中尤其重要,教师是课程开发的主体,既是校本课程的开发者、设计者,也是校本课程的实施者、评价者。教师的发展水平直接制约着学生的发展水平和校本课程的开发水平。其实,即使没有明确规划教师发展目标,教师的专业发展也如影随形地相伴而生。所以,在校本课程开发的目标设定中,最好自觉地把教师发展目标列入其中。

至于某门校本课程的课程目标的制定,要尽可能地陈述清楚在学习过程结束时学生应该获得的知识能力、过程与方法及情感态度价值观等全方位的目标要求。也就是在课程结束时,我们希望学生发生什么样的变化。"在某个阶段,清晰的目标意识是必不可少的,但更为可能的是,目标是在整个开发过程中逐渐建立和提炼出来的,而不是一开始就能完整地制定出来。"也就是说,校本课程的开发实际上是一个动态开放、不断完善的过程,课程目标本身也可以处于一个动态的不断提炼的过程。课程目标的制定可以先简单明了一些,然后在校本课程自身完善的过程中不断地完善。

不同的课程目标类型及不同的水平使用不同的陈述动词。校本课程纲要的课程目标设计应尽可能向国家课程标准的陈述方式靠拢。中小学各科课程标准中的课程目标主要是按结果性目标和体验性目标来描述的。

结果性目标主要用于对"知识与技能"目标领域的刻画,而体验性目标则主要用于反映"过程与方法""情感态度与价值观"等目标领域的要求。无论是结果性目标,还是体验性目标,都应该尽可能以便于理解、便于操作和评估的行为动词来描述。

4. 组织与实施

从校本课程的规划、设计到组织实施,有很多工作要做。如何选择安排知识或活动序列、组织方式及规模、时间安排、资源分配及需要注意的问题等事项都需要考虑。当然,校本课程要真正落实,离不开对教师进行必要的培训与指导,对学生的指导与帮助,争取校外力量的支持等。

(1) 学校撰写相关校本课程开发指导性文件。紫凤小学撰写的校本课程开发指导性文件主要包括《校本课程开发方案》《校本课程开发指南》以及《校本课程审议制度》等。学校撰写的校本课程开发指导性文件还应该包括校本课程管理制度和激励评价机制等有关文件。

学校撰写的《校本课程开发方案》,就是指在规定的范围内,由学校自主开发的校本课程计划。它的内容包括:需要评估、校本课程开发总目标、校本课程的结构与课程门类、课程实施与评价的设想、保障措施。校本课程开发方案是对学校校本课程的总体规划,规定了学校校本课程开发的指导思想和努力方向。接下来的校本课程开发工作都涵盖在它的指导框架内。

[案例]

致力于通过多样化体验挖掘学生特长、培养学生全面发展的校本课程即将在福州中加学校掀起发现与探索的热潮!今年我校即将开设的课程共有137门,涵盖了科技、体育、艺术、语言、实践活动和思维逻辑六大类。

1. 科技类——宇宙的一生、身边的博物学之旅、丝绸之路上的博物学、认识身边的植物、航空航天模型科技课程、无人机STEAM+AI编程、地球的起源、科眼看世界、揭示生物的奥秘。

2. 体育类——跆拳道、泰拳、篮球、体育游戏、少儿拳击、羽毛球、台球提高教学、瑜伽拉伸、健美操、田径训练队、软式棒球、高尔夫兴趣班、律动操、斯诺克提高教学、乒乓球入门、台球基础入门、游泳。

3. 艺术类——小竖琴课程、中国舞、剑桥英语音乐课程、舞蹈与形体秀、尤克里里入门、钢琴基础、儿童美育、素描提高班、视唱练耳、二胡乐器基础演奏、漫画、舞蹈剧目排演、基础素描、一起创作简笔画、配音与录音艺术基础班、硬笔书法(基础)、民乐小乐团、黑白装饰画。

4. 语言类——英语音标、播音主持、中华美德故事、道法讲堂、有趣的诗歌地图、古诗新唱、创新阅读、语文读书会、中华美食文化、基础英语辅导、思维导图学语文、英文电影赏析、阅读吧、写作小天地、历史小课堂、英语短篇小说鉴赏、新中国战争史。

5. 实践活动类——烫画、木工制作、结绳编织艺术。

6. 思维逻辑类——STEAM科技制作、少儿刷卡编程积木、Scratch编程、心理社、STEAM乐高机器人搭建、进阶魔术课、数学基础知识大闯关、趣味数学、数学奇缘、基础社交魔术课等。

学校可根据《校本课程开发方案》制定《校本课程开发指南》，作为培训教师的基本依据。《校本课程开发指南》的撰写应侧重可操作性，使教师能够据此指导自己的校本课程开发行为。其基本内容主要包括：需要评估、校本课程开发的总目标、校本课程的大致结构、校本课程开发的程序、校本课程开发的管理条例等。

《校本课程审议制度》则是用来审议校本课程开发过程中的重大决策、审议开发与管理条例、审议教师撰写的《课程纲要》等。

（2）教师撰写《课程纲要》。教师可以撰写两种《课程纲要》，一种是简略的《课程介绍》，一种是详细的《课程纲要》。

《课程介绍》是写给学生看的，也是让审议委员会看的。要简单明了，用简洁的语言描述该课程的价值和魅力所在，符合小学生的特点，易于接受和理解，以200字为宜。

如果说简要的《课程介绍》主要是供审议委员会审议和吸引学生兴趣的话，那么详细的《课程纲要》则是教师教学的指南。它没有固定模式，老师可充分发挥自己的创造能力来撰写。一般都要包括课程目标、课程内容、课程实施建议及课程评价建议等几项内容。

（3）学校组织申报与审议。在制定了相关的校本课程文件之后，就开始组织申报与审议。需要申请开设校本课程的教师，首先必须填写申报表，写一份简要的《课程纲要》，并附上《课程介绍》，上交学校审议委员会初审。初审之后，填写审议表，公布审议结果，并上报教育主管部门备案、审议。接下来，召开校本课程发布会。

校本课程的科目、内容及执教教师确定后，就要进行人数统计，一般的做法是选修人数若少于15人，则把这门自选课取消。

校本课程的实施，更需要教师具有明确的课程资源意识，充分开发和利用校内外课程资源。同时，校本课程的实施过程也是检验和完善校本课程的过程，是校本课程的再开发过程。进行开放式课堂教学，让更多的人参与进来，将有助于教师充分利用各种课程资源，并促进教师在反思中改进提高。

5. 评价与改进

评价与改进包含的内容比较多。对校本课程的评价应该是全程评价和全员评价。即对校本课程从开发到实施，对学校、教师、学生所参与事务的全过程进行评价。主要包括：学校校本课程方案（对学校和校本课程计划）的评价，校本课程纲要的评价，教学实施的评价，学生学业成绩的评价，对教师工作绩效的评价，等等。评价是为了改进、促进教师和学生的反思，同时获得相关信息，确定开发出来的校本课程是否恰当、科学合理，是否能促进学生发展；也了解在开发和实施过程中，教师和学生的表现如何，能否实现有效的教与学。

科学合理的评价需要相应的评价理念和评价方式。比如,校本课程中,学生学业成绩的检查与评定,用常规的纸笔测验和分数并不能完全说明问题。尤其是校本课程的学生评价更多强调的是校内评价,很难进行学校与学校之间的比较评价。在确定了以校内评价为主后,教师还需要在各种评价维度之间权衡决策:是侧重学生之间的横向比较,还是只涉及学生个人的纵向发展比较?是连续的过程评价,还是一次性的终结评价?是学生自己评价、小组评价、教师评价,还是外请他人参与评价?评价形式是采用百分数、等级分数,还是写评语或采用成长记录袋评价?等等。

[案例分析]

"跟着古诗词游云龙山"校本课程[①]

古诗词是中华文化的瑰宝,蕴含着丰富的课程资源和活动素材。本研究以江苏省徐州市解放路小学"跟着古诗词游云龙山"校本课程为例,探讨地方优秀古诗词文化主题校本课程的建构与实施策略,即以"大概念引领、大问题导向、大任务驱动"为抓手,立足学生已有经验和学习起点,筛选提炼课程核心概念;创设学习情境任务,开发具有内在关联的系列语文实践活动;设计结构化的活动内容,实现知识、方法、能力、思维同步进阶。

表9-1 "跟着古诗词游云龙山"文化主题课程活动内容体系

大任务	跟着古诗词游云龙山,探索发现云龙山古诗词之美				大概念
子任务	我是小小"考古家"	实地考察云龙山,查阅有关资料,挑选自己最喜爱的一首与云龙山有关的古诗词,了解古诗词作者的故事,读准字音,初步理解字义、词义	识字与写字	人物故事之美 语言韵律之美	云龙山古诗词之美
	我是小小"朗诵家"	有感情地朗诵自己喜欢的古诗词,体会诗人抒发的感情	朗读与鉴赏	语言韵律之美 自然景物之美 真情实感之美 意境人格之美	
	我是小小"鉴赏家"	挑选自己最喜欢的一首古诗词,谈谈自己对这首古诗词的理解和认识			
	我是小小"旅行家"	跟着诗人的足迹重游云龙山,搜集一位诗人的代表作、一个跟诗人相关的背景故事,以"我眼中的云龙山古诗词之美"为题撰写一篇小论文,制作一份"云龙山古诗词"探索发现思维导图	梳理与探究 表达与交流	家乡文化之美	
	我是小小"导游员"	小组合作制作《云龙山古诗词导游图》,介绍云龙山上的景点及相关的古诗词;在组内选拔推荐"导游员",在班级开展云龙山古诗词导游大赛			

---

① 周兵兵,张保勇,房敏,等.古诗词校本课程的开发与实践——以"跟着古诗词游云龙山"校本课程为例[J].基础教育课程,2024(03):37-43.

(续表)

大任务	跟着古诗词游云龙山,探索发现云龙山古诗词之美		大概念
子任务	我是小小"宣传员"	在班级举办"云龙山古诗词探索发现成果交流会",用古诗词的形式给云龙山及家乡徐州设计一句广告语,分享自己对云龙山古诗词的研究成果以及对云龙山和家乡徐州的认识	

在设计"我是小小'旅行家'"学习任务时,笔者设计了诗词佳作、景点介绍、诗词故事、作者介绍、诗词大意、我的发现六个学习活动,让学生利用课余时间与家人一起沿着诗人足迹重游云龙山,搜集一位诗人的代表作、一个跟诗人相关的背景故事,以"我眼中的云龙山古诗词之美"为题撰写一篇小论文,并设计制作一份"云龙山古诗词"探索发现思维导图(学生作品见图9-2)。

"云龙山古诗词"探索发现思维导图

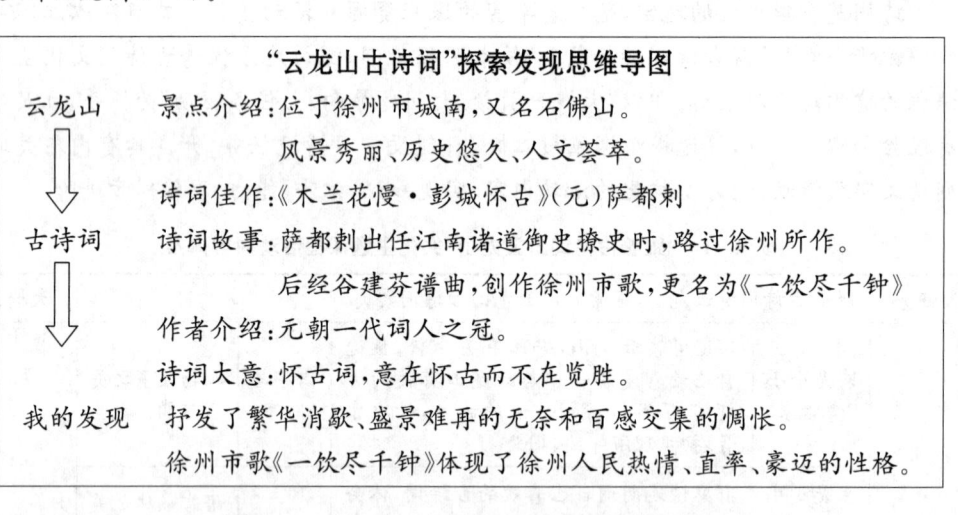

云龙山　　景点介绍:位于徐州市城南,又名石佛山。
　↓　　　　　　风景秀丽、历史悠久、人文荟萃。
古诗词　　诗词佳作:《木兰花慢·彭城怀古》(元)萨都剌
　↓　　　　诗词故事:萨都剌出任江南诸道御史掾史时,路过徐州所作。
　　　　　　　　　　后经谷建芬谱曲,创作徐州市歌,更名为《一饮尽千钟》。
　　　　　　作者介绍:元朝一代词人之冠。
　　　　　　诗词大意:怀古词,意在怀古而不在览胜。
我的发现　抒发了繁华消歇、盛景难再的无奈和百感交集的惆怅。
　　　　　　徐州市歌《一饮尽千钟》体现了徐州人民热情、直率、豪迈的性格。

图9-2　"云龙山古诗词"探索发现思维导图(学生作品)

在设计"我是小小'导游员'"学习任务时,笔者设计了组内选拔、导游图制作、导游员选拔、古诗词导游大赛四个学习活动。首先,在组内对学生制作的云龙山古诗词思维导图进行评比选拔;其次,在小组讨论的基础上,确定云龙山旅游线路,精心挑选名胜古迹,配上相应的古诗词,以小组为单位制作完成"云龙山古诗词"导游图(学生作品见图9-3)。同时,在组内选拔推荐"导游员",请家长协助拍摄导游视频,并在班级开展云龙山古诗词导游大赛。

```
                    "云龙山古诗词"导游图
    第一站:云龙山北门——兵家必争之地:徐州
《木兰花慢·彭城怀古》(元)萨都剌
              ⬇
        第二站:黄茅冈、东坡石床——亲民爱民的徐州太守苏轼
        《登云龙山》(宋)苏轼
                  ⬇
    第三站:放鹤亭、石狗湖(云龙湖)——风光秀丽的云龙山水
    《放鹤亭眺石狗湖》(清)李施五
              ⬇
        第四站:试衣亭、十里杏花——云龙山春色
        《送蜀人张师厚赴殿试二首》(宋)苏轼
                  ⬇
    第五站:送晖亭——云龙山晚景
    《送晖亭》(民国)韩维张
              ⬇
        第六站:张山人旧居——闲云野鹤的道士张天骥
        《游张山人园》(宋)苏轼
```

图 9-3 "云龙山古诗词"导游图(学生作品)

地方优秀古诗词校本课程的开发有助于学生加深对家乡的认识和了解,唤醒对家乡的热爱之情,增强对家乡的认同感、归属感和自豪感,进而铸牢中华民族共同体意识,自觉传承和弘扬中华优秀传统文化。建构该文化主题的校本课程,可以大概念为引领、以大问题为导向、以大任务为驱动,结合新课标要求和学生学情,设计系列化、结构化的语文实践活动,让学生在社会实践的情境体验中培养兴趣爱好,发展个性特长;建构知识体系,夯实学科基础;提升实践能力,弘扬中华优秀传统文化。以此促进学生核心素养的整体提升,实现对中华优秀传统文化的创造性转化、创新性发展;同时,也让校本课程更接地气、更有底蕴、更有趣味,让语文学习更有意义、更有价值、更有活力。

第三节 小学校本课程的评价

"校本课程的开发是一个连续的、动态的过程。在这一过程中,它的每一个环节,都是要通过评价来不断完善、修订。本文从课程本身、学生、教师和学校四个层面出发,试图构

建一个整体的、动态的校本课程评价体系。"该段内容替换如下：

校本课程评价是一个复杂的系统性工程,在具体的操作过程中,既要能够统筹兼顾地考虑要素结构和流程步骤,又要能够重点突出地对于关键问题进行特别关注。在评价过程中始终不能忘记校本课程评价追求学生全面发展、教师专业发展、学校特色发展的价值取向,在价值引领下选择和开发合适的评价工具,促进校本课程质量的不断提高。

校本课程的开发是一个连续的、动态的过程。在这一过程中,它的每一个环节,都是要通过评价来不断完善、修订的。本文从课程本身、学生、教师和学校四个层面出发,试图构建一个整体的、动态的校本课程评价体系。校本课程评价是对校本课程质量的评估,是对校本课程实施的科学反思,更是校本课程改进的合理依据。重视校本课程的评价,方能为校本课程质量提升提供方向和道路。

一、校本课程评价理念

随着课程改革的逐渐深入,校本课程的开发也在我国蓬勃发展起来。但是我国的校本课程起步比较晚,而且现在正处在探索状态,课程评价的基础更是薄弱,虽然大部分校本课程计划中都有评价部分,但评价结果很难反映计划的实施情况,也就很难成为判断校本课程质量的坚实基础。鉴于此,目前亟须解决的问题就是制定校本课程的评价体系。首先,要明确校本课程评价的核心理念:

(1) 校本课程开发是民主、开放的课程决策过程。需要有一个开放的动态的评价体系,体现参与、互动、对话、合作、民主和多样性的原则,需要学校和其他有助于课程评价的机构之间相互交流,需要校长、教师、课程专家、学生以及家长和社区人士共同参与评价,需要通过多种渠道获取信息、建议和意见,来共同推进和完善校本课程的实施。评价不仅要关注结果,更要注重学生成长发展的过程,有机地将量化评价和质性评价相结合,将评价贯穿于校本课程实施的全部过程,使评价实施动态化、连续化、日常化。

(2) 校本课程开发的前提是尊重学生、学校和社区的独特性与差异性。课程评价必须突出本校的课程特色,充分尊重学校师生以及学校和社区环境的独特性和差异性,强调在自我反思、自我体验的过程中,使人的自主性得以健全发展。学习者在班级与学校交往中、在学习活动中,通过随时地自我反思和体验,不断地理解知识,不断地重构知识,不断地认识自己,觉知到自己的进步和缺失,体验着新的创造和重大意义的顿悟和发现。学习者在自我评价和体验中,不但可以激发主体精神,而且能最大限度地实现自我价值。

(3) 校本课程的开发目标决定其内容的多样性、融合性、综合性、针对性。这就要求评价注重对学生综合素质的考察,学习成绩仅是其中的一部分。要更多地关注学生的创新精神和实践能力的发展,以及身体、心理素质、学习情趣、积极情感体验等方面的发展。教师是校本课程实施的组织者、促进者,也是课程的开发者和研究者,那么评价也需关注教师的发展和情感体验以及对教师成果的反馈,以激励教师为目标,充分调动教师教学的积极性和主动性,进而不断提高其教学水平。

二、校本课程评价的功能

评价的根本目的是促进发展,而绝不是简单地进行优劣高下的区分。校本课程评价体系除了基本的检查功能外,更重要的是具有以下功能:

(一) 为学生提供反馈信息,促进其发展的功能

校本课程的评价体系倡导的评价结果并不停留在评价者一方,更为重要的是要将评价结果科学地、恰当地、及时地反馈给学生,促使其最大限度地接受,从而对自身有全面、客观的认识,并以此为依据,发挥自身的优势,完善自身的不足,得到进一步的发展。

(二) 对校本课程的质量进行监控,及时得以调整的功能

校本课程的开发是一个连续的、动态的、循环反复、不断完善的过程。在这一过程中,它的每一个环节,都需要通过评价来不断完善、修订。评价不是校本课程开发工作的终结,而是校本课程的一个重要环节,前一轮评价结论将是下一轮校本课程开发的依据,这是校本课程质量不断提高的重要保证。

(三) 激励教师自身成长的功能

由于校本课程是教师及其他人员充分参与的课程,因此课程内在的质量及实施的效果与教师息息相关。正确的评价可以使教师看到课程自身的缺陷,激发教师继续改进和完善的欲望,从而使教师在某一方面的知识得到拓宽,能力得到加强,综合素质也随之提高。

(四) 帮助学校反思,增强优势的功能

校本课程是学校自己的课程,没有外界评价的压力,评价的结果不会影响学校的声誉和资源分配,所以校本课程评价可以使学校放下一切包袱,认真解剖分析,真正找到课程各个环节存在的问题,突出学校自己的特色,增强学校的优势。

(五) 保证国家新课程改革的顺利进行

校本课程开发是我国课程改革的一项重大举措。它与国家课程、地方课程共同组成可在学校中实施的"三级课程"的结构。校本课程开发是社会进步、科技发展、教育变革的客观要求,是课程深化的一个重要标志。校本课程的开发和不断完善将是课程改革顺利进行的重要保证。

校本课程评价应包括校本课程本身的评价和校本课程效果的评价两部分。校本课程本身的评价包括对学校背景、课程目标、课程内容和课程实施的评价;校本课程效果的评价主要是指校本课程实施对学生、教师和学校的影响。因此校本课程评价体系主要包括:① 对校本课程本身的评价体系;② 促进学生个性发展的评价体系;③ 激励教师不断进步的评价体系;④ 促进学校发展的评价体系。

三、校本课程评价体系的建立

(一) 对校本课程本身的评价体系

校本课程开发活动作为一个整体,包括准备、编制、使用三个阶段,其中每个阶段都包括一系列评价活动。在校本课程开发的准备阶段,必须首先进行相应的背景性评价。比如,对编制的课程材料的特点与质量,对地方需求和期望,对学生群体的兴趣状态等都要进行明确的考察。

在课程编制阶段,要进行课程的实质性评价。课程的实质性评价是为了考察校本课程开发产品的构成部分或构成因素以及学习活动安排是否合理而进行的判断过程。实质性评价考察的课程特征是课程目标的合理性、目标与教学内容间的一致性,以及内容的准确度、覆盖面和重要性等问题。

校本课程开发评价活动的最后一个阶段是结果性评价。结果性评价是对课程实施过程中的优缺点所进行的判断。其中,认清课程开发存在的缺点并对有助于提高课程开发的方法提出建议,是结果性评价的主要目的。对课程实施的结果性评价要综合三个方面的情况来看:

(1) 要看学生对校本课程的欢迎程度。好的校本课程,在其实施过程中应当受到学生的普遍欢迎,受到家长和社会的支持。如果大部分学生、家长和社会,对开设的校本课程表示不喜欢或不愿接受,课程的组织者则应立即组织人员进行分析,确定课程不受欢迎的原因,从而做出相应的调整。

(2) 要看教师的能力是否适应校本课程的要求。校本课程往往对教师有特殊的要求,对于长期以来已经适应了实施统一课程的教师来说是一个新的考验。校本课程的实施者是否能够有能力正确掌握课程内容,理解并努力实现校本课程的目标,也是课程评价的一个方面。如果教师在实施过程中感觉力不从心或驾驭不了,也说明课程的设置还有不合理的地方。

(3) 看其是否选择了恰当的教学方式和教学方法。教学形式和教学方法的选择直接影响到教学效果,教学内容价值的真正体现有赖于恰当的教学方法。校本课程的开发要考虑到为教师提供多样的可供选择的教学方法和形式。不同的教学方法有其不同的特点,教师应根据教学内容的需要灵活选取。

(二) 促进学生个性发展的评价体系

1. 促进学生个性发展的评价理念

校本课程是促进学生个性发展的课程,它包括学科课程、活动课程、核心课程、综合实践活动课,囊括了国家课程、地方课程的全部种类。但是它又有别于国家和地方课程中的同类课程。因为国家和地方课程是针对学生学习中的共性问题而展开的教学,校本课程是针对不同学校、不同学生的个性而展开的教学。

(1) 立足于每一名学生的发展。校本课程的学习体现学生主体的自主性学习,在客观上要求由学生的学习兴趣、需要来决定学生学习的课题或学校独有的能够激发学生参与欲望的课题,而且在学习过程中,可以充分展示自己在某方面潜在的能力。它对评价的要求是不断地满足学生的需求,促进学生发挥自己的特长和优势,体验探索成功的感受,感悟自己在学习中存在的问题,并鼓励学生设法自己找到合适的方法去解决。

(2) 立足于学生创新能力的培养。全球化社会的发展要求人们具备开发性思维与创新精神,需要与世界各地的人们进行交流。校本化课程也强调培养学生创造性和开放性的思维。因此,在评价过程中,既要关注学生的活动成果,也要关注其是否有创新的倾向和科学的态度、是否能够创新地运用不同的方法于课题中、看待问题是否可以从不同的角度、从不同的视野出发,等等。

(3) 评价要考虑学生的个别差异。校本课程评价既要考虑学生参与主题活动、达成学习目标的情况,又要关注学生在某些方面的特别收获,顾及学生的个别差异。要使认真参加主题活动的学生普遍获得成功的体验,也要让少数优秀学生脱颖而出。评价既要着眼于对整个小组的评价,又要注意到个人在课题研究中所承担的角色、发挥的具体作用以及进步的幅度。

(4) 评价要推进学生对自我、社会和自然之间内在联系的整体认识与体验。学生生活于现实世界中和社会实践中,校本课程不能让学生远离生活世界,课程的实施要力求发展学生对自我、社会和自然的体验,形成与社会和自然的对话能力,谋求三者的和谐统一。评价的出发点要着重学生的实际生活、学生实践意识的养成,强调学生的动手操作和亲身体验,通过评价引导学生关注生活、关注自然、关注他人,在对整体的认识中不断完善自我。

2. 促进学生个性发展的评价内容

校本课程的评价重在学生的学习过程,重在学生在研究中创新性地运用方法的能力,重在学生亲身参与探索性实践活动而获得的感悟和体验,重在学生作为主体的自评和互评。强调评价和指导密切结合,在重视学生的自评和自我改进过程的同时,也需要教师在校本课程实施前、实施中、实施后对学生的基本状况和学习水平进行诊断、比较、反馈,并及时采取提高和改进的措施。评价的内容要包括学生在活动中的体验情况、研究方法、技能的应用和掌握情况、参加活动的成果、参与活动的态度、学生创新精神和实践能力的发展情况等。要注重评价内容的丰富性和灵活性,要尊重学生的个体差异。评价方式、方法要力求多样性、针对性、差异性。

3. 促进学生个性发展的评价方法

学生个性发展评价侧重于对学生个体的评价,是校本化课程实施的关键。评价方法除了用常规的纸笔测验之外,还可以借鉴质性的评价方法,如观察法、面谈法、作品分析法、情景测验法、行为描述法、成长档案袋评价法、个案研究法等。评价方式可以采取学生自评、同伴评价、教师评价、家长评价、小组评价等。究竟选用哪种方法和方式,要根据评价内容和评价对象的特点来确定。

（三）激励教师不断进步的评价体系

校本课程可以说是一种新生事物,它的诞生不仅是对学校单一课程的改革,而且是一次学校内部的人事改革。而教师既是校本课程的开发者,又是校本课程的实施者和评价者。

开发校本课程不仅需要教师花费大量的时间和精力,而且需要教师转换角色、更新教学方法、进行教育研究等。所以,校本课程评价要激励教师不断进步,促进教师个人的专业发展,帮助教师规划自己的教师生涯,让教师获得更多的工作满足,从而改善学校的教育质量。

激励教师不断进步的评价体系强调教师对自己教学行为的分析与反思,建立以教师自评为主,由校长、教师、学生、家长以及相关人士共同参与的评价制度,使教师从多种渠道获得信息,不断提高自己的科研水平。教师自评可改变教师原来的消极被动的被评价地位,而成为评价的主体一员。这一转变将极大地激发教师的主体意识,教师主动地、自觉地研究自己的教育教学,重视自己的行为转变和学生学习活动、学习行为之间的关系,注重教育观念和技巧的内化,促进教师自我实现专业发展。教师自评是一个自我反思、自我提醒、自我教育和自我完善的过程。

教师在开始指导课题时就需明确自我评价的内容和标准、设计评价工具、在活动过程中搜集和分析有关自身的评价信息和数据,并制定改进的方案或计划。一般而言,自我评价可从活动课题的目标、活动过程的设计、管理活动环境、指导过程和对学生活动成果的评价出发,并设定相应的标准。

（四）促进学校发展的评价体系

学校是实施校本课程的基本单位。通过周期性地对学校课程实施的情况、课程实施中的问题进行分析评估,可以促进学校提高实施课程的能力,并有利于形成促进课程不断革新的机制。在校本课程实施过程中,学校评价应该以自我评价为主,积极主动地发现问题,客观地看待问题,并努力解决问题,增强学校的优势,突出学校的特色,促进学校不断地发展。

学校进行自我评价的主要内容包括:学校在教育和组织管理上要确保校本课程的顺利实施;学校要在课程实施的过程中善于发现自身的优势和不足,以及存在的问题;要通过收集有关学校管理和组织方面的信息和数据评估学校工作质量;学校提供的教育资源以及必需的设备和经费要满足校本课程的实施;校本课程目标需要与学校教育的总目标相一致;学校需要通过全面的评价系统和不断的反思来监控其在改进学生成就和教育效果方面的进展;学校努力营造支持创造性改变和持续进步的环境等。

学校可以采用学校自评和校际互评相结合,定性评价和定量评价相结合,形成性评价和总结性评价相结合等方法。操作中,可采用操作性评价、观察、座谈、检查、测量等方式。通过评价明晰自身的优势和不足,确定有效地利用其优势的措施,并进一步提出改进方案,确保校本课程得到合理开发。

本章小结

全章介绍了校本课程的概念,针对"校本课程与国家课程、校本课程与校本教材、校本课程与活动"三个维度进一步剖析了什么是校本课程。在对校本课程形成了清晰的概念的基础上,引入校本课程开发,具体介绍了小学校本课程的设计,围绕宏观视角校本课程开发的模式及微观视角校本课程开发的流程,展示了如何进行小学校本课程开发,最后介绍如何进行校本课程评价。

思考训练

1. 简述校本课程与国家课程、校本教材、活动课程的区别与联系。
2. 校本课程开发的模式有哪些?
3. 简述应如何进行小学校本课程的开发。
4. 请设计一个小学校本课程,并对之进行评价。

拓展阅读

[1] 李臣之:《校本课程开发》,北京师范大学出版社,2015。
[2] 庄莉:《传统文化校本课程项目式探索与实践》,东北师范大学出版社,2023。
[3] 罗生全:《中小学校本课程开发》,西南大学出版社,2023。

第十章　小学课程的设计与评价案例研究

卷首语

　　本章主要介绍了小学语文课程设计与评价案例和小学数学课程设计与评价案例。小学语文分别从"识字与写字""阅读与鉴赏""表达与交流""梳理与探究"四方面选取相应的案例,进行课程设计与案例分析的阐述。小学数学分别从"数与代数""图形与几何""统计与概率""综合与实践"四个方面选取相应的案例,进行课程设计与案例分析的阐述。作为全书的最后一章,主要从小学语文和小学数学两个学科视角来呈现具体的小学课程的设计与评价案例。学生在学习的过程中,需要理论联系实际,进行知识的纵向联系与横向联系,纵向联系是把前面学习的小学课程设计与评价的相关理论知识要加以应用到具体学科,横向联系是把小学课程设计与评价的学习与小学语文、小学数学进行有效整合。

学习目标

1. 能够进行小学语文的教学设计。
2. 能够进行小学数学的教学设计。
3. 针对小学语文的课程设计,会运用相关理论,进行有效评价。
4. 针对小学数学的课程设计,会运用相关理论,进行有效评价。

思维导图

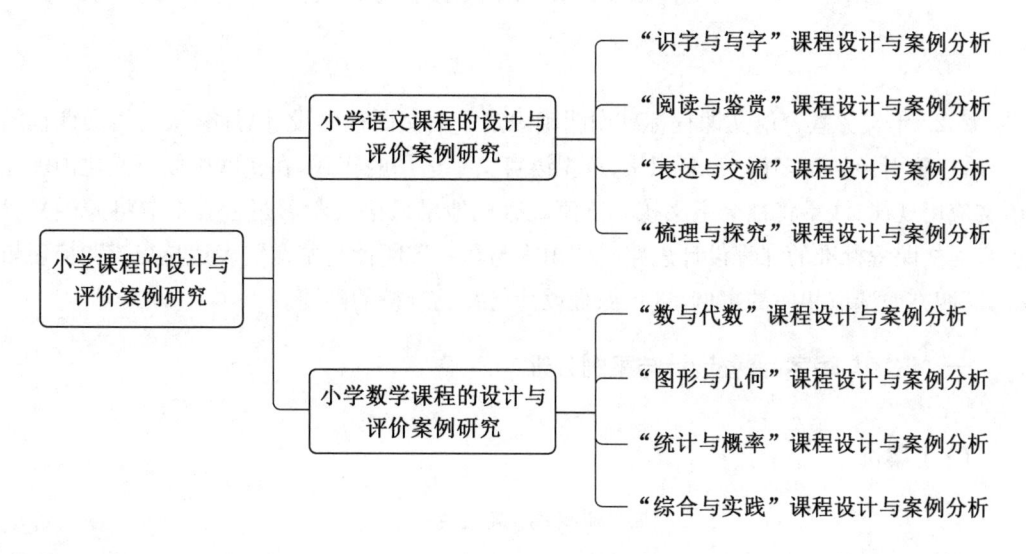

- 小学课程的设计与评价案例研究
  - 小学语文课程的设计与评价案例研究
    - "识字与写字"课程设计与案例分析
    - "阅读与鉴赏"课程设计与案例分析
    - "表达与交流"课程设计与案例分析
    - "梳理与探究"课程设计与案例分析
  - 小学数学课程的设计与评价案例研究
    - "数与代数"课程设计与案例分析
    - "图形与几何"课程设计与案例分析
    - "统计与概率"课程设计与案例分析
    - "综合与实践"课程设计与案例分析

导入案例

探索学科融合　点亮创新火花

当今时代的发展日新月异,单一学科的知识结构已无法满足学生成长成才的需求。跨学科学习能够打破学科界限,让学生在多元化的学习环境中,形成更加全面的世界观,提升解决问题的能力。为进一步深化课程改革,聚焦跨学科主题学习,强化课程的协同育人功能,探索新课标理念下跨学科主题学习的实施策略,三年级组的老师精心策划并成功开展了跨学科主题学习活动,旨在通过语文、数学、英语、科学、美术、音乐等不同学科之间的相互渗透与融合,提高学生的综合素质,激发学生的创新潜能,让学生们在实践中感受学习的乐趣。

语文老师与美术老师结合三年级上册语文第六单元习作《把身边的美景介绍给别人》,开展了一场别开生面的跨学科主题学习活动。老师们以"这儿真美"为主题,将语文与美术巧妙地融合在一起,让学生们在活动中感受美、表达美、创造美,促使学生综合运用各学科的知识,从不同角度思考并解决问题,丰富自己的学习生活。

本次习作要重在引导学生调动五种感官仔细观察身边的美景,再围绕一个意思描绘自然景观。基于此,语文老师引导学生们细致地观察校园美景,再用文字描绘"美",表达出自己对美的感受。美术老师则引导学生将语文课上的美好画面通过画笔呈现出来。小沙粒们充分发挥想象力,将文字转化为色彩斑斓的画作,运用线条、色彩、构图等美术技巧,使得画作更具美感。

第一节　小学语文课程的设计与评价案例研究

2022年义务教育语文课程标准中明确规定了语文课程的设计思路,认为语文课程的设计,注重引导学生多读书、多积累,重视语言文字运用的实践,在实践中领悟文化内涵和语文应用规律;注重将社会主义核心价值观有机地融入语文学习过程。本节将遵循义务教育语文课程标准的课程设计思路,从"识字与写字""阅读与鉴赏""表达与交流""梳理与探究"四方面选取相应的案例,进行课程设计与案例分析的阐述。

一、"识字与写字"课程设计与案例分析

(一)案例

《神州谣》课程设计

一、基本信息

课程名称:《神州谣》

选用教材:统编版小学语文课本二年级下册。

二、课程标准解读

《义务教育语文课程标准》规定:在识字教学中,在注重识字数量、质量的同时,应注意培养学生主动识字的兴趣,引导他们探索和掌握识字的方法;为促进学生情感态度与价值观的和谐发展,还应关注学生在识字过程中的认识与体验。

三、教材简析

《神州谣》是统编版小学语文二年级下册第三单元的一篇识字课,这个识字单元围绕"传统文化"编排了4篇课文,从神州山川美、熟悉的传统节日、"贝"字的形变、丰富的中国美食再到《语文园地》的十二生肖,处处洋溢着浓浓的中国元素。丰富的内容不仅激起学生对中华传统文化的热爱,文本活泼的形式,更引导学生不断去发现汉字的奥秘,激发了学生识字的兴趣。

作为单元的开篇之课《神州谣》以"三字经"童谣的方式,分4小节,赞美了神州大地的壮美,表达了中华儿女盼望祖国统一,共同为祖国富强而努力奋发的美好愿望。儿歌句式整齐,韵脚"a"和"ong"交替出现,读起来朗朗上口。

四、学情研究

二年级学生,初步掌握了一些识字方法,对形声字的构字规律有了一定的了解,但如何帮助学生建立生字音、形、义之间的联系呢?除了给足学生朗读的时间,在读中识字、读中理解外,还要汇集字源识字、联系生活识字、语境识字等多种识字途径,引领学生快乐识字,将识记与理解有机地融合在一起。

五、教学目标

1. 认识"州、华、涌、峰、竿"等15个生字,会写"州、华"等2个字,积累"华夏儿女、炎黄子孙、神州大地、巍巍中华"4个词语。

2. 朗读课文,感受祖国山河的壮美。

3. 能在语言环境中初步感受"奔、涌、长、竿"等词语的表达效果。

六、重点与难点

教学重点:采用多种方法,识记字形,理解字义。

教学难点:引导学生在生字的音形义之间建立联系,在语言环境中感受词语的表达效果,并尝试进行拓展说话。

七、教学过程

(一)导入新课,积累词语

1. 提问:我们中国有很多名字,你知道哪些?(学生回答)

(1)师提示:瞧,我们中国有许多响亮的名字呢!(中华、华夏、九州、神州)

自己读一读;小老师带读。

(2)师讲解:在古代,常用九州指代中国,而九州有文字表述则是从大禹开始。我们的祖国风光秀丽神奇,人民生活幸福快乐,是人们向往的地方,所以又被人称作"神州"。(齐读)

(3)积累词语。

① 出示:神州大地　巍巍中华

师:我们热爱这片土地,我们敬仰这片土地,所以是:神州大地,巍巍中华(师带读)

② 出示:华夏儿女　炎黄子孙

居住在这片土地上的我们称自己为:华夏儿女　炎黄子孙(师带读)

③ 多形式读一读。(自由读、举手读、齐读)

2. 引入课题,板书课题

师:今天我们就一起来学习一首赞美祖国的儿歌《神州谣》。

(1)板书课题。指导书写"州":三个点的朝向不一样;第二笔竖撇,中竖稍短,右竖要长;每个笔画之间的距离要均衡。

(2)齐读课题。

过渡:我们的神州是什么样子的?让我们赶紧走进课本去看看吧!

(二)自主识字,感知汉字美

1. 自读课文。要求:借助拼音,读准字音,读通句子。

2. 分小节指名读,相机正音。

3. 多形式认读生字。师提示:"涌、竿、浓、荣"韵母都是"ong","竿"平舌音。

4. 分类识字。

(1)韵母相同:涌、竿、浓、荣

(2)偏旁相同:涌—浓　隔—陆　峰—峡

(3)易读错字:奋—峰

(4) 出示短语认读：长江涌、珠峰耸、台湾岛、情意浓、齐奋发、共繁荣

（三）朗读课文，感知音韵美

1. 自由读文，你发现了什么？

预设：每句话有3个字；

第1、3小节押a韵，第2、4小节押ong韵

读起来朗朗上口。

2. 轮读课文。女生读第1、3小节，男生读第2、4小节。

（四）朗读课文，感知山川美

1. 学习第一小节。师：谁能读好这一句？

(1) 指名读。相机评价（准确、逗号的停顿、有节奏、称的读音）。

(2) 学习"州"。

① 比较。师：这句话中有两个汉字宝宝长得很像，你发现了吗？（州—川）

② 追问：你知道它们的意思吗？

观察发现。"川"是河流的意思，中间的圆圈是河流中间大量泥土，堆积起来的陆地，所以"州"就是被水流包围的陆地。记住这个字了吗？跟着老师读一读吧。

③ 联系生活。师：现在"州"用来表示地名。你知道哪些城市的名字里面有"州"？说一说。（郑州、广州、苏州、杭州、扬州、徐州）

谁来带着大家认认这些城市吧。

(3) 感受祖国的美。

① 师：我们的祖国是什么样子的？谁再来读读这句话？

交流。预设：山川很美，都能画入画里了。

② 我们的祖国有哪些美丽的山川？

交流。预设：黄河、长江、泰山、黄山、小浪底、王屋山、华山、峨眉山

③ 指导朗读。师：我们的祖国有这么多可以入画的美丽山川，多么令人骄傲啊！谁能读好这一句？

举手读，相机点评（自豪、骄傲）；齐读。

2. 学习第二小节。

师：儿歌中写到了哪些可入画的美丽山川呢？自己读一读第2小节，找一找。

(1) 自由读。交流：黄河、长江、长城、珠峰。

(2) 出示地图，让学生指一指、认一认。

(3) 感受山川之美。

① 播放视频，你看到这些，你想到了哪些词语？

奔：奔流不息、滚滚而来

涌：波涛汹涌、汹涌澎湃、奔腾咆哮

这就是课文中所说的"黄河奔，长江涌"，谁来读一读？

② 出示图片。

长城：你看到了什么？（很长、弯弯曲曲）师讲解：长城绵延近一万千米，穿越了15个

省市,这真是"长城长"。

珠峰:你看到了什么?(高耸入云)这就是"珠峰",它的全称是"珠穆朗玛峰",它是世界上最高的山峰,8 848.86 千米。像珠穆朗玛峰高高地直立着,耸入云霄,这就是"珠峰耸"。

③ 说一说,读一读。看着祖国的美丽山川,你想说什么?读出美丽,读出骄傲,读出爱(祖国真美,祖国真大,我爱中国,为自己是中国人而骄傲)。

④ 齐读。师:看着祖国这么美的山河,心里想说的话一定很多很多,有骄傲有自豪。就让我们带着这样的感情一起来读一读!

(五)指导书写

1. 出示:州、华　认真观察:华。

2. 师范写。讲解:"化"窄"十"宽。"单人旁"竖笔收笔于横中线下册。"十"横长竖短,竖笔在竖中线。

3. 学生书写,师巡视、指点、评价。

(二)简评

(1)上课开始,带领孩子们一起了解祖国的多种名字,简单介绍了"九州、神州"名字的来源,学习并积累了"神州大地、巍巍中华、华夏儿女、炎黄子孙"等四字词语,促进孩子们对祖国的了解。

(2)自主识字环节,让孩子们自己借助拼音,读准字音:然后进行分类学习:"涌、耸、浓、荣"韵母相同,"涌—浓、隔—陆、峰—峡"偏旁相同;通过"州—川"两个字的字形、字义的对比,感受汉字的美。

(3)初读课文时,通过读准字音、读好节奏、读出韵律的梯度设计,让学生一步步深入文本,感受诗歌的魅力。

(4)在读文赏析第一、第二小节的过程中,通过"联系生活、观看图片、补充资料"等形式,带领孩子们感受祖国的山川壮美,从而激发了孩子们对祖国的热爱之情。

改进措施:

(1)让学生充分预习,课前搜集资料,为课上的"黄河、长江、长城、珠峰"的资料介绍节省时间,同时也能培养学生的预习的好习惯。

(2)采用多种形式诵读,在读中品味文字所传达出的情感。

二、"阅读与鉴赏"课程设计与案例分析

(一)案例

《荷叶圆圆》教学设计

一、教学内容

统编版语文小学语文课本一年级下册第12课。

二、教材分析

诗中描写了圆圆的、绿绿的荷叶。荷叶是小水珠的摇篮;是小蜻蜓的停机坪;是小青蛙的歌台；是小鱼儿的凉伞……课文洋溢着童真、童趣，有利于启迪学生的智慧，激发想象；有利于教师创造性地理解和使用教材，引导学生在实践中学会学习，让他们获得初步的情感体验，感受到夏天、大自然的美好。

课文共有5个自然段，语言生动优美。课文的插图形象地反映了课文内容。课文第2—5自然段是本文的重点部分，教师要注意对学生进行朗读指导和词语训练。课后"我会认"中的12个生字是本课要求会认的生字；"我会写"田字格中的6个范字是本课要求会写的熟字。课后练习是"朗读课文，背诵课文"。练习的安排体现出教者对语言积累和感悟的重视。

三、学生分析

夏天是孩子们的，欢乐是孩子们的，梦想是孩子们的。孩子们对夏天有一定的感性认识：知道夏天是炎热的，知了在树上唱起歌；荷花展开了笑脸；小伙伴们穿上了汗衫和花衣裙，吃上了西瓜和冰激凌……一年级的学生，已经初步认识了许多客观事物，能说出它们的名字和一些现象，还能简单地表达自己的意愿。但是，那仅仅是一些零碎的、不规范的语言。为了使他们正确理解和运用语言，在课堂上必须联系他们的生活实际，创设他们熟悉的生活情景，帮助他们学习、积累、感悟语言。

我所执教班级的学生喜欢阅读，对周围事物有好奇心，大部分学生能就感兴趣的内容提出简单的问题。部分学生有表达的自信心，能积极参加讨论，发表自己稚嫩的见解。个别学生则缺乏自信，较为胆怯，学习的主动意识不够，对意愿的表达较为模糊。

设计理念：语文课程必须根据学生身心发展和语文学习的特点，关注学生的个体差异和不同的学习需求，爱护学生的好奇心、求知欲，充分激发学生的学习兴趣、主动意识和进取精神。教师应努力为学生创设良好的自主学习情境，积极倡导学生自主、合作、探究的学习方式，鼓励学生选择适合自己的方式来朗读，让他们在感兴趣的、主动积极的思维和情感活动中，加深理解和体验，有所感悟和思考，从而真正成为语文学习的主人。

四、教学目标

1. 能认识"荷、珠"等12个生字，有主动识字的愿望。

2. 能借助拼音正确、流利地朗读课文。

3. 能根据生活实际，运用多种方式初步了解文中词句的意思，在阅读中积累语言。

4. 在朗读中，初步感受夏天的美好，激发对大自然、对美的向往，从而树立保护大自然的意识。

五、教学过程

（一）情境导入，揭示课题

1. 播放课件：配乐出现，一池在微风吹拂下轻轻摇曳的荷叶美景的动态画面出现。学生欣赏。

2. （画面定格在特写的荷叶上）教师引导："这是怎样的荷叶？"学生观察得出课题"荷叶圆圆"。

3. 教师板书课题，学生齐读。

(二)初读课文,认识生字

1. 学生借助拼音自由读课文,再把生字连成词,多读几遍。

2. 检查学生认识生字的情况。

具体操作:指名让愿意当小老师的同学带领大家认读自己喜欢的、读得准的词语。(课件出示带拼音的生字词)

[设计思路]根据学生的认知水平,利用直观形象的多媒体课件资源,密切联系学生的经验世界和想象世界,将学生带入荷花池这一优美的情境中。在揭示课题的同时,有助于激发学生的学习兴趣和继续探究的欲望。

3. 及时表扬。(课件出示去掉拼音的生字词)

让学生观察,说出自己的发现。学生以开火车的形式,按顺序读不带拼音的生字词。

4. 师生做"我指你说"的识字游戏:教师随机指出屏幕上不注音的词语,学生齐读。

(三)再读课文,整体感知

1. 数一数,课文共有几个自然段?

2. 再将课文完整自由地读一遍,将自己喜欢的段落多读一读。注意把字音读准,课文读通顺。

3. 自由选择自己喜欢的段落个别读。

4. 学生评议。(评出读得好的和读得有进步的同学)

5. 齐读课文。

[设计思路]教师是学习活动的组织者和引导者,应重视学生主动积极参与的过程,充分调动学生想学的愿望,发挥其学习的主动性。大家都可以当老师,以师生角色互换来激发学习兴趣,培养自信心,使学生在主动参与中释放出巨大的学习潜能,从而让语文教学成为师生平等对话的过程。

(四)细读课文,感悟体会

1. 播放动画课件:小水珠躺在荷叶上,滚来滚去;小蜻蜓展开翅膀立在荷叶上;小青蛙蹲在荷叶上放声歌唱;小鱼儿在荷叶下游来游去。学生在音乐声中欣赏,自由说出小水珠、小蜻蜓、小青蛙、小鱼儿这四个小伙伴。

教师引导:他们在这一池荷叶中会说些什么,做些什么呢?(课件出示课文第2—5自然段内容)

2. 自主探究,合作学习课文第2—5自然段。

(1) 自由读第2—5自然段。你知道了什么?

(2) 学生读后自由汇报知道的内容。

(3) 再自由读一读,想想还有哪些不明白的问题?

(4) 学生充分质疑。

(5) 由4人一组进行小组合作学习,讨论解疑。(教师参与讨论)

(6) 汇报交流。(教师适时利用课件、体态语、联系生活实际……辅助解疑,加深理解)

(7) 指导朗读,形式可为指名读、挑战读、分角色读、戴头饰集体读、个人表演读等。

(8) 小结表扬。

[设计思路]对于一年级学生而言,语文教学应培养他们喜欢阅读、敢于阅读、乐于阅读的习惯,读通课文、整体感知的课程设计可以实现这一目的。另外,阅读是学生的个性化行为,不应以老师的指派来代替学生的阅读;从一开始就要有意识地鼓励学生自主选择阅读,并逐步培养起对课文的感受、理解、欣赏和评价的能力。

(学生在阅读课文中得到了许多启示,教师及时提供展示的机会,让学生从现实中、从与同伴的交流中,生发出形形色色的设想。)

(五)拓展课文,实践感知

1. (课件出示小鸟和小乌龟)他俩会对荷叶说些什么?

2. 学生自由说。

3. 小组讨论:还有哪些小伙伴会来,他们会对荷叶说什么?

4. 个别自由说。

5. 你们要对荷叶说些什么呢?做些什么?(自由说)

(六)总结课文,回味欣赏(略)

(二) 简析

1. 培养学生自主、探究、合作学习的精神

课标倡导新的学习方式,让学生在接受学习之外,学会自主、合作、探究性学习,培养学生的参与精神和合作精神。本教学设计努力遵循这一理念,在教学过程中,当学生自由读第2—5自然段时,引导学生说出自己学习过程中的独特体验,让学生自我发现,鼓励他们进行探究性学习。随后,教师又鼓励学生大胆质疑,组织学生进行小组交流,在合作学习中共同探究,解决疑难。

2. 尊重学生的意愿,突出学生在学习中的主体性,让他们当学习的主人

为了培养学生自主学习的意识和习惯,激发他们的学习兴趣,教师尊重学生的个体差异,多次鼓励学生选择适合自己的学习方式来进行学习。例如在教学中,老师常说:"谁愿意当小老师带着大家读一读生字词,你愿意读哪个词就读哪个词。""谁愿意把自己喜欢的段落读给大家听。"等。这些话,表达了"以人为本"的教学思想,留给学生自由选择的空间,大大激发了学生的求知欲,在课堂上开辟了学生展示自己的天地。有意识的自主学习并不是与生俱来的,从一年级起教师有意突出学生学习的主体地位,培养自主的、主动学习的意识和习惯,对学生将来的发展非常有意义。

3. 以读为主,重视读的实践过程

《义务教育语文课程标准(2022年版)》中指出:"各个学段的阅读教学都要重视朗读和默读……有些诗文要求学生诵读,以利于积累、体验、培养语感。"本教学设计十分重视读的训练,始终以读为主。朗读的形式多样,并在读后给予鼓励性评价,逐步引导学生由读通到读懂,再到有感情地朗读课文。落实了读的训练目标,重视读的实践过程,使阅读真正成为学生主动的个性化的行为。在琅琅的读书声中,学生获得了初步的情感体验,激

发对美、对大自然的向往,也充分感受到语言的美。

4. 扩展思维,激发想象,培养学生综合应用能力

在本教学设计中,教师设计了课文拓展这一环节:在教师的启迪下,学生纷纷打开了思维的窗口,展开了想象的翅膀,不仅使学生在语文实践过程中提高了自己的语文能力,同时也沟通了语文与生活、语文与其他学科的联系,培养了他们综合应用的能力。

5. 现代教育技术辅助语文教学,提高了课堂教学效率

将现代教育技术——计算机辅助教学恰当地运用于各个教学环节之中,不但创设了情境,也促进了学生对课文的理解和思维的扩展。在这里,现代教育技术成为促进学生构建新知、培养语感、促进思维的工具,而不仅仅是展示答案或课文插图的搬家的工具,提高了课堂教学效率,促进了学生的发展。

本教学设计也存在一些不足之处,建议在今后的教学中予以改进。比如,《语文课程标准》提出"丰富语言的积累",除了朗读、背诵课文以外,词语的积累也是重要的一个方面。本教学设计在对词语的积累上略显不足,教学中如能适时地运用词语,如"绿绿的""圆圆的""亮晶晶的"进行组词、扩词等练习,以加强对词语的理解和记忆,促进语言的积累,那么本节课上语言文字的知识性学习将更为到位。

三、"表达与交流"课程设计与案例分析

《义务教育语文课程标准(2022年版)》(以下简称《课程标准》)将"写话、习作、口语交际"整合成"表达与交流",并将其与"识字与写字""阅读与鉴赏""梳理与探究"并列,成为语文实践活动的主线之一。这一改变不仅仅是课型概念的变化,更是传递了新课改背景下教育教学理念的转变,必将带来与之相对应的语文教学变革。

(一) 案例

习作:《猜猜他是谁》

一、教学内容

《猜猜他是谁》是统编教材三年级上册的第一次习作。三年级习作,要求从之前的写几句话过渡到写一个完整的具体片段,对学生来说是一个挑战,需要跳一跳摘果子,同时也需要教师搭建好桥梁。

本次习作,教学内容紧扣校园主题,指向学生真实的生活。教材编排以"猜猜他是谁"的游戏贯穿始终,创设了有趣的活动情境,要求学生用几句话或一段话介绍自己的同学,体现了单元导语中"体验习作的乐趣"这一核心目标。

二、教学目标

1. 诵读描写人物的小古文,积累典范语言。
2. 通过猜一猜、完成习作导航单等方式,学会观察人物并抓住特点。
3. 仿照示例、回顾例文,学习运用准确的词语介绍自己的同学,学会按照合理的顺序进行表达。

4. 通过创设游戏情境等,修改习作,体会习作的乐趣。

三、教学过程

第一课时

一、经典诵读

1. 出示描写人物的古诗文《所见》《池上》《王戎不取道旁李》《司马光》。

2. 学生诵读。

3. 教师引导,切入主题。

这几篇古诗文虽然短小,人物形象却极为生动传神,寥寥数语,儿童之可爱、王戎之聪慧、司马光的机智便跃然纸上。那怎样才能生动传神地刻画好人物?今天我们一起来写一写。(板书:猜猜他是谁)

[设计思路]开课前,通过诵读经典古诗文,积累文中描写人物特点的经典语句,同时感受古诗和文言表现人物的凝练传神,使学生就"如何写好人物特点"从中受到启发,为学生学习习作打开一扇窗。

二、游戏激趣,发现特点

(一)猜猜他是谁

1. 猜动画人物。

出示动画片中人物的描写片段。

今天有几位神秘的朋友来到了我们的课堂,请你快速读一读,猜猜他是谁?(出示)

> 　　她是一只非常可爱的小猪,粉嘟嘟的,长长的鼻子很像吹风机。她和她的妈妈、爸爸以及弟弟生活在一起。她和弟弟一样很喜欢恐龙,尤其是马门溪龙。(小猪佩奇)
> 　　有着棕红色的皮毛,红色的大鼻子,香肠嘴,魁梧且较胖的身材,为了保护美好的森林家园,与自己的弟弟一起和光头强展开了斗争。(熊大)
> 　　身穿金甲亮堂堂,头戴金冠光映映。手举金箍棒一根,足踏云鞋皆相称。一双怪眼似明星,两耳过肩查又硬。挺挺身才变化多,声音响亮如钟磬。尖嘴龇牙弼马温,心高要做齐天大圣。(孙悟空)

你是怎么猜出来的?

教师小结:阅读文字,我们抓住了人物最具特点的长相,快速准确地猜中了他们。

2. 提取外貌特点。

聊一聊,怎样写才能不出现名字,却还能让别人猜出写的是谁?

教师小结:通过抓住人物与众不同的特点来写,才能让读者一目了然,对号入座,快速猜中。

3. 看图提取人物特点,学写外貌。

出示图片:戴红领巾的小学生,警察叔叔,戴眼镜的老师,猪八戒。

看看谁最具有一双慧眼,能找到图中人物外貌上与众不同的特点,用一两句话说一说。

[设计思路]以猜激趣,选择学生喜欢的、熟悉的人物进行竞猜小游戏,意在激发学生

的习作兴趣。同时交流猜中的方法,帮助学生发现"怎么写"才能更真实贴切地反映人物特点。

(二)选取人物,学习多方面提取特点

1. 出示本次习作中图示的四段话。

读一读,想一想,他们可能是班里的谁?

2. 这四段话分别是从哪些方面来写的?

教师小结:不难发现,可以从外貌、性格、优点、爱好等方面去发现人物的特点。

3. 选好"他",抓准特点。

借助习作导航单,选择人物,抓住特点讲一讲。

你认为班里哪个同学最有特点?说说他有哪些地方让你印象深刻?

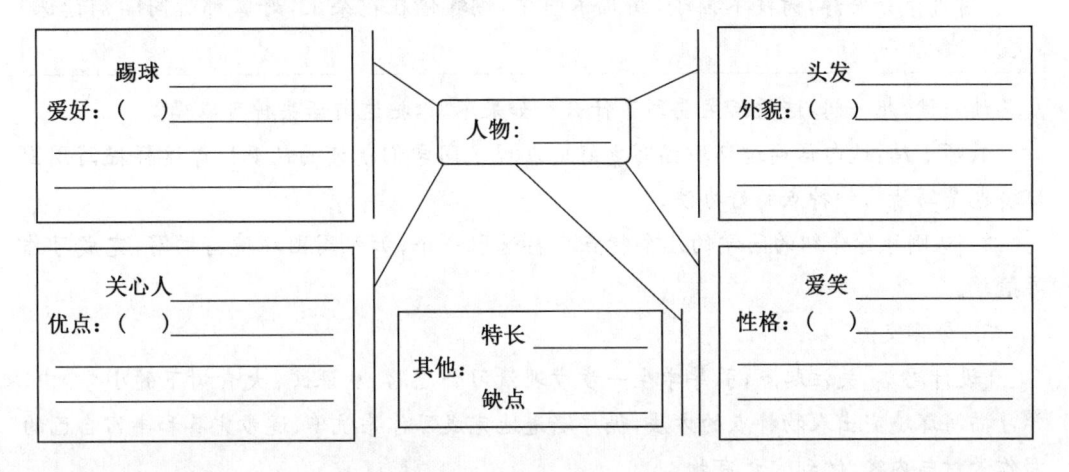

```
踢球_____            头发_____
爱好:(  )_____      外貌:(  )_____

          人物:_____

关心人_____            爱笑_____
优点:(  )_____      性格:(  )_____

          特长_____
          其他:
          缺点_____
```

4. 同桌讨论。

同桌两个人,一人说,一人猜,听后要互相补充。

5. 交流展示。

谁来读一读你写的?其他同学一起来猜猜他说的是谁?

教师点拨:说一说自己是根据哪个信息猜测出来的?(引导学生关注不同方面的特点)

小结:在游戏中,可以发现,只有抓住人物与众不同的特点,说出这位同学令人印象深刻的地方,才能够让别人一下子猜到。

[设计思路]借助图示中的四段话提供的表达样例,指导学生学习抓住人物的外貌、性格等独一无二的特点,来介绍自己感兴趣的同学。借助习作导航单,帮助学生理清写作思路,体验表达的乐趣。

三、回顾例文,写清特点

(一)根据图示例文学方法

1. 图示中的四段话是怎么写清同学的特点的?读一读,请用"___"画出相关语句。

教师小结:这四段话,对同学的外貌进行了具体描写,性格、爱好等方面则用上了事例。

2. 刚才你介绍过的同学,从他的几个特点中选取其中一个最与众不同的,用上事例,简单写一写,完成习作导航单。

3. 分享交流。

教师小结:当我们为人物特点加上事例后,才能让别人读得更明白。

[设计思路]在帮助学生选出所写对象的几大特点后,指导写清人物特点,指导学生从"例"中学方法,阅读图示例文,学习用事例写特点的办法,同时借助习作导航单来搭建习作支架。

(二)回顾课文学方法

1. 本单元,我们学过的《大青树下的小学》中,有这样一段描写同学们认真朗读的句子,课件出示:

> 窗外十分安静,树枝不摇了,鸟儿不叫了,蝴蝶停在花朵上,好像都听同学们读课文。

读一读,想一想,这段话主要写了什么?如果不写,把这句话去掉可以吗?

教师小结:这句话通过环境描写更好地表现了同学们朗读的认真!像这样描写周围环境也是写清人物特点的好办法。

2. 从刚才你介绍的同学的几个特点中再选取一个,加入周围环境写描写,完成习作导航单。

3. 分享交流。

[设计思路]关注起点,引导学生一步步理清习作思路,从课文《大青树下的小学》中,学习描写环境突出人物特点的方法,循序渐进地完成习作导航单,逐步完善和丰富自己的写作素材与内容,做到言之有物。

(三)整合例文,形成习作

1. 整合图示例文,连段成文。

怎样才能把自己习作导航单上的内容整理成一篇完整的习作呢?(出示图示例文:将四段话连缀成文)

教师点拨:将教材图示中的四段话合在一起,就形成了一篇习作。

教师小结:如果我们能再加上点事例或环境描写,补上省略号的部分,这就会变成一篇完整的习作。

2. 师生共同整理图示例文。

添加上事例,补写省略号的部分,形成范文。

3. 确定写作顺序。

题目	
开头	
中间	
结尾	

[设计思路]关注习作表达中的思维训练,由片段描写逐渐过渡到习作表达,带领学生

一起增补、整合教材图示中的内容,学习把一段段话合成一篇习作,使之言之有序,解决杂乱无章、无主题逻辑的问题。

(二) 简析

三年级习作,要求从之前的写一段话过渡到写一篇结构完整的作文,这对学生来说是一个巨大转折,对老师来说,习作的指导也是一个挑战。

在以前的学习中,学生通过课文的学习,初步感知了通过外貌、语言、动作等细节描写反映人物特点的写法。学生基本上掌握了这个写法。我设计的这节作文指导课《猜猜他是谁》,是想在巩固之前的写法的基础上,指导学生学会细致观察人物形象的特点,并用自己的语言生动地描述出来。让学生学会结合人物的外貌、性格、兴趣爱好、品质等特点,描写出一个完整的活灵活现的人物。

为了激发学生的兴趣,我选择了简单的游戏"猜猜他是谁",引导学生抓住人物突出的外貌特点进行描述,一、二年级时学生就有尝试,但都停留在比较简单的层面,这节课我重点是引导孩子展开想象,把人物形象描述得生动,具体,用上平时收集的词语,以及学过的修辞方法。

不足之处:应该严格遵守"教师主导性和学生主体性"这一要求进行,教师在教学中只起到穿针引线的作用,学生能回答的,教师一定不能代为回答,一定要让学生在课堂上做学习的主人。

四、"梳理与探究"课程设计与案例分析

(一) 案例

"认识雾孩子"
——统编版小学语文课本二年级上册《雾在哪里》教学设计

一、教材分析

2022年版课标强调语文学习的主题性、任务性,要引导学生自主学习,需要在一个"大主题""大任务"中进行教学,本例以"认识雾孩子"为学习主题,在这样的主题统整下,聚焦"你发现雾是怎样一个孩子"这个核心任务,引导学生在梳理生字词、梳理句子、梳理段落的过程中,不断丰富和完善对雾孩子的认识。这样的过程,是一个自主探究的过程,是一个层层深入学习的过程,所以最后学生能认识到"雾"是一种自然现象,这是儿童思维不断变化发展的结果。

二、情境任务

引导学生回忆学过的课文《小蝌蚪找妈妈》《我是什么》《植物妈妈有办法》等,复习生字词"蝌蚪""冰雹""雪""蒲公英""豌豆""苍耳",并通过归类整理发现无论是动物、植物还是大自然中的其他事物,都是大自然的孩子,都有自己奇特的变化。从而激发学生进一步了解大自然的兴趣,开启本课的学习之旅——认识雾孩子。

三、教学目标

1. 能正确认读本课生字词,能根据汉字的音形义进行梳理与探究,初步认识"雾孩子"。

2. 能读好雾孩子说话的语气,根据雾孩子说的话进行梳理与探究,展开想象,进一步认识"雾孩子"。

3. 能读好故事,根据段的叙事模式进行梳理与探究,展开想象,表达自己眼中的"雾孩子",感受大自然的神奇。

四、教学时数:1课时。

五、教学过程

课前活动:回忆大自然的孩子

1. 回忆课文《小蝌蚪找妈妈》《我是什么》《植物妈妈有办法》等课文中藏着哪些大自然的孩子。(复习"蝌蚪、冰雹、雪、蒲公英、豌豆、苍耳"等生字词)

2. 按植物、动物、自然现象等给生字词分类,展开想象,关联人与自然。

3. 明确本单元的学习任务——认识神奇的大自然。

(设计意图:从单元整体入手,让学生在真实的情境任务中走进本课的学习,通过生字词的梳理归类,将汉字的构字规律与大自然中不同事物的特点相关联,让学生在探索大自然的好奇中开启本课的学习任务。)

活动一:梳理字词,发现与探究

1. 读一读生字词,读准字音,强调"藏""甚至"的读音。

2. 发现读音相同的两个字:"岸""暗"。

(1) 根据意思说区别。

(2) 根据字形记一记。

3. 发现意思相近的两个字"躲""藏"。

(1) 根据字源记一记。

(2) 借助组词记一记。

4. 梳理生字词,我们发现雾是个怎样的孩子——淘气。(板书:淘气)

小结:真有意思,梳理生字词,我们就可以发现它们藏着这么多秘密。

(设计意图:生字词学习是低段学生的学习重点。对重点生字词的梳理与探究,可以帮助学生建立起生字的音形义的概念,同时,梳理生字词与课文的内在逻辑可以帮助学生初步感受作者眼里的雾孩子的特点。)

活动二:梳理句子,发现与探究

1. 整体感知课文,通过筛选、勾画、梳理找出雾孩子说的话:淘气的雾孩子会说些什么?把生字词送回课文,去读一读,找一找。

2. 引导学生读好雾孩子说话的语气:淘气的孩子会怎样说这些话呢?自己读一读。

3. 通过对比朗读,发现句式相同点:读着读着,你发现这几句话有什么相同?(板书:藏)

4. 发现不同:原来雾孩子真的很喜欢藏的游戏,那他藏的这些东西有什么不同呢?

5. 引导学生结合句式初步想象:想一想,如果你是雾孩子,你还要把什么藏起来?

6. 在梳理句式的过程中进一步丰富对雾孩子的认识:看来,在你们眼中,雾是万物皆可藏呀。现在,你觉得雾是一个怎样的孩子?

小结:梳理雾孩子说的话,我们对雾孩子有了更多的认识,雾孩子这么说了,他这么做了吗?我们继续读故事。

(设计意图:对比阅读雾孩子说的话,读好句子的语气。通过对句子的梳理与探究,发现相似句式的表达规律,梳理出雾藏的事物以及雾的可爱、淘气,在朗读、比较、想象中丰富对雾的认识。)

活动三:梳理段落,发现与探究

1. 有一天,雾孩子飞到海上,他说要把大海藏起来,他真的这样做了吗?自己读一读故事。

2. 重点学习课文第3自然段:雾孩子说要把大海藏起来,于是他做了什么?结果怎么样?带着问题把这段话连起来读一读。(引导学生发现第3自然段的表达规律)

3. 故事中还有几段和这段"长"得很像,大家自己读一读。(放手让学生继续发现段落的表达规律)

4. 读着读着,你们有没有发现,雾孩子藏别人和藏自己的结果有什么不同?雾还会来到哪里,说了什么,做了什么,结果怎么样?(引导学生在有趣的故事中发现自然现象,并继续想象,练习说话。)

5. 同学们,在作者眼中,雾是个淘气的孩子,在你们眼中,雾又是什么呢?

小结:通过对故事的梳理,我们对雾有了丰富的认识,老师要把大拇指送给每一位同学。最后,你们能写好这节课要写的字吗?

(设计意图:通过对比朗读课文,不断从"怎么说?怎么做?怎么样?"的角度去思考,逐渐发现叙事模式,将阅读焦点从情节内容转移到语言形式。对段落的梳理探究活动是有层次的,进一步帮助学生展开想象,模仿表达,丰富学生对雾的认识,帮助其获得初步的情感体验,引导学生关注生活、热爱自然。)

活动四:生字书写

1. 出示"岸"字的书写动画,一看笔顺,二看占格,三看关键笔画。

2. 描一个,写一个,比一比谁的书写能得到三颗星。(出示评价标准)

写正确☆
会谦让☆
竖站直☆

3. 结合评价标准进行点评。

总结:这节课,我们梳理生字、梳理句子、梳理故事,认识了一位神奇的朋友——雾,其实大自然中还有很多这样的朋友等着我们去发现,让我们带着好奇的心,插上想象的翅膀去认识更多大自然的孩子吧。

六、板书设计

```
         别人           看不见了
              \       /
               藏
              /       \
         自己           露出来了
```

(二) 简析

本课教学围绕生字词、句式、段落部分,基于系统思维设计了三个"梳理与探究"学习活动,旨在遵循儿童认知发展规律,培养儿童主动探究的意识。

1. 围绕生字词设计"梳理与探究"学习活动

以"梳理生字词,发现与探究"为活动一,活动指向"能正确认读本课生字词,能根据汉字的音形义进行梳理与探究,初步认识'雾孩子'"。通过发现"暗"和"岸"两个读音相同的字和"躲""藏"两个意思相近的字,进一步引导学生给词语分类,同时以"雾是个怎样的孩子"串联文本内容,让学生在生字的"梳理与探究"中初步感受作者眼里的雾孩子"淘气"的特点。

2. 围绕句式设计"梳理与探究"学习活动

以"梳理句子,发现与探究"为活动二,活动指向"能读好雾孩子说话的语气,根据雾孩子说的话进行梳理与探究",引导学生发现句子中相同的是都有"藏"字,但是藏别人和藏自己又有所不同,同时几句话的叙事模式都是"我要把……藏起来",引导学生将阅读焦点从情节内容转移到语言形式,展开想象,模仿表达。

3. 围绕段落设计"梳理与探究"学习活动

以"梳理段落,发现与探究"为活动三,活动指向"能读好故事,根据段落的叙事模式进行梳理与探究"。通过梳理可以发现段落的表达密码:先写雾孩子说的话,再写雾孩子把什么藏起来,最后写藏起来之后的景色。通过这样的梳理帮助学生展开想象,表达自己眼中的雾孩子,感受大自然的神奇。

第二节 小学数学课程的设计与评价案例研究

义务教育数学课程目标是对不同学段学生数学学习提出的总体要求和阶段性要求,对确定数学课程内容和实施教学具有重要的指导意义。课程目标的制定,依据数学课程理念,以核心素养为导向,全面体现数学学科的育人价值。

《义务教育数学课程标准》关于课程设计思路的阐述:义务教育阶段数学课程的设计,

充分考虑本阶段学生数学学习的特点,符合学生的认知规律和心理特征,有利于激发学生的学习兴趣,引发学生的数学思考;充分考虑数学本身的特点,体现数学的实质;在呈现作为知识与技能的数学结果的同时,重视学生已有的经验,使学生体验从实际背景中抽象出数学问题、构建数学模型、寻求结果、解决问题的过程。

在本节中,遵循小学各学段课程内容的划分,分别从"数与代数""图形与几何""统计与概率""综合与实践"四方面选取相应的案例,进行课程设计与案例分析的阐述。

一、"数与代数"课程设计与案例分析

(一) 案例①

《小数的初步认识》教学设计

一、教学内容

苏教版义务教育小学数学课本三年级下册。

二、教学目标

1. 结合具体情境初步体会一位小数的意义,能认读、写一位小数,知道小数各部分的名称。

2. 通过观察思考、比较分析、综合概括等数学活动,经历小数含义的探索过程,学会讨论交流、与人合作,培养自主探究与发现的意识。

3. 进一步体会数学与生活的紧密联系,通过了解小数的产生和发展过程,提高学习数学的兴趣,增强学习数学的信心。

三、教学重点

一位小数的含义;小数的读法和写法。

四、教学难点

一位小数的含义;分母是10的分数与一位小数间的联系。

五、教学过程

(一) 创设情境,引入小数

师:你们喜欢逛超市吗?那你们喜欢买什么物品呢?今天老师就陪你们一起逛超市!看!康宁超市的商品优惠信息(课件播放):彩笔单价8元、相册单价6.2元、铅笔单价0.5元、书桌单价50元、剪刀单价12.3元。

师:你能把它的价格读一读吗?仔细观察这些商品的单价,你能将它们分分类吗?(学生交流想法,教师相机引出"小数"。)

师:在商品的单价中我们可以看到小数,你们还在哪儿看到过小数?(学生交流课前收集的带有小数的信息。)

师:小数在我们的生活中应用很广泛,这节课我们就一起走近小数,认识小数。

[设计思路]三年级学生已经储备了整数和分数的相关知识,积累了有关小数的生活

---

① 孙国春.小学数学教学设计[M].上海:复旦大学出版社,2019:45.

经验,这些都是学习新知的基础和可持续利用的资源。选择小学生接触最多、最熟悉的商品价格引入小数,既可以激发小学生学习探究小数的兴趣,又使小数新知的教学以学生的认识发展水平和已有的经验为起点。

(二)自主探究,认识小数

1. 认识整数部分是0的小数

(1)直观感知,初步认识。

通过课件演示教材截图中例1的情境:小明最近搬了新家,他想购买一张书桌和一些文具用品。一天,他和好朋友来到商场,挑中了一张书桌,合不合适呢?小明拿尺量了一下,桌面的长是5分米、宽是4分米。

师:5分米和4分米满1米了吗?用米为单位可怎样表示?你还能怎样表示?(讲解:5分米用分数表示是$\frac{5}{10}$米,用小数表示是0.5米。)

师:这里的0.5米表示什么?(帮助学生理解$\frac{5}{10}$米是0.5米,0.5米表示$\frac{5}{10}$米。)

学习0.5的读写法,介绍小数点并规范小数点的书写。

师:同样,4分米用分数、小数怎样表示?如何理解0.4米的含义?

练习"想想做做"第1题。借助十等分的米尺图引导学生认识更多的小数。

师:仔细观察这些等式中的分数和小数,比一比,你发现了什么?

讨论交流,得出:十分之几米是零点几米,零点几米表示十分之几米。

(2)迁移类推,丰富认识。

师:十分之几米是零点几米,那么十分之几元呢?

生:十分之几元是零点几元。

师:能举例说明吗?

学生举例,说理由,师生共同验证。

师:从这些例子中你发现了什么?

引导学生归纳得出:几角是十分之几元,也就是零点几元。

(3)数形结合,加深认识。

出示教材截图"想想做做"第3题,理解题意并提问:这里有3个正方形,每个正方形都被平均分成了10份,你能先写出分数,再写出小数表示图中的涂色部分吗?

(学生独立练习,集体交流。)

变式练习(指着第一个正方形):我在这个正方形中还发现了一个小数,知道是多少吗(0.7)? 0.7表示哪一部分?为什么空白部分是0.7?另两个正方形里的空白部分分别是多少?如果要表示出0.2,应该涂几份?

师:仔细观察这些分数和小数,你有什么发现?

组织讨论交流,揭示:十分之几是零点几,零点几表示十分之几。

[设计思路]对于三年级学生来说,小数的含义是抽象的,需要借助大量现实素材积累丰富的感性经验,并经历抽象概括的过程。为此,本课设计了3个教学环节:第一环节,先

通过计量长度沟通整数、十进分数与小数的联系,初步体会小数的来源和含义,完成"十分之几米"到"零点几米"的认知过渡;第二环节,抛出问题——"十分之几米是零点几米,那么十分之几元呢",引发学生通过思考感悟"十分之几元是零点几元",继而通过举例验证等活动,丰富小学生的感性经验,为抽象概括一位小数"零点几"作铺垫;第三环节,利用"想想做做"中的十等分正方形,练习分数与小数的转换。通过由具体到抽象的上述教学过程,使小学生对小数含义的理解在多层体验中逐渐深化。

2. 认识整数部分不是0的小数

课件演示教材截图中例2的情境:小明选定书桌后,来到了文具柜台,看到售货员阿姨正在给商品标价,大家想看看吗?如果请你帮忙,你会把圆珠笔和笔记本的价格用小数表示出来吗?

学生独立尝试,四人小组交流。然后集体交流,从"先分后合"的角度感悟1.2元和3.5元的含义。

练习"想想做做"第2题:为什么0.8元、0.9元的小数点左边是0,而1.3元、2.4元的小数点左边分别是1和2呢?

思考:把几元几角写成小数时,可以怎样写?

小结:几角是零点几元,几元几角就是几点几元。

出示标价牌"剪刀12.3元",问:12.3元是几元几角?这里的"3"表示3角吗?

[设计思路]鉴于小学生对商品的价格和人民币的使用有较丰富的生活经验,又有例2"几角是零点几元"的知识铺垫,学生完全有能力自己理解几点几元的含义,所以教学中放手让学生独立尝试,小组交流。接着通过研究0.8、0.9和1.3、2.4整数部分的不同和12.3十分位上数的含义,加深学生对一位小数含义的理解。

3. 认识小数各部分的名称

师:同学们已经认识了小数,关于小数,还有哪些知识呢?请同学们到书本里去寻找答案,自学课本第88页最后一段内容。

① 自学课本。

② 组织交流:你读懂了什么?

③ 练习:每位同学写一个小数,先读一读,同桌再互相说一说它的整数部分和小数部分各是多少?

[设计思路]根据知识的类型特点,让学生看书自学,学生在自学中会有所发现、有所领悟,较好地培养了小学生的自学能力。

(三) 趣味练习,应用提升

1. 填一填

师:在数轴上也有小数。(用课件出示"想想做做"第4题)谁来说一说为什么这两点所对应的数分别用0.1、1.2表示?(学生交流)

师:你能在方框里填上小数吗?

(学生先在书上独立填一填,再全班交流。)

2. 猜一猜

师：老师在超市买了3件商品，这3件商品的价格都是以元作单位，请同学们根据老师的提示，猜一猜它们的价格。

① 杯子。提示：它的价格数整数部分是3，小数部分是8。

② 直尺。提示：它的价格不满1元。

③ 笔筒。提示：它的价格在8元—9元之间。

[设计思路]练习设计体现了层次性和趣味性，既巩固了新知，又使学生在具有挑战性的问题情境中学会思考，使他们在数学上得到不同的发展。

(四) 回顾总结，拓展延伸

师：同学们，这节课你有哪些收获？（学生交流，教师做适当补充。）

师：古代数学家们在很久以前就开始使用小数了，你想了解有关小数使用的历史吗？（课件播放第89页的图文，并配有解说。）

师：关于"小数"你还有哪些新的想法？（学生交流）今天这节课我们只是刚走进小数的世界，希望同学们以此为起点，去探寻更多有关小数的知识。

[设计思路]让不同层次的学生谈收获，既理清整堂课的脉络，又使学生从主观上体验到学习的乐趣。对小数产生、发展相关资料的介绍，激发了学生的民族自豪感，增强了学生学好数学的积极情感。

(二) 简析

生活是数学源泉，数学离不开生活。学生的经验起点与知识起点是学习小数这一模块的双重起点，准确把握小数学习的双重起点，是"小数的认识"课程设计的基础。如在"小数的初步认识"开头设计中，一方面，通过创设小学生熟悉的商品价格情境，将"小学的初步认识"的学习起点定位于小学生已有的生活经验，让小学生在体会"小数源于生活"的过程中产生积极的学习态度，形成小数的直观认识；另一方面，通过课桌面长与宽的测量情境，将"小数的初步认识"的学习起点定位于小学生已经学习的分数知识，让小学生在表示桌面长与宽的过程中明白理解小数是十进分数的另一种表示形式，建立小数的初步数感。

二、"图形与几何"课程设计与案例分析

(一) 案例

《圆的认识》教学设计

一、教学内容

人教版《义务教育教科书·数学》六年级上册。

二、教学目标

1. 经历"现象—问题"的过程，通过观察、实验、推理等活动理解圆"一中同长"的特征，掌握圆的本质属性，能解释"车轮为什么设计成圆的"等生活现象。

2. 经历"具体—抽象"的过程,揭示圆的概念,感悟圆"一中同长"的本质特征,掌握圆心、半径等要素的梳理、大小及关系,体会极限思想。

3. 经历不同工具"画圆—辨析"的过程,会用圆规准确绘制指定半径或直径的圆,感悟"圆出于方,方出于矩""不以规矩,无以成方圆"等数学文化的内涵,增强文化自信。

4. 激发数学学习兴趣,迁移直边图形到曲边图形的活动经验,提高动手实践和解决问题的能力,发展几何直观和空间观念。

三、教学重点、难点:

类比、推理、思辨中抽象圆的概念,在不同工具画图中深化"一中同长"的理解。

四、教学准备

课件、学具(圆规、直尺、笔)、任务单

四、教学过程:

课前谈话——引入自行车的转动装置,观察运动轨迹,建立与圆的联结。

谈话:今天老师带来了一个自行车上的小装置,看,这是什么?(脚镫子)现在请大家把脚镫子想象成一个点,把目光聚集到这个小红点上,想象一会儿当老师让它转起来的时候,发生了什么?

预设1:转起来是个圆。

谈话2:什么是圆？这节课我们就来认识圆。(板书课题)

一、情境导入发现"圆"——从"生活现象"到"以问促思"

1. 什么是圆。

谈话:那到底什么是圆呢？请结合自行车转动装置转动过程说一说。为了让大家表述更方便,我们把轴心固定不动的点记作O,这个点记作A。(学生讨论)

预设1:我想的是点A围着点O旋转一圈,形成一个圆形,这就是圆。

预设2:点A顺时针(逆时针)绕点O旋转一圈形成的图形就是圆。

总结:平面内,绕着线段OA的一个端点O旋转一周,另一个端点A所画的曲线就是圆。

[设计思路]用数学的眼光观察生活中司空见惯的现象,发现并且抽象出圆,引出图的动态定义。

2. 车轮为什么是圆的。

播放自行车的发展史。

预设1:自行车的样式在变,材质也在变。

预设2:车轮有大有小。

预设3:车轮是圆的一直不变。

谈话:随着自行车的发展,它的样式、车轮大小、自行车使用的材质等都在发生变化,但不变的是车轮一直是圆的。

提问:你有问题要问吗？

预设:车轮为什么设计成圆形？学生尝试回答。

[设计思路]观看自行车的发展史,让学生对"车轮为什么是圆的"产生浓厚的兴趣,激

发深入学习圆的热情,明确本节课的研究主题,为接下来的探究活动埋下伏笔,同时,体会数学与生活的联系,凸显圆的实用性。

二、具身实践探究"圆"——从"实验探究"到"数学理解"

1. 根据经验猜想"车轮设计成圆的"原因。

预设1:圆更容易滚动,其他图形不容易滚动。(易滚动)

预设2:圆运动起来很平稳。(平稳)

谈话:为什么把车轮设计成圆的?大家的意见主要有两个,一是平稳,二是省力。

谈话:如何验证猜想?

教师引导学生对比实验,尝试设计实验方案,并能够对现象、成因建立关联,感悟原理。

谈话:用不同的形状模拟车轮,做个对比试验,是吗?接下来我们进行实验。(板书)假如车轮是这些形状,我们要模拟车轮的滚动过程的话,那车轴应该装在什么位置?

预设:中间(中心点)。

谈话:请同学们用彩笔模拟车轴,装上车轮,让车轮在平地上滚动,描出中心点的运动轨迹,看看有什么现象,并思考现象背后的道理,尝试用数学语言解释现象。(教师演示)

任务一:"车轮为什么是圆的"探究实验

2. 具身实验感知"车轮设计成圆"的原因。

学生操作完成任务一并汇报展示。

预设1:通过实验,我们发现圆更容易滚,三角形等滚起来很困难。

预设2:通过实验,我们发现运动轨迹不同。圆中心点的运动轨迹是一条直线,其余图形是曲线。

预设3:通过实验,我们发现这些运动曲线的起伏程度不同。

谈话:根据现象提出问题是很好的学习方法。你有问题要问吗?

预设1:为什么只有圆中心点的运动轨迹是一条直线,其他图形是曲线呢?

预设2:为什么椭圆中心点的运动轨迹也是曲线?

预设3:为什么随着边数增加,起伏程度变小?

谈话:刚刚同学们提了这么多问题,请结合实验谈谈,为什么只有圆中心点的运动轨迹是一条直线呢?

预设(边说边操作):圆中心点到地面的距离不变,其他图形中心点到地面的距离在变。

学生演示,教师视频对比,解释原理。

谈话:(播放视频)先聚焦三角形中心点到地面的距离,发现这个距离有长有短,一直在变,所以三角形中心点的运动轨迹是曲线。正方形、正六边形、椭圆也是如此。

谈话:(播放视频)对比圆,中心点到地面的距离始终不变,中心点的运动轨迹是一条直线。

谈话:圆的中心点到地面的距离就是圆中心点到圆上的距离,圆的中心点的运动轨迹是一条直线,就说明圆中心点到圆上任意一点的距离都相等。

[设计思路]数学实验有助于增强学生的数学理解,学生参与方案设计,通过操作、比较、分析和推理等活动,对实验现象进行数学化分析。学生完整经历"圆中心点的运动轨迹是直线—中心点到地面的距离相等——中心点到圆上任意一点的距离相等"这一推理论证过程,旨在引导学生用数学眼光观察现实世界,发展空间观念与推理能力,提升思维品质。

3. 文化溯源解释"车轮设计为圆"的原因。

谈话:早在2000多年前,墨子有云,"圆,一中同长也"。

学生独立理解"一中同长"的含义,并分别解释"一中"和"同长"。引出圆心和半径。

任务二:阅读课本第56页,完成任务。

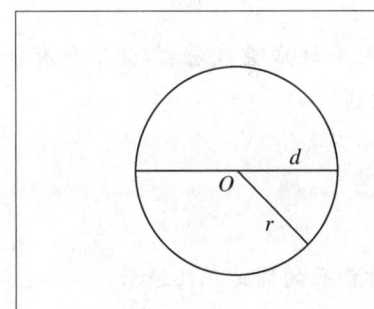

用圆规画圆时,针尖所在的点叫作圆心,一般用字母 O 表示。连接圆心和圆上任意一点的线段叫作半径,一般用字母 r 表示,半径的长度就是圆规两个脚之间的距离。通过圆心并且两端都在圆上的线段叫作直径,一般用字母 d 表示。

借助学具袋中的圆片,折一折、量一量、画一画,探究圆的要素及关系并说明理由。

要素	我的发现			我的理由
	数量	大小	关系	
半径				
直径				
圆心				

学生交流汇报,形成对圆的各要素的认知和理解,深化理解"一中同长",再对圆概念抽象,揭示静态定义。

谈话:结合"圆,一中同长也",再来解释一下"车轮为什么设计成圆形的?"

预设:圆,一中同长,运动起来平稳;其他图形一中不同长,运动起来颠簸,不平稳。所以,车轮设计成圆形。

总结:车轮设计成圆形是运用了圆"一中同长"这一独有的特征,把车轮设计成圆的,既平稳,又省力。

[设计思路]"四,一中同长"是中华优秀传统文化中的数学对圆本质特征的表述,而定义"圆是到定点的距离等于定长的点的集合"则是对"一中同长"的数学化表达。这个环节中,通过对圆要素的研究,沟通直边围形与曲边图形的联系,形成围形研究的一般方法。推理得出"一中同长——无数个点——无数条半径——圆是到定点的距离等于定长的点的集合",揭示圆的概念,形成数学理解。

三、任务驱动"画圆"——从"知识本质"到"文化浸润"

任务三:尝试给自行车"画"上轮子。1.直尺"画圆",体会"圆出于方"。

展示对比:四条半径和更多条半径的作品

谈话:既然想把这条曲线画规范有困难,咱不妨先把它连成直线看看,会不会有什么新发现。出示正八边形和正十六边形,感受越来越接近圆。

借助几何画板演示:正方形到正多边形,想象继续画下去。

提问:你想说点什么?

预设1:随着边越来越多,最终,就变成圆了。

预设2:越来越接近圆。提问:你们画出圆了吗?你们画的圆是正几边形?

预设:无数边形。

谈话:所以圆被称为是无限正多边形,现在看来,方圆之间是有联系的。在《周髀算经》中就有这样的记载:圆出于方,方出于矩。

(板书)方法2:用直尺旋转成圆

[设计思路]让学生尝试用直尺画圆,试图根据"圆,一中同长"的特征画多条半径连接成圆,从不太标准的圆到无限接近圆,感受规律并运用极限思想体会圆与方的联系。铺垫自制圆规,深化对"围,一中同长"的认知。

2. 圆规"画圆",体会"不以规矩,无以成方圆"。

谈话：孟子说，不以规矩，不能成方圆。

谈话：这里的"规"指的就是画圆的工具——圆规。中国是世界上最早使用圆规的国家之一。早在《史记·夏本纪》中提到大禹治水时使用了圆规。放到今天，它又有新的内涵，是希望我们新时代好少年做事要遵守规则，有规则意识。

谈话：你会用圆规画圆吗？

操作：请你为自行车画一个半径为3厘米的前轮，并标注好圆心、半径和直径。展示作品。

提问：你能说说用圆规怎样画圆？

预设：先确定圆心，再确定半径，最后旋转一周。

谈话：确定圆心，也就是定点，确定半径，就是定长，最后旋转一周，就画出一个圆来了。（板书：定点、定长、旋转一周）

谈话：刚刚画的都是半径3厘米的圆，你觉得这些圆有什么特点？为什么？
预设：半径决定圆的大小，圆心决定圆的位置。

3. 多形态"画圆"，深化"圆，一中同长"

谈话：（播放视频）观看多种画圆方法。

感受方法的一致性，都是先确定圆心，再确定半径，最后旋转一周，深化理解"一中同长"。

[设计思路]本环节通过画圆生成知识链，直尺画圆，画出"一中同长"连接成圆；圆规画圆，用"一中同长"制成工具画圆；多形态画圆，运用"一中同长"画国，在画圆中深化"一中同长"的认知，培养学生的空间观念。同时，"圆，一中同长"、"圆出于方，方出于矩"与"不以规矩，不能成方圆"形成文化链，让数学文化融入课堂，在培养关键能力的同时培养必备品格，建立规则意识，进行学科德育，培养文化自信。

四、提炼升华——从"方法迁移"走向"素养生成"

回头看：自行车里的数学（真情境）—车轮为什么是圆的（真问题）—对比实验（真探究：猜想、实验、结论）—一中同长。

谈话：圆是我们小学阶段学的最后一个平面图形。大家想想，我们之前在研究平面图形时，是从它哪些方面研究的？

预设：边和角。

谈话：边和角就是它的要素。我们在研究这些要素的时候，我们研究了它的数量、大小和位置关系。

提问：回顾这节课，我们认识圆，我们是不是也是这样研究的？

梳理圆的研究方法，完成直边图形到曲边图形方法的迁移。

谈话：这是我们研究平面图形的一般方法，以后我们还会研究新的平面图形，我们也可以这样来研究，除此之外，我们以后还会研究立体图形，相信这种方法也会对你有所启发。这节课我们研究的圆的特征，下节课我们将继续研究它的测量。

[设计思路]通过梳理平面图形的研究方法，实现直线图形和曲线图形有效衔接，提取平面图形的一般研究方法，感受平面图形研究方法的一致性，为后续学习立体图形的整体

迁移积累活动经验，知识链与素养链，双链合一培养核心素养，体现学科的育人功能。

（二）简析

本节课尝试用综合与实践的思路，将主题式学习"自行车里的数学"融入本节课教学，努力构建"真情境、真问题、真探究"的教学模式。

1. 驱动问题变"给予"为"内生"，促进数学意识生长。

本节课伊始，通过自行车的转动装置引出圆的动态定义，接着通过一段"自行车的发展史"视频，让学生经历"现象—问题"的过程，培养学生用数学的眼光去洞察，将问题关键聚焦在了"车轮为什么要设计成圆形"这一真实情境真实问题，还原数学知识的实际应用背景。同时，以此核心问题展开研究，激发学生学习的内在动力，培养学生用数学的眼光观察现实世界，对接下来的学习指出持续思考、自我探究的方向。

2. 探究过程变"演示"为"实验"，促进数学方法发展。

研究"车轮为什么要设计成圆形"这一问题，方法有很多，但是纵向来看，后续研究圆的周长、圆的面积和蹬一圈，车子可以走多远等问题都可以用到数学实验的方法，所以在这里给予学生数学实验的一般研究思路和方法是有必要的。这里以"自行车里的数学"为主题进行主题式学习设计，一方面关注主题内容的一脉相承；另一方面也关注研究方法的一以贯之。以"圆的认识"为始关联到"圆的周长""圆的面积"等相关知识，都可以运用"猜想—实验—结论"这一解决问题的基本步骤。在本节课中除了让学生经历整个研究的全过程，还需要引导学生学会解决问题的一般步骤和范式，具身实验为后续学习积累活动经验。数学实验落实"做中学"，引导学生先各自进行猜想，进而开展操作、比较、分析、推理等一系列数学活动，从中感悟方法、提升能力，最后通过探究得到相关结论，并进一步对结论进行分析、综合，逐步形成学习成果——具有普适性的数学结论或数学模型。上述过程是师生共同经历"猜想—实践—结论"的过程，也是论证数学眼光可靠性的过程。在此过程中，学生主动参与，具身学习，经历数学知识的发生、发展和形成过程，建构知识体系，培养创新思维。

3. 文化渗透变"附加式"为"沉浸式"，传承优秀文化基因。

《义务教育数学课程标准（2022 年版）》在"课程理念"中提出，课程内容的选择要"关注数学学科发展前沿与数学文化，继承和弘扬中华优秀传统文化"。本节课从车轮滚动中开始感受"圆，一中同长"，到通过用直尺画半径的方法画圆感受"圆出于方，方出于矩"，再到用直尺自制圆规和圆规画圆，感受"不以规矩，不能成方圆"，融入式的数学文化渗透，让学生感受数学魅力的同时，用思辨的数学眼光看待传统文化的生成，以期发展创造性的数学思维。

4. 回顾串联、建立结构，感受研究方法的一致性。

"圆的认识"是一节概念课，是小学阶段最后教学的一个平面图形，也是唯一个曲线图形。它是在学生认识了长方形、正方形、三角形等直线图形，并会计算它们的周长和面积，以及学习了圆的初步认识的基础上进行教学的。同时，为进一步学习圆的周长和面积奠定基础。故通过梳理平面图形的研究方法，实现直线图形和曲线图形有效衔接，提取平面图形的一般研究方法，为后续学习立体图形的整体迁移积累活动经验，同时，建构大单元知识框架。知识链与素养链，双链合一培养核心素养，体现学科的育人功能。总之，"三新"背景下的数学教学，应引导学生用数学的眼光观察现实世界，从表面现象中抽象出数学问题并进行数学探究，在实践以及实验中，养成从数学角度观察现实世界的意识与习惯，提升洞察力、论证力、创造力，发展学生核心素养。

三、"统计与概率"课程设计与案例分析

（一）案例

条形统计图（1）

一、教学内容

人教版小学数学四年级上册第七单元。

二、教材分析

《条形统计图》是将以前的单式条形统计图的内容重新梳理，整合成本单元的教学内容。教材安排了三个例题，例1是1格代表1个单位的条形统计图，而例2和例3分别学习1格代表多个单位的条形统计图。本节课教学是从条形统计图的意义和特点入手，使学生认识条形统计图，并在统计图与统计表的对比中体验条形表示数量时更直观，它为第2、3个例题的学习奠定了基础。

三、学情分析

在前几册的教材中，学生已经学会用简单的方式（文字、图画、简单的统计表等）来描述数据了，并能根据统计表提出简单的问题加以解决，具备一定的数据收集与整理意识。本单元就是在学生已经掌握了基本的统计方法，建立了初步的统计概念的基础上，让学生较为系统的认识条形统计图，并根据统计图进行简单的数据分析。这是学生第一次学习用统计图表达数据，将为后续学习复式条形统计图、折线统计图、扇形统计图等打下基础。

四、教学目的

（1）通过观察、比较等活动，认识条形统计图（1格代表1个单位），会用条形统计图表示出数据情况，解释表达的意义，能结合情境分析数据，发展数据意识。

（2）根据实际问题需要，经历数据收集、整理、分析的过程，能正确进行分析，给出简单的判断及合理的建议，进一步发展数据分析意识及推理能力。

（3）在简单的实际情境中，应用条形统计图，能读懂生活中的简单图表，渗透数学文化，体会数学知识与实际生活的紧密联系，以及用数据说话、实事求是的精神和正确的价值观。

五、教学重难点

教学重点：认识并会绘制简单的条形统计图，了解其特点。

教学难点：能够分析条形统计图中数据表达的信息，从而解决实际问题。

六、教学过程

（一）创设情境，引入新课

师:老师8月份想去北京旅游,旅游前了解天气很重要,因此,老师收集了8月份的天气数据,一起来看一看。同学们,你认识这些天气的图标吗?

(二)自主探索,获取新知

1. 收集整理数据,揭示课题

(1)收集数据。

师:你能一眼看出这个月的每种天气各有多少天吗?

生:不能,要进行统计。

师:那用什么方法来统计这些数据呢?

生:可以用数数、画"√"、画"○"、写"正"字等方法。

(2)整理数据。

师:我们已经通过直接数数统计出了每种天气各有多少天,那么如何才能清楚地将它们表示出来?你有什么好的办法吗?

生1:可以用统计表。

师:二年级时我们学过统计表,把数据通过表格的形式呈现出来。

生2:还可以画圆圈,一个人就画一个圆圈。

师:也就是象形图。

师:看来同学们的知识掌握得非常牢固,接下来就请同学们用自己喜欢的方法清楚地表示一下这个月每种天气各有多少天吧。

反馈学生的作品。

预设:统计表、象形图

师:刚才同学们用统计表和象形图的方法对数据进行了整理,现在老师把同学们的方法用课件呈现出来,仔细观察,统计表和象形图在表示数据时,各有什么优点?

生1:统计表不用数,一眼就能知道知道每种天气各有多少天。

生2:象形图要数一数才知道具体的数据,但通过圆圈的高度可以直观地看出哪种天气天数最多,哪种天气天数最少。

(3)生成条形统计图。

师:有没有什么好办法能让象形统计图不用数也能清楚的表示数据的多少呢?

生:可以在左边加一些数字

师:你们同意吗?

生:同意

师:你真爱动脑筋(课件演示)边演示边说,为了使这些数字整齐地排列,在左边给它加一条竖着的线,并给它加一个箭头,根据需要还可以延伸,给它取一个名字叫作纵轴,主要表示数量,在这里它表示的是天数;而写着各种天气名称的横线就可以叫作横轴,横轴一般表示种类或项目,在这里表示的是天气情况。

师:同学们,新的问题又产生了,老师发现有的同学在画圆的时候忽大忽小,间隔的距离也不相等,排列的歪歪扭扭,对照起来并不准确,怎么办呢?

生:画上格子。

师：你真会想办法。（增加方格）为了让它竖着也排列整齐,我们在每一列也加上竖线。

师：在方格中画圆太麻烦了,数学家就给它换成直条,涂上颜色。

师：为什么直条有长有短？

生：因为他们的天数不同,天数多的直条就长,天数少的直条就短。

师：那么像这样用直条的长短来表示数量多少的统计图,就叫作条形统计图。（板书：条形统计图）

师：为了清楚表示出条形统计图的内容,一般要在图的上面加上标题。另外,为了统计图更清楚、美观,直条与直条之间还要留有一定的空隙,并且间隔的距离也是相等的。

2. 观察认识条形统计图

（1）认识条形统计图各部分的名称（贴条形统计图）。

师：现在你知道条形统计图各部分的名称了吗？

师：老师来检验一下,老师想请一位小帮手上来,老师来指,你们说,他来贴。

师指出横轴、纵轴、标题、直条,同学们回答出名称,小帮手对应的贴上去。

师：顺利过关,掌声送给自己。

（2）看条形统计图。

师：认识了条形统计图,那你能看懂条形统计图吗？比如说晴天的天数怎么看？引导学生说出先看横轴,找到晴天,再往上看,看到直条最高处对准的是9,所以晴天的天数是9天。

师：谁能像刚才那样说一说阴天的天数应该怎么看？

（3）画条形统计图。

师：会看条形统计图了,那你会画吗？

教师边示范边小结：先看横轴,找到天气所对应的方格,再看纵轴,找到对应的天数,最后,在对应的直条里涂上颜色或画上斜线。

3. 对比认识条形统计图

（1）象形统计图和条形统计图的比较。

师：那条形统计图跟同学们刚才用的象形统计图,哪种表示更清楚？

生：条形统计图表示更清楚,因为条形统计图纵轴上有数据,不用数一眼就能看出每种天气各有几天。而象形统计图要数一数,才知道有几天。（板书：更清楚）

（2）统计表和条形统计图的比较。

师：对比一下条形统计图与统计表,你觉得它们各有什么特点呢？同桌相互讨论一下。

生：统计表能清楚地看出数量的多少,条形统计图能更直观形象地反映出数量的多少,便于比较。（板书：更直观　便于比较）

师小结：这样看来条形统计图好像结合了统计表和象形图的特点。按照前面的说法,统计表的优势体现在数上,象形图体现在形上,条形统计图就可以说是既有数又有形,也就是数学中常说的数形结合,正是做到了数与形的有效结合,才使得条形统计图能够更加清楚直观地表示数量的多少,便于比较。

4. 分析数据,做出决策

师:从这幅统计图上,你们还能得到哪些信息?

师:那现在你建不建议老师8月份去北京旅游呢?为什么?

5. 回顾统计过程

师:在作出这个判断的过程中,我们经历了一个怎样的统计过程呢?一起来回顾一下。

首先,我们通过数一数的方法收集到了数据,接着用统计表、象形图、条形统计图的统计方法整理了数据,然后对数据进行描述和分析,最终作出判断,8月适合去北京旅游。根据数据分析的结果,能帮助我们作出科学合理的判断和预测,这就是统计价值的重要体现。(板书:收集数据 整理数据 描述数据 分析数据)

(三)练习巩固,提升能力

1. 生日统计

师:你们想不想统计一下自己班同学的一些情况呢?

(1) 学生用喜欢的方式收集数据。

学情预设:统计方法很多,其中举手数数最快捷。

(2) 学生独立完成统计表和条形统计图。

(3) 完成教材里的三个问题,进一步交流:你是怎样借助统计图得到这些信息的,你还获得了哪些信息?

2. 横式条形统计图

(1) 呈现四(6)班同学出生月份统计图。

师:仔细观察这个条形统计图,与我们前面见过的有什么相同和不同的地方?

(2) 学生讨论发言。

(3) 师小结:这个条形统计图的横轴和纵轴位置交换了一下,所以直条是横过来的。这其实也是条形统计图的一种形式。

(4) 四(6)班同学选择在九月份过集体生日,这是为什么呢?

学生根据条形统计图提供的数据进行分析。

3. 奥运金牌榜

今年夏天刚刚结束了第33届巴黎奥运会,在这33届奥运会中,奥运金牌榜是如何变化的呢?(播放视频)

师:看到历届奥运会金牌榜的条形变化情况,你有什么想说的?

师结:条形给我们带来非常直观的视觉冲击,像这种对比冲击比较大的时候,我们用条形统计图最能够体现出来,因此让同学们瞬间有了自豪感。

(四)总结反思,提炼升华

师:通过这节课的学习,同学们有什么收获?

师小结:今天我们认识了一种新的整理数据的方式——条形统计图,了解了它的特点,感受到了它在生活中的作用。相信走出课堂之后的大家,一定会有更多更精彩的发现！同学们再见！

七、板书设计

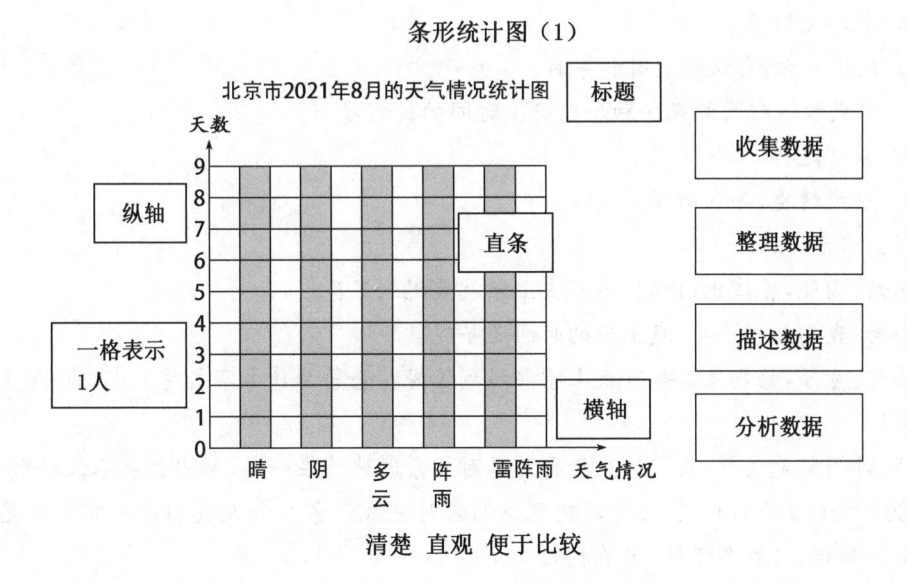

条形统计图（1）

北京市2021年8月的天气情况统计图

清楚 直观 便于比较

（二）简析

本节课通过创设学生熟悉的生活情境,让学生感悟学习统计的必要性,自然地唤醒收集数据、整理数据并通过统计表和象形图描述数据的旧知,引出条形统计图。在这一过程中让学生经历条形统计图的建构过程,充分认识条形统计图的各部分,再交流、讨论得出条形统计图的特点,然后让学生统计自己班学生的生日情况,完整经历统计的全过程,总结出绘制条形统计图的步骤及注意事项,最后让学生从解决实际问题中感悟条形统计图背后的本质作用,培养学生的数据意识。整堂课环节紧凑,让学生在不断思考、交流,在说一说、画一画中经历了调查统计的过程,认识到条形统计图不仅能清楚地显示各个数量的多少,还具有直观性,便于比较,突破了本节课的重难点。

本节课不足之处在于对条形统计图的结构还需重点强调,老师还要多展示一些学生的作品,对学生的评价还需多元化,如师生互评、生生互评等。在平时的课堂教学中,要多给学生表达和评价的机会,这样不仅能营造民主、和谐的课堂氛围,还有助于学生综合能力的提升。

四、"综合与实践"课程设计与案例分析

（一）案例

《记录我的一天》教学设计

一、教学内容

北师大版小学数学课本一年级上册

二、教材目标

1. 结合生活经验,初步认识钟面,会认读整时和半时。
2. 在具体情境中,逐步养成珍惜时间的观念和合理安排时间的良好习惯。

三、教学重难点

1. 认识钟面,会认读整时和半时。
2. 养成珍惜时间的观念和合理安排时间的良好习惯。

四、教学过程

一、创设情境,导入新课。

师:(出示课件)

妈妈:淘气,你该出门啦!再不去上学就要迟到了!

爸爸:我们先吃早餐,我上班的时间还早呢。

淘气:奇怪,妈妈怎么知道我上学要迟到了呢?爸爸为什么不着急上班呢?原来家里有钟表!

师:时间就是生命,我们的生活更是跟时间紧密地连在一起,所以钟表不仅外形美观,还能告诉我们准确的时刻,还可以提醒我们按时完成任务。今天我们就一起来研究跟钟表有关的知识。(板书课题:记录我的一天)

[设计思路]创设情境,由家长催学生上学一事,引出钟表和时间的话题。激发学生的兴趣。

二、交流实践,探究新知

(1) 课件出示教材第78页情境图师:嘀嗒嘀嗒,时钟记录了淘气的一天。这是淘气的一天,这些时间淘气在做什么?你呢?

1. 师:钟表可以帮助我们记录时间。认一认,说一说。

预设:淘气早上7时起床,8时半写作业,9时半锻炼身体,中午12时吃饭,下午4时踢球,晚上9时睡觉。

2. 师:这些时间你在做什么?拨一拨,说一说。选择一个时间点,说一说你在做什么?预设1:下午4时我和妈妈在超市购物。预设2:我晚上9时在看电视。

3. 师:你介绍时遇到了什么困难?怎么解决呢?预设:我做一些事情的时间与淘气不同步。

[设计思路]观察情境图,从探究淘气一天不同时间节点做了些什么,从而过渡到介绍自己的相同时间做了什么。训练学生的表达能力。

4. 师:一起认识一下钟表吧!

出示课件:

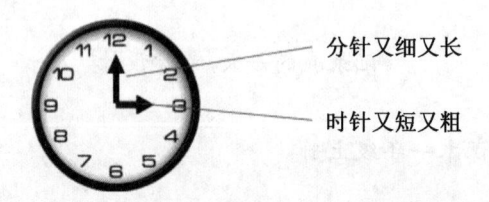

分针又细又长
时针又短又粗

师提示:钟面上有12个数,有12个大格,时针和分针都是顺着一个方向旋转的。分针又细又长,时针又短又粗。

师:观察画面中的钟表,你发现了什么?

预设:钟表的分针有的指向数字12,有的指向数字6。

(1) 认识整时

师:(出示几个图片是整时)观察画面中的钟表,你发现了什么?

预设:还有的分针都指向12。

师小结:分针都指向12,是整时。时针指向几就是几时整。

电子表用数字表示时间,而不是汉字。

(2) 认识半时

师:(出示几个图片,都是几点半的。)观察画面中的钟表,你发现了什么?

预设:分针都指向6。

小结:分针都指向6,是半时。时针过几就是几时半。

师:(出示课件)你发现了什么?

预设:电子表表示几时半,在":"前面写几,在":"后面写30。

[设计思路]观察钟表,探究钟表的结构,认识时针和分针,以及整点和半点时钟表时针和分针的位置。

(2) 活动任务:记录我的一天

1. 师:嘀嗒嘀嗒,时钟记录了我的一天。你都在什么时间做哪些事情?你能完整记录吗? 任务要求:

你一天里通常会做哪些事情? 大概在什么时间?

选几件在整时和半时做的事记录下来。

为什么选择这几件事? 与同伴说一说。

2. 小组讨论

记录自己的一天,选几件在整时和半时做的事情记录下来。

在小组内交流自己的一天,每个人做的事情和时间有什么异同,说一说你为什么选择这几件事?

3. 小组交流,展示交流如下:

师:你一天里通常会做哪些事情? 大概在什么时间?

预设1:我早上7点半起床,9时上课,10时课间操,中午12时吃饭,下午5时放学,晚上9时半睡觉。

预设2:我早上7时起床,8时半上课,10时半课间操,中午12时吃饭,晚上7时看电视,晚上9时睡觉。

4. 师:选几件在整时和半时做的事记录下来。

预设:我上午9时数学课,下午4时半踢足球。

师:为什么选择这几件事? 与同伴说一说。

预设:上午9时数学课下课了,数学真有趣,我喜欢上数学课。下午4时半,我开始踢足球啦。

[设计思路]通过记录自己在整时和半时做的事情,练习认识钟表,识别整时、半时时,时针和分针的位置。

(3) 分享我的一天

1. 师:与同伴分享你记录的一天吧! 想一想,说一说,大家一起交流一下。

预设1:时间和事情记录得真清楚。

预设2:记录一天中有意义的事情,让我更充实。

2. 师:想一想,说一说,大家一起交流一下。

你记录的时间准确吗? 记录的事情清楚吗?

你最喜欢谁的记录,说一说理由。

你有哪些收获? 还想研究什么问题?

3. 师:说一说,你有哪些收获? 还想研究什么问题?

预设1:我认识了整时和半时,能够清楚知道每件事情对应的时间了。

预设2:有些事情接近某一个时间,但是不准确,我想知道更多关于时间的知识。

4. 师:在活动中,你的表现怎么样? 评一评。

能用整时和半时记录自己的一天	
懂得遵守时间,按时作息	
能认真倾听,大胆发言	

[设计思路]分享记录自己一天的活动,进一步练习认识钟表,认识整点和半点。

三、回顾整理,反思提升。

师:这节课我们学习了什么? 你有什么收获呢?

(1) 认识钟表:钟面上有12个数,有12个大格,分针又细又长,时针又短又粗,时针和分针都是顺着一个方向旋转的。

(2) 认识整时和半时:分针都指向12,是整时。时针指向几就是几时整。

分针都指向6,是半时。时针过几就是几时半。

(二) 简析

培养学生的应用意识和实践能力,是小学数学教学的重要任务之一。为了落实这一教学目标,根据学生的年龄特征在教学过程中让学生在动脑、动手、动口的过程中学习新知、巩固旧知,结合"淘气的一天"认读整时和半时,充满浓浓的生活气息,也极其自然地进行了珍惜时间的教育。课堂中让学生根据自己的体验,用自己的思维方式去探究、去发现、去再创造,使每个学生都有一块属于自己的思维拓展空间。通过让学生发现、思考、讨论有挑战性的问题,拓宽了学生的视野,培养了学生的语言表达能力。

本章小结

本章第一节根据《义务教育语文课程标准(2022年版)》中明确了语文课程的设计思路,从"识字与写字""阅读与欣赏""表达与交流""梳理与探究"四方面选取相应的案例,进行课程设计与案例分析的阐述。从语文课程的设计准备、课程目标设计、课程实施方法设计、课程实施过程设计等方面,阐述了小学语文课程设计的过程并针对每个案例进行简析。第二节根据《义务教育数学课程标准(2022年版)》中关于课程的设计思路,分别从"数与代数""图形与几何""统计与概率""综合与实践"四方面选取相应的案例,进行课程设计与案例分析的阐述。从数学课程的设计准备、课程目标设计、课程实施方法设计、课程实施过程设计等方面,阐述了小学语文课程设计的过程并针对每个案例进行简析。

思考训练

1. 从小学数学课程中选择一节课,进行课程设计。
2. 从小学语文课程中选择一节课,进行课程设计。

拓展阅读

[1] 中华人民共和国教育部:《义务教育语文课程标准(2022年版)》,北京师范大学出版社,2022。

[2] 中华人民共和国教育部:《义务教育数学课程标准(2022年版)》,北京师范大学出版社,2022。

[3] 崔允漷:《课程与梦想:"真爱梦想杯"校本课程设计大赛作品精选》,华东师范大学出版社,2022。

参考文献

[1] 季银泉.小学课程设计与评价[M].北京:高等教育出版社,2015.

[2] 丛立新.课程论问题[M].北京:教育科学出版社,2000.

[3] 张华.课程与教学论[M].上海:上海教育出版社,2000.

[4] [美]泰勒.课程与教学的基本原理(英汉对照版)[M].罗康,张阅,译.北京:中国轻工业出版社,2008.

[5] 钟启泉.课程论[M].北京:教育科学出版社,2007.

[6] 施良方.课程理论——课程的基础、原理与问题[M].北京:教育科学出版社,1996.

[7] [美]韦斯特伯里,威尔科夫.科学、课程与通识教育:施瓦布选集[M].郭元祥,乔翠兰,译.北京:中国轻工业出版社,2008.

[8] 崔允漷.校本课程开发:理论与实践[M].北京:教育科学出版社,2000.

[9] 王承绪,赵祥麟.现代西方教育论著选[M].北京:人民教育出版社,2001.

[10] [美]约翰·杜威.我们怎样思维·经验与教育[M].姜文闵,译.北京:人民教育出版社,2005.

[11] 扈中平.教育目的论(修订版)[M].武汉:湖北教育出版社,2004.

[12] 汪霞.小学课程与教学论[M].上海:华东师范大学出版社,2011.

[13] 黄甫全.课程与教学论[M].北京:人民教育出版社,2014.

[14] 皮连生.小学语文教学设计与实施[M].上海:华东师范大学出版社,2019.

[15] 孙国春.小学数学教学设计[M].上海:复旦大学出版社,2019.

[16] 顾明远.课程改革的世纪回顾与瞻望[J].教育研究,2001(7):15-19.

[17] 杨九诠.1978—2018年:中国课程改革当代史[J].课程·教材·教法,2018(10):11-19.

[18] 温儒敏."部编本"语文教材的编写理念、特色与使用建议[J].课程·教材·教法,2016(11):3-11.

[19] 汪明,陈波.校本课程的概念厘清[J].中国德育,2019(21):24-26.

[20] 牛楠楠."苏格拉底式研讨评定法"及其在课堂教学中的运用[J].教育测量与评价(理论版),2011(6):33-36.